Mes plus belles rencontres animales

Emmanuelle Pouydebat

Mes plus belles rencontres animales

Odile Jacob

Dessins de Franck Pouydebat

3, rue Auguste-Comte, 75006 Paris

www.odilejacob.fr

ISBN : 978-2-4150-0690-7

À mon professeur Yves Coppens, désormais in the Sky with
Diamonds. *Vous voilà avec notre petite Lucy,*
mais toujours auprès de moi. Je vous adresse
toute mon admiration, ma reconnaissance et mon amour.

Au grand public, qui m'a offert ce que je cherchais
depuis toujours. Un merci infini !

Émerveille-toi mon fils, concentre-toi
sur le positif, crois en toi et profite. Je t'aime.

« La science s'acquiert par l'expérience, tout le reste n'est que de l'information. »

Albert Einstein.

INTRODUCTION

Tout était prêt !

Des histoires familiales

1973. Maternité de Port-Royal. Échappant de peu à la mort à cause d'une bactérie qui a ponctuellement terrassé plusieurs nouveau-nés, je grandis à Gentilly, dans une tour HLM avec vue sur le périphérique et, au loin, sur les terrains de tennis qui m'accaparent souvent. J'accumule beaucoup de merveilleux souvenirs avec mes parents, mon ami d'enfance avec qui je joue au foot et au tennis sur le palier de notre septième étage, et mes grands-parents, vivant à proximité et chez qui je suis toujours fourrée ! Sans m'en rendre compte, je suis abreuvée d'histoires familiales animalières. Elles vont assurément jouer un rôle dans mes futures rencontres animales.

Les histoires les plus anciennes dans mon souvenir sont celles de mon arrière-grand-père Émile et de mon adorable arrière-grand-mère maternelle Geneviève que j'ai le bonheur de côtoyer jusqu'à ses 100 ans et mes 23 ans. Lorsqu'elle était jeune, dans la maison de famille de La Bruère-sur-Loir, dans la Sarthe, « mémère Geneviève » avait un serin. Ce joli petit oiseau jaune possède un chant si caractéristique qu'il existe des championnats de serins chanteurs ! Un jour, le serin s'échappe de sa cage et se réfugie dans le platane de l'autre côté de la rue. Pendant plus d'une semaine, l'oiseau répond en sifflant aux appels de Geneviève. Après ces longues discussions, il finit par rentrer au bercail ! Malheureusement, il a une patte cassée. « Pépère

Émile » lui confectionne alors une attelle avec une allumette ! Le petit oiseau guérit et ne quitte plus jamais la maison.

Un peu plus tard, en 1913, deux ans avant la naissance de ma grand-mère Antoinette, Geneviève apprivoise une pie dans cette même maison. L'oiseau la suit partout. Une relation s'est visiblement tissée. Sans faire le lien immédiatement, Geneviève se rend compte que certains objets, et en particulier ceux qui brillent – comme les fourchettes, les couteaux ou encore les rares petits bijoux de la maison –, disparaissent. Un jour, Geneviève découvre que la pie dépose des objets sur les tombes du cimetière d'à côté. Son père, mon arrière-arrière-grand-père donc, est alors ravi de retrouver ses lorgnons qu'il cherchait depuis fort longtemps. Bien après la mort de la pie, Geneviève et Émile entreprennent des travaux dans la maison. C'est alors qu'une nouvelle cachette est découverte ! L'autre partie du butin se trouvait dans la cheminée…

Quant à « pépère Émile », qui avait participé à toutes les grandes batailles de la guerre de 1914, dont Verdun, la Marne et la Somme, les aventures de son rat sont devenues célèbres. En effet, ce petit rat qu'il a nommé Judex en référence au justicier drapé Judex, héros du film éponyme sorti en 1916, est apprivoisé. En pleine guerre, Judex est envoyé dans les tranchées pour échanger des messages pacifiques, avec les Allemands… D'après Émile, Judex n'était pas le seul rat à être utilisé de la sorte pendant la grande guerre. Petite, je suis aussi impressionnée qu'émue. Aujourd'hui que je connais les capacités de navigation et de mémoire spatiale des rats, je ne suis plus étonnée par cette histoire. Cela reste en revanche très poignant. Un petit rongeur aidait tout de même des soldats de camps adverses à maintenir un contact bienveillant dans l'horreur des tranchées…

D'autres histoires animalesques viennent jalonner la vie de mes grands-parents, de ma mère et de sa sœur – ma tante donc – petites. Je n'oublie pas l'histoire du mainate dans le centre de Tours qui sifflait *La Marseillaise*, mais voici celle du caniche, plus en détail. Ma grand-mère Antoinette, fille de Geneviève, et mère de ma mère, garde de temps à autre le caniche d'un ami. À l'époque, la famille vit déjà à Gentilly. Comme ce dog-sitting est tout à fait occasionnel du fait que son maître l'emmène partout, le chien est triste et refuse de s'alimenter. Aussi son maître lui téléphone-t-il régulièrement pour le rassurer. Il lui parle. Le chien l'écoute et tout rentre dans l'ordre. À peine le téléphone est-il raccroché que le chien, rassuré, file vers sa gamelle. Son petit nom ? Hip-hip-hip ! Car le chien répond systématiquement : « Ouah ouah ! »

Enfin, si je devais raconter une dernière histoire, je choisirais celle des coqs. Au début des années 1950, les poussins se vendent sur les marchés. Ma mère et ma tante, alors toutes jeunes, ont un jour le droit d'en ramener deux dans l'atelier d'artisan de mon grand-père Antoine, à Gentilly. Les deux poussins survivent et, bientôt, Ginette et Jeannette, pour ne pas les nommer, se retrouvent avec deux coqs : Jezebel, en référence à une chanson de Charles Aznavour, et Philibert. Elles jouent avec eux, les habillent, leur mettent du vernis à ongles. Les deux coqs sont parfaitement apprivoisés et les suivent partout. Ma tante prend régulièrement le train avec eux et emmène même Jezebel à un match de football au stade Géo-André de Gentilly ! Une autre époque… Enfant, je trouve ces histoires magiques. Cela n'a d'ailleurs pas changé.

Parmi les autres récits de jeunesse de ma mère, je peux ajouter celui de l'otarie du poissonnier qui réclame son poisson avant de retourner dans son bassin d'arrière-cour ! Ou encore celui de cette femelle chimpanzé du bistrot Le Petit Montmartre, faisant face à l'église de Gentilly, où les gens vont boire un verre après la messe ou les enterrements. Nommée Cheeta, elle est réputée pour être jalouse des femmes. Postée sur le comptoir, elle ne communique qu'avec les hommes. Un jour, « tata Jeannette », tente un rapprochement avec elle. Elle lui tend une banane. Résultat ? Cheeta se met en colère et lui jette la peau au visage !

Toutes ces histoires se sont transmises dans la famille. Elles ont fait travailler mon imaginaire et mon émerveillement très tôt, sans même que je m'en rende compte. Finalement, la passion des animaux est chez nous depuis plusieurs générations. Je suis juste la seule à en avoir fait, bien plus tard, mon métier !

Des animaux domestiques… et le jardin de ma grand-mère

Petite, je ne vois ni otarie chez le poissonnier ni chimpanzé au café du coin. En revanche, au marché, je vois des lapins, des cochons d'Inde, des hamsters, des souris ou encore des perruches et des rossignols. Et maman va en quelque sorte poursuivre ses aventures animalières familiales avec moi. Car, au marché de Gentilly, elle trouve des trésors, qu'elle va régulièrement ramener dans notre appartement !

Petit à petit, ces animaux dessinent ma vie et mon avenir professionnel. Ces amis, ces confidents, ces boules d'amour et d'apaisement, ce sont tour à tour nos hamsters, nos perruches, notre rossignol du Japon et plus tard notre chatte, notre lapin, notre rate, notre chien… À chaque nouvelle arrivée, c'est le pur bonheur !

De toute évidence, maman adore les animaux… Elle me transmet le virus. Mon tout premier trésor est un hamster. Comment a-t-il atterri chez nous ? À la kermesse de fin d'année de l'école où enseigne ma mère, il y a un stand « course de hamsters ». Et cette année-là, au terme de la fête, elle me propose de ramener un des coureurs à la maison. Une sensation inouïe m'envahit, un mélange d'excitation et de plaisir incommensurable doublé d'une responsabilité qui me remplit de fierté. Je le prénomme Fifi.

Avec maman, nous préparons le nid douillet de la petite merveille et mes premiers câlins animaliers et mes premières observations commencent, de jour comme de nuit. En effet, détail non négligeable : le hamster est largement nocturne !

Je me souviens d'avoir beaucoup ri en le voyant construire son nid avec le coton, faire ses réserves et tenter, non sans succès parfois, de s'évader. Fifi c'est tout un programme. Une nuit, il attrape l'édredon bien rembourré de ma mère et le grignote patiemment, à notre grand désespoir le lendemain matin…

Avec Fifi, j'apprends, j'échange, je teste, je prends l'amour, j'en donne. À cette première rencontre domestique s'ajoutent les magnifiques souvenirs sauvages, dans le jardin paradisiaque de mes arrière- et grands-parents à Saint-Christophe-sur-le-Nais, non loin de La Bruère-sur-Loir, où je passe toutes mes vacances. Je ne compte plus les rencontres animalières que j'y ai faites : abeilles, lézards, couleuvres, vipères, lapins, libellules, papillons ou encore ces coccinelles que je rassemble pour mieux les admirer…

Je suis chaleureusement accompagnée des deux merveilleux chiens de « tata Jeannette » : Tuture et Code, respectivement un cocker roux et un bâtard noir et blanc.

Tuture, je l'ai porté bébé dans mes mains d'enfant. Quelle sensation ! Ma tante lui donnait le biberon. Ces deux adorables bestioles m'offrent des années de jeux, à courir partout dans le jardin, à sauter, se câliner, se chatouiller. Une après-midi ensoleillée, après avoir joué jusqu'à épuisement, Tuture et moi nous endormons sur la pelouse. Lorsque j'ouvre les yeux, sa truffe est collée à mon nez ! Nous nous sommes endormis face à face. Surprise sur le moment, la tendresse m'envahit rapidement et je lui fais un gros câlin. Je garde en mémoire ces deux compères passant leur temps à jouer, à se rouler dans la terre après leur bain et à aller chiper toutes sortes de nourriture à la famille. Quand Tuture est mort, Code a quitté la maison, probablement pour se laisser mourir quelque part. Ils avaient grandi ensemble. L'absence était sans doute insupportable.

À chaque arrivée, c'est le bonheur… Et, à chaque départ, la douleur, le manque, l'incompréhension. Car toute chose a une fin, parfois horriblement triste. Le premier drame de ma vie est la perte de mon deuxième, et dernier, hamster, que j'ai également nommé Fifi, probablement pour prolonger la vie du premier. J'ai près de 8 ans, je suis dans le jardin de ma grand-mère, au portique avec Fifi et mon cousin. Pour jouer, il place mon hamster sur notre balançoire et commence à le balancer. Voilà que mon Fifi tombe. Il ne bouge plus.

Toute ma vie, je garderai cette image de mon petit Fifi, immobile dans le sable. Je porte cette culpabilité de la bêtise et la faiblesse de l'enfant qui suit l'idée d'un grand sans mesurer le mal qu'il va occasionner. Pétrifiée, je reste près de la balançoire. Mon cousin part chercher en courant, Fifi dans la main, le renfort des adultes. Je revois comme si c'était hier la famille tout entière remonter l'allée du jardin, ma mère en tête avec mon Fifi dans la main, suivie de tout un cortège : mon cousin, ma tante, mon oncle, mes grands-parents… La scène me ferait rire aujourd'hui si elle ne m'avait pas fait si mal. Maman me fait les gros yeux et va jusqu'au fond du jardin pour enterrer Fifi. Je n'ai même pas la force de l'accompagner. Je suis tétanisée, incapable de pleurer. Les larmes viendront, intensément, beaucoup plus tard. Sur l'instant, je ne comprends pas. Une seconde et c'est fini ? Ce n'est pas possible ! C'était il y a quarante-deux ans… La douleur est encore présente. Je commence à comprendre le cycle de la vie, la naissance, la mort… Qui peut être si injuste.

Après la mort de mon deuxième Fifi, je prénomme chaque nouvel arrivant « Fifi ». Sans doute le seul moyen pour moi de rendre chacun d'eux immortel. Il y aura donc deux Fifi hamsters puis trois Fifi perruches, dont deux achetées par maman pour ne pas laisser seule celle qui avait débarqué un jour chez nous par la fenêtre. Suivra un dernier Fifi : un rossignol du Japon dont je ne me lasserai jamais d'observer cette manière qu'il a de prendre son bain et de nettoyer ses plumes… Ce même petit rossignol dont j'entends encore, trente-six ans plus tard, le si joli sifflement qui se propage dans toute la résidence quand il m'entend rentrer du collège. Je lui réponds. Il me répond. Nous communiquons. Je trouve cela tellement beau ! Je me souviens de son dernier jour, de cette tristesse et cette incompréhension qui envahissent de nouveau tout mon être.

Une mère institutrice passionnée par les sciences

Toutes ces adorables bestioles ont joué un rôle fondamental pour la suite de ma vie professionnelle. Mais pas seulement eux ! Ma mère, institutrice, a une formation scientifique. Elle m'a beaucoup aidée pendant ma scolarité, et si j'avais été aussi brillante qu'elle, j'en aurais moins bavé pendant mes études ! Elle m'a transmis la rigueur, le goût obsessionnel de chercher à comprendre et cette passion animale. Et, comme mon arrière-grand-mère avant elle, maman a une serine. Et, tenez-vous bien, j'ai appris en écrivant ce livre qu'elle l'avait nommée Fifi… M'aurait-elle soufflé ce prénom à l'arrivée de mon premier animal ? Histoire de faire revivre un peu sa serine ? Mystère ! Quoi qu'il en soit, sa Fifi à elle se positionne tous les matins à la même heure juste derrière la porte de sa cage, attendant de recevoir sa feuille de salade offerte par une voisine. Outre cet oiseau, maman a eu une souris blanche et un poisson rouge, auquel mon grand-père Antoine parle beaucoup. Tout était là…

Avec moi, maman poursuit donc l'histoire scientifique et d'amour avec les animaux. Comment ? En ramenant des animaux et des livres à la maison tout d'abord et en m'offrant un microscope pour que je puisse disséquer une grenouille ensuite. Bien que fascinée par la complexité anatomique, j'ai un peu de mal… Cela n'a pas changé : quand mes collègues dissèquent des animaux au laboratoire, je ne suis jamais dans les parages !

Maman m'offre aussi beaucoup de livres. Dans les années 1980, elle m'en propose qui seront décisifs. Je me souviens parfaitement de ce livre illustré, qui est toujours en ma possession et que je regarde avec beaucoup de tendresse aujourd'hui, évoquant les reptiles éteints, les dinosaures et nos ancêtres. Ces animaux extraordinaires ont-ils vraiment existé ? Je suis stupéfaite. Je fais alors une première rencontre avec les australopithèques, dont l'une d'entre eux va me hanter : Lucy. J'apprends que nous sommes cousines. Dire que nous avons des ancêtres si poilus et si petits !

À chaque page, j'imagine cette petite Lucy qui, dans mon âme d'enfant, ressemble à un humain et à un chimpanzé à la fois. Je me prends d'affection pour elle. Comme quoi on peut avoir de l'empathie pour les fossiles ! Si vous ajoutez à ces rencontres livresques le programme d'histoire de la sixième, tout simplement fascinant avec la découverte de la préhistoire et de l'Antiquité égyptienne et ses animaux divinisés, vous avez là tous les ingrédients pour faire naître une passion, voire un début de carrière. D'autant que, dans cette même année 1984, mon petit frère Anthony débarque. Un tsunami d'amour et l'occasion unique de voir grandir ce petit primate si spécial qu'est un bébé humain. Ma mère a donc contribué à ma rencontre avec les animaux domestiques, avec Lucy et avec mon fantastique petit frère… Merci maman !

Des vacances entre tennis et zoos

Les vacances, j'adore ! Car cela signifie tout ce que j'aime : le tennis, les animaux du jardin de ma grand-mère et les animaux des zoos. En revanche, chaque départ est une expédition. Il faut emmener toute la tribu animale ! Mon père charge le coffre de la 4L au millimètre près et nous arrivons toujours à partir au grand complet.

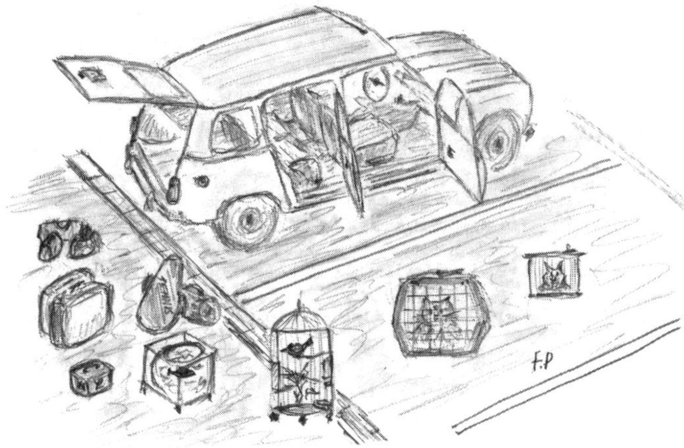

Les vacances, c'est d'abord le tennis. Eh oui ! petite, je rêve de devenir Björn Borg, Chris Evert, Martina Navratilova ou encore Hana Mandlíková. Mes parents, passionnés par ce sport, me transmettent le goût pour la compétition, avec soi, la plus difficile mais la plus constructive aussi. Nous regardons ensemble les grands matchs d'anthologie entre Evert et Navratilova, entre Borg et McEnroe. Chaque fois, c'est palpitant ! À mon tour, sur le terrain, je donne tout ! Je me prends au jeu de ces matchs interminables pendant lesquels je passe par à peu près toutes les émotions possibles. Une vraie leçon de vie ! Je vais au bout de moi-même, gagne le tournoi de mes rêves. Je ne serai pas la championne que je rêvais d'être, mais j'évoluerai jusqu'en Nationale 1 par équipe et deviendrai enseignante puis, plus tard, championne de France par équipe ! Ce sport m'a offert un premier métier en attendant que la recherche m'ouvre tardivement ses portes. Le tennis et sa philosophie sont assurément pour quelque chose dans la réussite de ma carrière scientifique.

Et les encouragements de mes parents m'ont conduite à me dépasser et à découvrir en moi des ressources insoupçonnées.

Les vacances ce sont aussi mes rencontres animales dans l'immense jardin de ma grand-mère et dans les zoos où maman m'emmène entre deux tournois de tennis. Je découvre alors, il y a plus de trente ans, les zoos de La Flèche, et de Beauval. À l'époque, il n'y a pratiquement que des oiseaux. Mais la fondatrice et directrice Françoise Delord, aujourd'hui décédée, met toute sa passion à le développer. Quand on voit ce que ce parc est devenu, avec l'impulsion du reste de la famille, c'est vertigineux ! Un jour, en visite à Beauval avec maman, nous la croisons. Elle nous parle très gentiment. J'adorerais lui dire que je rêve de travailler dans son zoo mais je suis trop intimidée, je n'ose pas. Comme me dit mon fils de 8 ans, mieux vaut vivre avec des remords qu'avec des regrets… J'étais beaucoup moins mûre que lui ! Et je n'aurais jamais imaginé qu'un jour j'y mènerai mes projets scientifiques.

Quant aux chimpanzés de La Flèche, ils nous impressionnent par leur force et leur précision lorsqu'ils nous jettent leurs crottes pour nous chasser de leur territoire. Sans oublier Nénette, à la ménagerie du Jardin des Plantes, qui me bouleverse les week-ends où nous allons à Paris, tout comme ce lieu mythique du Muséum national d'histoire naturelle, qui me fascine déjà et dans lequel je travaille désormais, tout près de Nénette à qui je rends visite régulièrement…

Des animaux plein la maison, plein ma tête, plein mes vacances et plein les livres de maman… Des ancêtres disparus, des australopithèques, dont cette petite Lucy si courageuse, des dinosaures… Je suis attendrie, impressionnée, contemplative et amusée. Un mélange d'émotions prêt à exploser à la moindre étincelle. Et l'étincelle va arriver… Pour ne jamais me quitter.

Une étincelle nommée Yves Coppens

La lumière vient de la télévision ! Petite, je la regarde assez peu, sauf pour regarder *Tarzan*, seigneur de la jungle. Il comprend les animaux et cela me fascine ! En grandissant, je partage certaines émissions avec mes parents. Ce soir-là, ils me conseillent de regarder avec eux *La Marche du siècle*. Parmi les invités de Jean-Marie Cavada, un certain Hubert Reeves, qui fera également naître de nombreuses vocations. Comment imaginer à ce moment précis qu'un jour je me retrouverais à ses côtés lors de l'émission *La Grande Librairie* ? Outre le célèbre astrophysicien, Yves Coppens est présent…

Son tour de prendre la parole arrive. Et me voilà, en une seconde et à jamais, envoûtée. Tel le poète, il conte *Le Singe, l'Afrique et l'Homme* et s'attarde sur Lucy. Je tombe amoureuse du Professeur et de Lucy en même temps. Un bouleversement. Comme si je comprenais tout d'un coup. Comme si tout ce que j'avais vécu avec les animaux et lu commençait à faire sens. L'étincelle est dans mes yeux. Elle deviendra vite une flamme qui ne s'éteindra jamais. Cette première rencontre avec le Professeur, détaillée plus loin dans le livre, change à jamais ma vie et sa perception.

Thoiry, quand la passion personnelle rejoint la passion professionnelle

Peu de temps après l'obtention de mon baccalauréat, j'envoie des candidatures spontanées dans différents zoos. La vétérinaire de l'un d'entre eux me répond. Il s'agit de Dominique

Maleyrant, du zoo de Thoiry. Rien que ça ! J'y suis allée petite : c'est immense ! Ce serait le rêve absolu de travailler dans un tel parc. Je prépare mon entretien d'arrache-pied. Le jour J, j'arrive au zoo avec une heure d'avance… C'est aussi grand que dans mon souvenir. La vétérinaire me reçoit. Nous discutons un long moment. Elle me propose une mission à la condition que je travaille ensuite comme soigneur animalier. Quel heureux chantage ! Évidemment, c'est un immense OUI !

Me voilà embauchée pour comprendre par où les macaques de Tonkean s'évadent de leur grand enclos, comme je le raconte plus loin dans le livre. Ma mission remplie, je reste comme soigneur animalier pendant les vacances, deux années durant. Première femme soigneur animalier à Thoiry… Pas toujours simple mais défi relevé avec tant de joie ! Je travaille sur tous les secteurs, avec tous les animaux : éléphants, hippopotame, ours, girafes, loups, manchots, singes, lémuriens, serpents, antilopes, autruches… Tous ! Je tisse des liens inattendus avec certains, assiste aux naissances d'une panthère noire, d'un bébé hippopotame, d'un girafon, aide la vétérinaire dans les soins des manchots et des serpents, interviens dans les spectacles des ours polaires, des tigres ou encore des lémuriens qui viennent manger des fruits positionnés dans ma propre bouche. Une autre époque… Mais sans doute la plus belle de ma carrière, bien qu'elle n'ait pas encore commencé !

J'enfourche mon tracteur, que j'ai appris à conduire en un rien de temps, pour distribuer la luzerne et le foin, je nettoie, je nourris, j'observe et… je survis ! Oui, je survis aux attaques de Coco, le mâle autruche qui nous poursuit, nous, le personnel, dans la partie savane du parc et qui cabosse régulièrement la camionnette, je survis aux attaques à coups de tête et de

sabot du grand mâle girafe, je survis aux embuscades tendues par les oryx… aux lions quand je dois exfiltrer les gens qui pique-niquent en toute inconscience sur leur territoire ! Mais je survis ! Je me promène aussi dans le parc des ours bruns baribals pour m'approcher des oursons… À mes risques et périls, mais la maman me laisse les observer en train de plonger le museau dans des demi-melons… et elle dans des demi-pastèques. Fantastique période pendant laquelle je dors dans une petite canadienne en camping la semaine puis ramène des animaux mal en point chez mes parents le week-end pour les sauver… Un caneton, Piou-Piou, qui passe beaucoup de temps dans leur baignoire… Un chaton qui était condamné, Charlotte, que nous adopterons, un bébé wallaby, Skippy, orphelin, qui passera quelque temps avec moi dans l'appartement familial… Autant de moments incroyables passés à m'émerveiller des animaux, de leurs intelligences et performances si diverses, et à m'émouvoir de nos relations. On en reparlera…

Pourquoi ces rencontres animales ?

Outre l'évidence du bonheur très égoïste que ces rencontres me procurent, je dirais qu'elles sont essentielles pour comprendre les adaptations et le potentiel de survie des animaux. En rencontrant les animaux, en les étudiant, on accède un peu à leur intelligence (fonction adaptative qui permet à un individu de trouver des solutions à des problèmes et d'ajuster son comportement en fonction de la situation), à leurs performances (capacités physiques que l'on peut mesurer) et à leurs émotions. C'est cela que je côtoie dans mes rencontres : des intelligences, des performances, des personnalités et des émotions. Toute une diversité, fruit de trois milliards huit cent mille ans d'évolution et d'adaptations des organismes vivants.

Chaque espèce et chaque individu disposant de ses propres ressources, l'intelligence s'exprime au travers d'une immense diversité de comportements : manipulations d'objets, utilisations d'outils, chasse, pêche, constructions, navigation, coopération, innovation, tricherie, automédication, etc. Par ailleurs, les performances sont omniprésentes : dans la course, le vol, le saut, la nage, la préhension, le grimper, les manipulations… Les animaux les ont optimisées grâce à des millions d'années d'adaptations, de recherche et développement pourrait-on dire ! Et les applications sont infinies : les transports, la chimie, la médecine, l'écologie, les matériaux, la robotique, mais aussi l'art et l'architecture. Enfin, les émotions sont partout : dans la protection, les comportements des papas et des mamans, les jeux, les communications, les échanges. Toutes les espèces sont concernées, des fourmis aux éléphants, en passant par les poulpes et les araignées. Nous avons tout à apprendre d'eux et nous devons en retour les protéger.

Des intelligences, des performances et des émotions au service de la survie, pour acquérir la nourriture, fuir les prédateurs, trouver un partenaire, protéger les petits, le territoire, etc. Les rencontres animales, au-delà du plaisir qu'elles procurent, sont indispensables pour comprendre ce que les animaux ont traversé pour survivre et comment ils peuvent résister, ou pas, aux changements actuels, drastiques par endroits, de leur environnement. Ces rencontres sont décisives pour les protéger. Et, en ce qui me concerne, elles m'inspirent pour innover dans le domaine de la robotique, de la médecine préventive ou encore du développement de l'enfant et de ses apprentissages. Elles m'inspirent aussi pour m'impliquer dans l'éthique et le bien-être animaux.

Ensuite, il me semble que mes rencontres animales me permettent de comprendre les spécificités humaines, de mieux nous définir et nous remettre à notre place… Nous n'avons pas le monopole de grand-chose et bon nombre de comportements que l'on pensait propres aux humains ne le sont en fait pas : partager la nourriture, fabriquer et utiliser des outils, les transporter, coopérer, être altruiste, intelligent collectivement, etc. Sans compter que certaines espèces, qu'il s'agisse de fourmis ou de chimpanzés, font mieux que nous, dans le domaine de la navigation ou de la mémoire spatiale par exemple. Quant aux performances, on nous rabâche en permanence que nous sommes uniques avec notre bipédie permanente… La belle affaire ! D'abord, c'est faux, les oiseaux sont aussi des bipèdes ! Et ensuite être bipède, c'est peu en comparaison de ce que les oiseaux peuvent faire : marcher, sauter, courir, atterrir, amerrir, décoller du sol, décoller de l'eau, décoller de sous l'eau (martin-pêcheur), voler, etc. Rencontrer les autres animaux rend humble…

Par ailleurs, il ne faut pas oublier que ces rencontres animales peuvent nous aider à comprendre la biodiversité et donc à la conserver. « On dirait que l'homme est destiné à s'exterminer lui-même après avoir rendu le globe inhabitable[1]. » Deux cents ans nous séparent des cris d'alarme lancés par Lamarck, dont nous n'avons tiré aucune leçon ! Mes rencontres avec les animaux n'ont de sens qu'à la lumière de l'évolution et de leur protection. Comprendre comment les espèces se comportent, trouvent des solutions, protègent, permet de nous faire ressentir et transmettre un émerveillement qui pousse à l'admiration et au respect. Étudier les animaux me donne tout simplement envie de les protéger et d'impliquer les pouvoirs publics et industriels pour préserver le potentiel évolutif de la vie et des atouts infinis qu'elle représente pour nous les humains.

J'observe les animaux depuis que je suis enfant, dans le jardin de ma grand-mère, dans les zoos, les parcs, en forêt, sous la mer, partout où c'est possible de le faire. Et je peux vous dire que depuis le jour où j'ai fait de mes rencontres animales mon métier, il y a plus de vingt-cinq ans, il ne se passe pas une journée sans que je sois bouleversée, impressionnée, attendrie, stupéfaite, voire en extase devant ce que chacune d'elles m'apprend sur la vie, ses difficultés et ses beautés. C'est fascinant ! En étudiant les comportements, les performances et les émotions animales, en rencontrant les animaux, on apprend l'humilité. Et l'humilité, ça fait grandir !

Comment étudier ces rencontres animales ?

En premier lieu, il faut suivre une démarche scientifique. Elle est assez commune en science et assez simple finalement. Tout d'abord, il faut avoir des idées sur ce que l'on souhaite découvrir. Et pour cela il faut avoir des connaissances. Où aller les chercher ? Dans les lectures scientifiques et pour ma part également dans l'observation. Plus je lis, et surtout plus j'observe, plus je me pose de questions. Je ne compte plus les projets nés de la seule observation des animaux. Ensuite, une fois ces questions posées, je vérifie si d'autres chercheurs y ont déjà répondu. Soit ils y ont répondu et peut-être faut-il compléter. Soit ils n'y ont pas répondu et la plus grande des aventures commence !

Et elle commence par de la réflexion sur ce que nous devons mettre en place pour répondre à nos questions et hypothèses : c'est la partie protocole et méthodologie. Dois-je aller en Afrique ? au zoo ? Dois-je juste observer ou expérimenter ? Dois-je concevoir un nouveau dispositif ? De quoi ai-je besoin ? d'une caméra ? d'un capteur de force ? Quelles espèces vais-je étudier ? Combien d'individus par espèce vais-je étudier ? Combien de temps ? Combien de fois ? Dois-je observer Robert l'éléphant toutes les cinq minutes en notant ce qu'il fait ? Ou bien vais-je noter toutes les cinq minutes ce que chaque individu du groupe est en train de faire ? Ou encore, vais-je filmer tout ce qui se passe pour faire une analyse vidéo ensuite ? Cette étape est très importante.

Une fois le protocole défini, les observations et/ou les expériences accomplies, on a récolté une foultitude de données, sur le comportement (comment l'animal capture sa proie, par exemple) ou sur les performances des animaux (quelle force applique-t-il pour la capturer, par exemple) et il nous faut les analyser. C'est le moment où l'on fait des mathématiques et des statistiques ! On obtient alors les résultats de l'étude, qu'il reste à comprendre et à interpréter, dans le cadre de ce que l'on appelle une discussion. On rédige et on publie ensuite ce travail dans des livres scientifiques, des articles internationaux*, dans le cadre de conférences nationales et internationales scientifiques. On peut également tout à fait le partager avec le grand public, ce qui constitue une étape indispensable et salvatrice à mes yeux… Bref, on fait avancer les connaissances et la science ! On partage. Et souvent cela conduit à se poser de nouvelles questions… Et c'est reparti ! Graal ultime ? Quand on découvre quelque chose qui n'était pas du tout prévu ! Cela m'est arrivé et c'est jubilatoire. Au moins autant que de rater des expériences… Nous le verrons plus loin. *L'expérience…* Je rejoins le professeur Einstein *: tout est là !*

Évidemment, il s'agit d'étudier les animaux avec bienveillance et éthique, quelle que soit l'espèce. Cela devrait constituer une formalité ! Pourtant ce n'est pas le cas. La souffrance animale est encore présente, et lutter contre, outre les évidences, n'est pas toujours si simple. Par exemple, détecter un mal-être peut se révéler complexe quand vous travaillez, comme moi en ce moment, chez les serpents. Détecter les émotions peut s'avérer un outil formidable dans un objectif de bien-être. Nous en reparlerons. Par ailleurs, je n'aime pas les hiérarchies qui sont

* Dans un article scientifique, le premier auteur est celui qui a écrit l'article, soit un chercheur, soit un doctorant ou un étudiant. Le dernier auteur est celui qui est le chef de projet, l'instigateur de l'idée et/ou l'encadrant du premier auteur s'il est étudiant ou doctorant. Il m'est donc arrivé, et c'est toujours le cas, d'être premier auteur et rédactrice des articles (dans mon cas, ce sont toutes mes idées et le dernier auteur était mon encadrant) et depuis que je suis en poste je suis donc passée le plus souvent dernier auteur en faisant collaborer des étudiantes et doctorants sur mes projets.

faites entre les espèces animales, car elles peuvent conduire à des aberrations. Ainsi, je pourrais faire souffrir une écrevisse sous prétexte que c'est un invertébré, mais pas un poulpe, pourtant invertébré également mais considéré comme intelligent ! Quant aux grands singes, n'en parlons pas puisqu'ils sont proches de nous les humains… Mais les petits singes, pourquoi pas ? De mon point de vue, tout cela n'est plus acceptable. L'éthique doit s'appliquer à toutes les espèces, peu importe si elles sont proches de nous ou pas et peu importe leur degré d'intelligence, d'autant que cela n'a aucun sens de dire qu'une espèce est plus intelligente qu'une autre. Elles sont toutes intelligentes et la souffrance est inacceptable, quel que soit le but de l'étude. Dans le doute… éthique pour tous !

Le bien-être des animaux, c'est-à-dire leur bonne santé mentale et physique, est primordial et nous devons nous en assurer dans nos expériences scientifiques. Si un animal ne va pas bien, s'il stresse ou s'il souffre, non seulement c'est insupportable, mais en plus cela constitue un biais pour notre recherche scientifique. Un animal stressé va forcément agir de manière différente. En laboratoire et en zoo, nous devons donc être vigilants pour que non seulement nos expériences ne constituent pas un stress, mais également qu'elles leur apportent des éléments positifs. Par exemple, toutes les expériences que je mène avec les animaux captifs les occupent. Quand ils doivent ouvrir des boîtes ou récupérer de la nourriture, ils sont actifs, ce qui leur évite de s'ennuyer. Ces tâches nouvelles stimulent leur réflexion et leur motricité. Je laisse toujours, quand c'est possible, mes dispositifs sur place pour qu'ils puissent être réutilisés, car les animaux sont pour la plupart demandeurs !

Par ailleurs, on me demande souvent s'il faut les étudier en milieu naturel, en zoo ou en laboratoire. Ma réponse est :

partout ! Toute situation est instructive et complémentaire, tout dépend de votre question scientifique et de votre objectif. Évidemment, voir les animaux évoluer sur leur territoire, dans leur milieu naturel, dans leur vraie vie, est magique et profondément instructif. Quand je suis allée en forêt de Côte d'Ivoire pour observer les chimpanzés, c'était un bonheur inouï de les voir évoluer en liberté… Scientifiquement, j'ai compris à quel point l'environnement était fondamental dans l'évolution des comportements et des performances. Survivre dans de telles conditions d'humidité, de température, de densité forestière représente un défi colossal ! Mais étudier les animaux dans un contexte expérimental permet aussi de montrer jusqu'où ils sont capables d'aller et de les mettre en valeur. Je m'explique.

Lorsque j'ai débuté, j'entendais et lisais souvent que les gorilles étaient les moins intelligents des grands singes car, contrairement aux chimpanzés et aux orangs-outans, ils n'utilisent pas d'outils en milieu naturel. Lors de mes études en anthropologie et en archéologie, j'ai appris qu'il ne fallait pas interpréter les manques, les absences. Pour moi, ce n'était pas parce que les gorilles n'utilisaient pas d'outils en Afrique qu'ils étaient idiots, d'une part, qu'ils n'étaient pas capables de le faire, d'autre part. Dès ma première expérience en parc zoologique (il y a vingt-trois ans !), au zoo de Beauval, j'ai testé leur capacité à utiliser des outils. Patrick, le soigneur des gorilles, a fait des trous dans leurs infrastructures en bois et disposé des figues écrasées à l'intérieur. Il a mis à leur disposition des branches. Dès leur arrivée, les trois gorilles se sont fabriqué des outils et ont extrait la nourriture… CQFD ! S'ils n'utilisent pas des outils en Afrique, ce n'est certainement pas par manque de capacités. On peut donc rencontrer et étudier les animaux partout, tout dépend des questions qu'on se pose. Les démarches sont complémentaires, même si rien n'est plus beau que de les contempler dans leur milieu, libres.

Ce qui vous attend avec ce livre

Ce livre est écrit pour partager, toujours et encore, cette passion avec vous, public, que le Professeur Coppens aimait tant. Ce public que j'aime à mon tour, pour lequel j'ai un infini respect et avec qui j'ai viscéralement besoin de transmettre et d'échanger. Certes, un livre ne suffirait pas à exposer tous les comportements intelligents et performants des animaux, ni toutes les personnalités et émotions rencontrées. Il présente donc une sélection d'une cinquantaine de mes rencontres animales, tirée de mes expériences dès le plus jeune âge pour certaines, de mes connaissances et travaux enrichis des découvertes de mes illustres collègues pour d'autres. Il a pour but de vous montrer toute la diversité existante. Diversité en matière de manipulations, d'utilisations d'outils, de chasse, de pêche, de performances, de personnalités, de protections des mamans, des papas, de la vie des bébés, des émotions partagées. Diversité en matière d'espèces également, puisqu'il est tout autant question d'insectes, d'araignées, d'oiseaux que de reptiles, d'amphibiens ou de mammifères.

Ce livre rend évidemment hommage au Professeur Yves Coppens, cet « éternel étonné[2] », comme il se qualifiait lui-même, qui a fait de moi une éternelle émerveillée. « Emmanuelle au pays des merveilles », écrivait-il à mon propos… Émerveillée de mes rencontres animales et de ce métier qui n'en est presque pas un, tant il est exercé dans le bonheur et la fascination.

Ce livre pour vous faire (ré)ouvrir les yeux sur la beauté qui nous entoure, celle qui me bouleverse et celle qu'il faut protéger. Ce livre pour vous confier quelques clés du monde de la recherche, parfois si éloigné des questions sociétales, parfois aussi qui tente de les prendre à bras-le-corps. Ce livre pour vous conter que nous n'avons le monopole de rien ! Ce livre pour partager une vie entière de rencontres animales qui n'en finissent pas de me surprendre et de m'émouvoir. Ce livre, enfin, pour vous transmettre, le plus humblement possible, quelques petits conseils afin de vous reconnecter avec Dame Nature. Les plus belles choses à contempler sont parfois près de chez nous.

Partons à la découverte des animaux qui se nourrissent, se protègent, se soignent, s'entraident, ont chacun leur personnalité, sont incroyablement performants, transmettent tellement d'émotions et m'inspirent infiniment ! Voyageons parmi ces rencontres et ces expériences qui produisent davantage de questions que de réponses dans mon cerveau ! Une petite vie de chercheuse bien mouvementée qui a commencé avec le Professeur Coppens et qui se poursuit aujourd'hui, pour transmettre aux plus jeunes et à tous l'émerveillement que j'ai eu la chance de vivre enfant et qui ne me quitte jamais. Autant de rencontres que je souhaite partager avec vous, avec optimisme et pleine d'espoir.

Émerveillez-vous !

CHAPITRE 1

Mes dix rencontres bouleversantes avec le Professeur Yves Coppens

Ce premier chapitre aurait pu s'intituler mes mille et une rencontres avec le Professeur Coppens, tant elles ont été nombreuses, qu'elles soient imaginaires, télévisuelles, audiovisuelles ou réelles lors de nos échanges de messages ou de nos rendez-vous. Toutes ont été littéralement magiques et m'ont chacune donné une bonne leçon : leçon d'humilité parfois, de bienveillance souvent, d'optimisme toujours ! Chacune m'a transformée, bousculée, retournée, rechargée. Yves Coppens est mon encyclopédie, ma boîte à rêver, ma batterie, mon meilleur conseiller. Ses coups de pied aux fesses me manquent, autant que sa bienveillance, ses encouragements permanents et son amour. Partager ces rencontres, c'est montrer à tous que la vie est pleine de surprises et qu'après la pluie, il y a toujours le beau temps. C'est souligner que cette histoire animalière – car c'en est une ! – s'est accompagnée, malgré les difficultés permanentes, de merveilleux moments à jamais en moi et qui font ce que je suis aujourd'hui.

Première rencontre : la télévision !
Le coup de foudre…

La télévision… Quelle formidable invention ! De temps en temps, j'ai le droit de la regarder : le tournoi de Roland-Garos, *Tarzan*, *Starsky et Hutch* ou encore certaines émissions culturelles.

Ce soir-là, une émission va évoquer l'univers, l'évolution de la vie et les origines de l'homme. Il s'agit de *La Marche du siècle* où sont notamment invités le formidable Hubert Reeves et un certain Yves Coppens… Il est venu parler de ses découvertes, de Lucy et de ses livres dont *Le Singe, l'Afrique et l'Homme*. Le charme du conteur opère, je suis fascinée. Un vrai coup de foudre ! Pour le Professeur et pour Lucy en même temps. C'est comme si je comprenais tout. Une révélation.

Car ce monsieur raconte paisiblement et en toute simplicité, en apparence du moins, la vie de cette petite femelle australopithèque pas plus haute qu'un mètre dix. Il relate comment il a codécouvert en Éthiopie ces cinquante-deux ossements qui font Lucy. Je transpose les paroles de ce Professeur si érudit sur mes propres images et je la vois revivre dans mon imaginaire comme je la voyais petite. Sauf que, cette fois, tout est plus précis. Il y a plus de trois millions d'années vit un « un vrai bouquet de préhumains dont Lucy est une des fleurs ». La poésie du Professeur contribue à raviver mon affection pour elle. Je suis attendrie tout autant qu'émerveillée. J'écoute avec une grande attention et les premières questions se font jour dans mon esprit.

Visiblement, Lucy est bipède, comme nous. Mais elle se déplace encore au moins en partie dans les arbres, comme les chimpanzés. Selon le Professeur, nous avons un ancêtre commun avec elle. Lucy n'est donc pas un humain ni un ancêtre direct, mais une cousine. Lucy est ma cousine ! Le Professeur, avec toujours autant de douceur et de pédagogie, précise que les premiers humains ne grimpent plus aux arbres et que le milieu ouvert de la savane a probablement favorisé l'invention des outils. Les humains sont donc définis par la bipédie permanente et les outils. Les questions fusent dans ma tête. Comment les primates ont-ils évolué ? Qui est ce fameux ancêtre commun que nous partageons avec les chimpanzés ? Pourquoi Lucy n'aurait-elle pas inventé l'outil ? C'est quoi, un humain ? Mon cerveau bouillonne littéralement. Lucy. Yves Coppens. Les chimpanzés. Les fossiles. Je veux tout comprendre. Quand je serai grande, je serai Yves Coppens !

Maman, qui a enregistré l'émission, me repasse la cassette en boucle. Elle m'achète *Le Singe, l'Afrique et l'Homme*[1], que je dévore et relis indéfiniment. Je ne le sais pas encore, mais ce livre publié en 1984, et la naissance de mon frère la même année, vont changer à jamais ma vision de l'histoire de la vie, construire ma passion, forger ma pensée. Ma passion scientifique est bel et bien là et ma star à moi s'appelle désormais Yves Coppens. Je ne rêve même pas de le croiser. On ne rencontre pas ses idoles…

Deuxième rencontre : les couloirs de la Sorbonne ! Pour de vrai…

La route est longue entre cette émission mémorable de *La Marche du siècle* et mes attentes post-baccalauréat. Mais le jour de l'obtention du bac arrive et me voilà à l'université Paris-I-Panthéon-Sorbonne pour devenir Yves Coppens. À l'accueil des inscriptions en anthropologie et en paléoanthropologie, je demande naïvement à m'inscrire en thèse pour travailler sur Lucy. Apparemment, c'est trop tôt ! La jeune femme me dit qu'il faut cinq ans pour arriver en thèse et que les places sont quasiment impossibles à décrocher tant le parcours est compliqué. Qu'à cela ne tienne ! Je veux comprendre l'évolution et ma Lucy. J'y arriverai !

Je me lance dans des lectures universitaires, tant en paléoanthropologie qu'en primatologie. Je continue de lire mon Professeur Yves Coppens, ses collègues admirables comme Brigitte Senut, et je dévore les aventures de Jane Goodall, de Diane Fossey et tout article scientifique traitant de l'évolution des hominidés et du comportement des singes. J'assiste également à des cours inoubliables, dont ceux du Professeur Yvette Taborin. Sans pudeur aucune et avec beaucoup de tendresse, cette dernière se livre sur l'estrade à une imitation de la démarche bipède chaloupée de ma cousine Lucy. Je suis au bon endroit ! Les enseignements s'enchaînent. J'apprends à identifier le moindre petit fragment d'os et à en déterminer l'espèce. Chaque fois que je pénètre dans la grande salle des trésors comme je l'appelle, celle où les ossements sont rangés, je vibre. Comme j'aimerais étudier les australopithèques !

Un jour, en sortant de la salle des trésors, je suis en pleine discussion avec une copine dans le couloir, quand nos regards se fixent dans la même direction. Un monsieur est en train de s'approcher, arrive à notre hauteur et poursuit son chemin. Nous le suivons de nos yeux écarquillés jusqu'à ce qu'il arrive au bout du couloir. À ce moment-là, nous explosons en chœur : Coppens, c'est Coppens ! Il se retourne. Son regard croise furtivement le mien. La petite Emmanuelle que je suis ne se sent pas capable d'aller lui parler. Yves Coppens poursuit son chemin. Mais je l'ai vu, il existe ! J'oublie tous les discours de découragement prodigués de-ci de-là. J'ai vu Yves Coppens pour de vrai. C'est un signe, je suis au bon endroit. Mais impossible d'imaginer ce qui m'attend…

Troisième rencontre : la bourse de la Vocation ! Le tournant…

Au cours de mes études, j'ai droit à de nombreuses tentatives de découragements de la part de certains enseignants, qui, depuis le collège d'ailleurs, ne peuvent s'empêcher de penser et de me dire que je n'ai ni le niveau ni les capacités. Étudier la biologie après l'anthropologie ? N'y pensez pas ! Vous n'avez pas les compétences. Faire une thèse ? Et puis quoi encore ? Être chercheuse, vous rigolez ? Vous n'avez pas les épaules. Travailler un jour avec Yves Coppens ? Quelle idée !

C'est simple, tout est impossible et il n'y a pas de place pour moi. Je les crois d'ailleurs volontiers et, comme j'ai la chance d'avoir atteint un niveau national en tennis et d'être professeur en parallèle de mes études, je sais que j'aurai toujours un métier. Reste que ces propos sont méprisants, dégradants et nuisent très fortement à ce que l'on appelle l'estime de soi. Pour faire court, je me sens nulle alors que j'aime tellement apprendre… Heureusement, de rares amis, tout comme ma famille, m'encouragent aveuglément, chacun à sa manière. Ce n'est pas encore le moment d'arrêter, n'en déplaise à certains.

Je multiplie les stages pour comprendre et répondre à mes questions ; je participe à des fouilles archéologiques sur des sites préhistoriques, je travaille au zoo de Thoiry, dans des laboratoires d'anthropologie et de biologie, je pars observer les chimpanzés en forêt dense de Côte d'Ivoire, je lis, je lis, je lis et je lis ! De retour d'Afrique, je comprends mieux ce qu'est la forêt tropicale, sa densité, son humidité… Le milieu, l'environnement dans lequel vivent les espèces, devient déterminant dans mes questionnements. Comment les espèces s'adaptent-elles, ou pas, à leur environnement ? Quelles stratégies doivent-elles déployer pour survivre et trouver de la nourriture ? En quoi le comportement de Lucy diffère-t-il des autres primates, dont les humains ? Pourquoi le milieu de la savane aurait-il été plus important que la forêt pour contribuer à l'invention de l'outil ? Ne serait-ce pas plutôt le contraire ? Ma réflexion se précise. Je commence avec peu d'espoir le parcours du combattant : trouver un financement de thèse. Je dois au moins essayer.

En attendant, je retourne donner des cours de tennis, mon premier métier depuis mes 15 ans. Je joue en nationale 3, puis 2, puis 1 par équipe. Je sais qu'il faut y croire. Je sais qu'il faut se surpasser. Je sais aussi que parfois on perd et que cela vous construit. Je cherche donc ce financement, je garde dans un coin de ma tête mon rêve de continuer mes études, même si j'avoue que l'inquiétude me gagne. Et environ deux années plus tard, à force de chercher et de discuter autour de moi, je découvre la Fondation Marcel Bleustein-Blanchet, pour la vocation. Différents secteurs y sont représentés comme le journalisme, l'art, la médecine, la paléoanthropologie, la littérature, etc. Elle récompense les jeunes qui ont une vocation et les aide dans leur accomplissement. Je décide de tenter ma chance.

Pas de brouillon : j'écris spontanément, répondant aux questions posées sans réfléchir, suivant seulement ma passion. Or je m'aperçois que siège dans le jury un certain Yves Coppens, lui-même lauréat en 1963… C'est presque irréel. D'ailleurs, même si je remplis le dossier, j'avoue ne pas trop y croire. Mais je le fais… Décrivant mon projet scientifique, j'explique que j'aimerais montrer à quel point le milieu arboricole a dû jouer un rôle essentiel dans la survie des primates et dans l'émergence des manipulations complexes et de l'utilisation d'outil. Je veux également en profiter pour montrer qu'un petit pouce, qui plus est étroit, a très bien pu inventer l'outil, cet objet employé pour modifier la position ou la forme d'un autre objet ou d'un individu.

Cela va à l'encontre de la théorie exposée à l'époque par le Professeur Yves Coppens et ses collègues. En effet, l'invention humaine de l'outil aurait été favorisée par le milieu ouvert de la savane qui aurait permis la mise en place de la bipédie permanente et la libération des mains. L'utilisation d'outils est alors associée à une manipulation fine entre l'extrémité du pouce et de l'index et/ou des autres doigts. Or, pour accomplir ces manipulations fines, on pense qu'il est nécessaire de posséder un pouce long et large, comme les humains ! De plus, on est persuadé aussi que seuls les humains ont pu inventer l'outil, grâce à leur cerveau et à leurs mains, uniques et supérieurs bien évidemment ! D'ailleurs, quand les paléoanthropologues trouvent des outils en pierre associés à des restes squelettiques dès les années 1960, ils les attribuent aussitôt à *Homo habilis*[2] !

Pour ma part, mon intuition me souffle que Lucy, même avec le pouce court et fin, a pu utiliser des outils. Beaucoup d'indices vont dans mon sens et me laissent penser que les critères utilisés pour attribuer ces outils aux humains (pouce long, large…) sont erronés. Par exemple, on sait, grâce à Jane Goodall, dès les années 1960, que les chimpanzés de Tanzanie, au fond du Tanganyika, utilisent divers outils, dont des outils en pierre, pour ouvrir des noix. Je les ai vus les chimpanzés au zoo de La Flèche ! Ils ont un pouce court et fin. J'ai vu également les chimpanzés de Côte d'Ivoire : ils sont très arboricoles. Avec ce seul exemple, mon hypothèse selon laquelle le milieu arboricole a pu favoriser l'utilisation d'outils même avec un pouce court et fin est plausible. L'outil n'est pas le propre de l'humain ni spécifique à la savane.

Un autre indice existe déjà dans la littérature scientifique depuis les années 1990, mais, visiblement, certains chercheurs préfèrent l'ignorer ou le contredire, comme les résultats de Jane Goodall trente ans auparavant d'ailleurs. Ce nouvel indice, c'est Kanzi, le bonobo dont je reparlerai plus loin, preuve vivante qu'un individu avec un pouce court et fin peut fabriquer toute une variété d'outils en pierre[3] et les améliorer selon la tâche qu'il doit réaliser (couper, écraser, etc.)[4]. S'il n'est pas indispensable de posséder un pouce long et large pour fabriquer un outil, alors les humains ne sont pas les premiers à avoir eu le potentiel de le faire ! J'y reviens : ma petite Lucy avait assurément ce potentiel et les squelettes découverts en Afrique près d'outils en pierre sont peut-être ceux d'australopithèques et pas d'*Homo habilis*. Il faut revoir la définition du genre humain et les origines de l'outil !

Je propose donc un projet à contre-courant des travaux du Professeur lui-même, mais n'est-ce pas lui qui m'a appris à rêver et à réfléchir ? Je veux démontrer que ma petite Lucy avait le potentiel d'utiliser des outils, même si elle n'est pas un humain du fait de ses caractères arboricoles. Mais pourquoi opposer l'arboricolie à l'outil ? Le milieu forestier est extrêmement complexe, comme j'ai pu le constater moi-même, et nécessite de très bonnes capacités manuelles pour se déplacer dans les arbres. La vie dans les arbres n'aurait-elle pas au contraire, joué un rôle essentiel dans l'apparition des capacités de préhension puis de manipulation ? Et d'ailleurs comment saisit-on et manipule-t-on avec un pouce court et fin ? Quelles réelles capacités de préhension et de manipulation avaient les fossiles ? Comment manipulaient *Homo habilis* et les australopithèques ?

Je parle donc de mon projet au jury spontanément et naïvement. On verra bien ! Malgré le nombre de candidatures, je ne peux m'empêcher d'y croire. Dans l'attente, je retourne sur les courts enseigner le tennis et passer mon diplôme ; je donne aussi des cours de mathématiques et de biologie. Les mois s'enchaînent lentement. Huit exactement. Le temps de mettre de l'argent de côté grâce à mes cours et mes compétitions. Je vis ma vie…

Un matin comme les autres, chez moi, je branche mon téléphone. J'ai un message. « Bonjour, c'est Yves Coppens… » Je pense tout d'abord à un canular. J'écoute le message, une fois, deux fois, cinquante fois. Je n'arrive pas à y croire. Je me sens presque mal. J'écoute le message dans toutes les pièces de l'appartement. Comme si selon la pièce la vérité allait éclore ! Le message dit que mon dossier a été sélectionné. Il doit s'agir d'une erreur, ce n'est pas possible. Ma colocataire et grande amie Sandrine écoute à son tour le message. C'est lui, elle en est sûre. C'est la voix d'Yves Coppens ! Je reste assise à écouter ce message en boucle, totalement immobile et sous le choc.

Il a sélectionné mon projet, qui plus est malgré mon hypothèse qui remet en cause ses travaux. Il est incroyable ! Encore plus que ce que j'imaginais. Je prends conscience alors de quelque chose de phénoménal : je vais rencontrer le Professeur Coppens ! Nous sommes en 2001, environ dix-huit ans après *La Marche du siècle*, et je pars en compagnie de mes proches, très fiers, chercher ma récompense au théâtre Marigny lors d'une cérémonie officielle de remise de prix. Présentée par Laurence Ferrari, elle est parrainée par le cinéaste Claude Lelouch qui prononce le discours inaugural. Je ne l'oublierai jamais. Il nous donne ce jour-là un excellent conseil : toujours penser qu'un échec vient de nous, pour pouvoir progresser, à chaque fois. Le Professeur Yves Coppens n'est pas là. Mais dans son message, il me proposait de le rencontrer…

Quatrième rencontre : dans son bureau ! Mon doctorat…

Après la remise de mon prix, je peux prétendre à m'inscrire en thèse car j'ai un financement ! Enfin, un petit financement : 7 000 euros. C'est énorme et si peu à la fois : n'oublions pas qu'une thèse dure trois ans… Concrètement, c'est environ dix fois plus faible qu'un salaire de doctorant actuel, sans compter tout le matériel qui leur est aujourd'hui, à juste titre, offert. Mais je peux m'inscrire, c'est l'essentiel. Je m'achète un Caméscope, indispensable, et un PC portable. Le week-end passe et ma vie prend un autre sens. Je vais m'inscrire en thèse ! Maintenant qu'elle est financée, le Professeur Coppens pourrait-il accepter de devenir mon directeur de thèse ? Je décide de prendre les devants. Ce prix m'a donné des ailes ! Moi qui déteste téléphoner, je prends mon courage à deux mains et j'appelle le Collège de France. On me passe l'assistante du Professeur qui me propose un rendez-vous. C'est irréel, j'ai une date !

Le grand jour arrive : je vais le rencontrer. Au prestigieux Collège de France qui plus est, là où se trouve son bureau. Je suis en avance, d'une heure… J'attends. Mon état de stress est incommensurable. Le temps passe, lentement. Son assistante m'annonce qu'il va venir me chercher. Mon cœur s'emballe. La porte s'ouvre. Il me propose d'entrer. « Bonjour Professeur… » Je tiens à peine sur mes jambes. Son bureau est immense, jonché de livres, d'ossements et autres dents de mammouths. Me voyant admirer les éléments de pachydermes, il me raconte d'où ils viennent et leur histoire. Je retrouve aussitôt le conteur qui ne peut s'empêcher de transmettre. Je le regarde en buvant ses paroles, il existe !

Il me suggère de m'asseoir. Je me tiens en face de lui, tout ouïe. Il me demande de lui exposer mon projet de thèse, mes questions, les expérimentations que j'envisage d'accomplir. Je lui réponds en bafouillant et les seuls mots qui sortent à peu près correctement sont : « Voulez-vous être mon directeur de thèse ? » Il me demande alors qu'elle est mon hypothèse principale. Je suis tellement stressée que je ne parviens pas à m'exprimer. Il m'explique que d'ici la soutenance il faudra savoir et ce qu'il attend en tant que… mon futur directeur. Je n'en crois pas mes oreilles. Je suis bouche bée. D'ailleurs, à part « Merci, quel honneur ! », je ne dis plus un mot jusqu'à la sortie de son bureau…

Ce moment suspendu, même pas rêvé tant il était inaccessible, inimaginable, s'est donc produit. Je vais me consacrer à l'étude des singes, aux origines de l'outil, à ma Lucy. Rien n'est donc impossible. Me voilà qui part mener mes expériences à la Vallée des Singes, au zoo de Vincennes et au zoo de Beauval. Pour moi, le paradis ! La préhension et la manipulation d'objets, dont les outils, chez les lémuriens, les macaques, les babouins, les capucins, les chimpanzés, les gorilles et les orangs-outans n'auront bientôt plus de secret pour moi. J'apprends à connaître chaque individu et je m'attache souvent à eux : Fetnat, Christina, Paula, Benji, Yangu… et tant d'autres.

Le lien entre nous devient très fort et aussi important, sinon plus, que mes petites découvertes scientifiques. Les trois années passent à la vitesse de la lumière et me voilà trois ans après mon rendez-vous dans ce bureau du Collège de France. Nous sommes en 2004, vingt ans après que j'ai lu *Le Singe, l'Afrique et l'Homme,* et je vais soutenir ma thèse de doctorat sur la préhension et l'utilisation d'outils chez les primates. Je suis pétrifiée. Au cours des cinq nuits qui précèdent la soutenance, mes rêves sont à la fois drôles et effrayants. Le jury me pose de nombreuses questions et j'y réponds en haussant les épaules et en serrant les lèvres à m'en déformer le visage, pour signifier : « Je n'en sais rien » !

Me voilà enfin dans l'impressionnant et moderne amphithéâtre de la Grande Galerie de l'évolution, face à un jury de sept chercheurs illustres de l'époque : Yves Coppens bien sûr, Bertrand Deputte (éminent primatologue), Christine Berge (fameuse paléoanthropologue), Jean-Pierre Gasc (un ponte de l'anatomie comparée), Philippe Gorce (professeur en biomécanique), Vincent Bels (professeur en morphologie fonctionnelle) et Marc Godinot (paléontologue de renom). Je monte sur l'estrade sans trop savoir ce qui m'attend. J'ai travaillé seule, sans aide. Je n'en demandais pas non plus ! Pour moi c'était naturel. En trois ans, j'ai juste demandé une clé USB à mon laboratoire, payant moi-même tout mon matériel et mes missions en zoos, les campings pour dormir, etc. Je n'avais pas coûté cher. Quand je vois le salaire et le budget que je débloque aujourd'hui, à juste titre, pour mes doctorants…

Sur l'estrade, je n'en mène pas large. Je veux juste que cela se termine pour retourner au plus vite sur les terrains de tennis. Pourtant, je reçois beaucoup de compliments et j'apporte quelques réponses, validant d'ailleurs au passage mon hypothèse principale. Les humains sont loin d'être les seuls à manipuler avec précision et dextérité. C'est le lot de tous les singes. Même ceux qui ont un pouce court, fin et parfois pas totalement opposable, comme pour les singes capucins ! Quant à l'arboricolie, il va falloir approfondir son rôle, mais je montre clairement que les grands singes très arboricoles comme les chimpanzés et les orangs-outans possèdent une dextérité très développée. Quant à Lucy, il faudrait également approfondir, mais ma thèse conduit à confirmer que rien ne pouvait l'empêcher d'utiliser des outils.

Les questions fusent. J'y réponds. Et les perspectives sont multiples. De toute évidence, la vie arboricole a été décisive dans l'acquisition des capacités de préhension et de manipulation des primates. Mais qu'en est-il des capacités des autres espèces ? Seuls les singes seraient-ils dotés d'une telle dextérité ? Les autres mammifères n'auraient-ils pas autant d'aptitudes ? Et les oiseaux, comment se débrouillent-ils sans les mains ? Et les invertébrés ? Que sait-on finalement de l'évolution des manipulations, de l'outil et des organes associés ? La soutenance terminée, me voilà avec les félicitations du jury… Un grand soulagement plus que du bonheur, tout comme le jour où j'ai eu mon baccalauréat. Trop de stress, trop d'émotions diverses et perturbantes. Un mélange de mauvais et bons souvenirs, mais une concrétisation malgré tout. Voilà une sacrée marche de franchie depuis mon inscription !

Avant de partir, Yves Coppens va voir mes parents pour les saluer et leur dit : « Vous devez être bien fiers de votre fille. » Mes parents, qui découvraient mon travail en même temps que tout le monde, sont aussi impressionnés que moi. Ils lui rétorquent, émus, un : « Ah oui… Très ! », aussi franc que discret. Comme toujours en la présence du Professeur, la scène me semble irréelle. Encore un moment suspendu, étrange. J'ai soutenu ma thèse en la présence d'Yves Coppens dans le jury. Je suis docteur du Muséum national d'histoire naturelle et personne ne pourra m'enlever cela. Je prends Yves Coppens dans mes bras avant qu'il ne parte, éblouïe. À bientôt Professeur !

Cinquième rencontre : l'amphithéâtre du Collège de France ! Je l'ai fait…

Après quelques mois de chômage et un retour sur les cours de tennis, j'obtiens un financement pour mon projet de post-doctorat qui vise à répondre à certaines questions de ma fin de thèse, dont celle-ci : comment les oiseaux et les carnivores manipulent-ils selon leur degré d'arboricolie ? Je m'amuse bien ! Je montre que l'on n'a pas besoin de pouce opposable et même pas besoin de mains pour ouvrir des boîtes avec une belle dextérité impliquant des griffes, des pattes et même la langue pour les perroquets ! Mais le financement arrive à son terme, et je ne vois pas d'issue de secours. Or mes travaux avancent bien et j'ai encore mille choses à faire. J'en parle alors à mon Professeur adoré. Et là, surprise !

Yves Coppens m'annonce qu'il lui reste un dernier contrat d'attachée temporaire d'enseignement et de recherches à honorer sous sa responsabilité au Collège de France et que, si je le souhaite, il est pour moi. Quelle fierté ! J'en pleure de joie. Me voilà la dernière ATER du Professeur Coppens. Je me démène encore plus que d'habitude et j'utilise cette année pour valoriser mes premières découvertes et publier des articles remettant en cause les spécificités humaines. Je montre que les humains n'ont pas le monopole de la dextérité et que l'outil ne doit assurément plus être utilisé comme un critère nous définissant. Je publie enfin mes résultats montrant que Lucy a tout à fait pu utiliser des outils. Il me semble que le Professeur est heureux de cette valorisation et, j'aime à le croire, pour me le montrer, il m'offre une opportunité unique : faire une conférence dans l'immense et superbe amphithéâtre Marguerite-de-Navarre du Collège de France, dans le cadre de sa chaire de paléoanthropologie. Je suis fière et terrifiée à cette idée, mais une telle offre ne se refuse pas.

À chacune des conférences du Professeur, l'amphithéâtre est plein à craquer. Soit environ quatre cents personnes… Il est possible qu'il y en ait autant pour moi. Ou pas… J'imagine la scène, je me vois sur l'estrade face à une salle vide, ou pleine. J'angoisse. Plus le temps passe, plus je veux annuler, trouver une excuse. Mais je ne peux pas lui faire ça. Je dois me faire une raison et continuer à préparer cette conférence.

Comme toujours je travaille jusqu'à la dernière seconde. Je ne me sens pas prête. Pourtant il faut y aller. Je suis dans le même état d'inconfort, de détresse, de panique qu'avant ma soutenance. Maman et ma meilleure amie Sandrine, la même qui m'avait confirmé qu'il s'agissait bien d'Yves Coppens lors de son premier appel, sont présentes. La charge émotionnelle est palpable. Toutes deux mesurent l'enjeu. Nous prenons ensemble le RER. Après quelques stations, un accordéoniste monte dans la rame et se met à jouer. Les larmes me montent aux yeux et je sais qu'il en est de même pour maman. Son père, mon grand-père Antoine, était accordéoniste… D'origine espagnole et ayant rejoint la France enfant pour fuir la dictature, il était incroyablement respectueux, et respectable, joyeux, adorable, généreux, courageux. Ses valeurs sont à jamais un exemple. Il nous a quittés sept ans plus tôt. L'accordéon nous ramène naturellement et puissamment à lui. Il est avec nous en ce jour où il aurait été si fier de moi… Je sens que la journée va être très forte émotionnellement. Nous sommes à fleur de peau…

Les stations sont interminables, mais nous finissons par arriver au jardin du Luxembourg. Je prends, bien évidemment, la mauvaise sortie, toutefois nous nous rapprochons du Collège de France… Mes jambes commencent à me lâcher… Nous y sommes. On me conduit vers Yves Coppens. Sans vouloir manquer de respect au Professeur, j'éprouve ce que l'on ressent en voyant un dos argenté : on sait qu'il ne faut surtout pas bouger mais on a envie de fuir en prenant ses jambes à son cou. Mon cher dos argenté est en face de moi et il m'accompagne dans le bureau adjacent à l'amphithéâtre Marguerite-de-Navarre.

Je n'ai plus toute ma tête. De mon corps je ne ressens plus qu'une boule au ventre tandis que mon cœur s'amuse à faire du trampoline. Je jette un œil à l'amphithéâtre. Il est plein… Un ancien voisin, habitué du Collège de France, vient me voir et s'exclame, devant ma mère, très émue : « Quel chemin parcouru ! » Je repars dans l'antichambre du maître qui, voyant mon visage décomposé, tente de me rassurer en me lançant : « Emmanuelle, vous allez les épater ! » Comme j'aimerais le croire. C'est l'heure… Le professeur entre dans l'amphithéâtre par la porte latérale, monte directement sur l'estrade et me présente à l'auditoire non sans prévenir : « Vous allez voir ce que vous allez voir ! » À ce moment précis, j'ai l'impression d'avoir une armée de soldats malveillants en face de moi. Je me lance, il le faut bien.

Pendant deux heures, je raconte à l'armée mes convictions scientifiques, la genèse de mes projets, ma passion pour Lucy et son découvreur, mes premières découvertes, sans avoir vraiment conscience que, à mes côtés, Yves Coppens, mon mentor, mon héros… m'écoute. Au terme de ma conférence, je conclus : la précision ne fait pas nécessairement l'outil et ma Lucy a très bien pu l'inventer. J'en suis convaincue. L'armée m'applaudit et renonce donc au combat. Voilà mes premiers applaudissements dans le plus beau des endroits, et si bien accompagnée… Coppens remonte sur l'estrade et reprend la parole : « Vous voyez, je vous

avais prévenus ! » J'ai le sentiment d'avoir échappé à la mort de peu et un soulagement puissant m'envahit. Je remercie le professeur, comme toujours, mesurant à quel point le chemin sera long pour surmonter la panique face au public. N'est pas Yves Coppens qui veut ! Mais je l'ai fait. Je dis au revoir au Professeur, lui faisant une accolade. J'espère qu'il est fier de moi.

Sixième rencontre : la galerie d'anatomie comparée ! Ma Lucy…

Voilà un service demandé par le Professeur qui m'a mise drôlement dans l'embarras ! Yves Coppens, originaire de Bretagne, intervient souvent auprès d'associations locales, entre autres évidemment. Ce jour-là, il me téléphone avec une requête. Un groupe de passionnés bretons va venir à Paris pour écouter le conteur… Dans le cadre de leur visite culturelle est prévue une visite de la galerie de Paléontologie et d'Anatomie comparée au Muséum national d'histoire naturelle. Les visiteurs bretons sont si nombreux qu'il faut les scinder en trois sous-groupes et il a besoin de deux autres personnes pour jouer le rôle de conférencier. Je suis l'une d'entre elles et bien sûr flattée par sa demande, d'autant que cela signifie que je vais le revoir. Les désirs du Professeur sont des ordres ! Je vais cependant devoir préparer mon intervention pour nourrir intellectuellement ces gens. Hors de question de les décevoir !

Je me mets immédiatement au travail afin de leur proposer la meilleure visite qui soit. J'omets alors un léger détail : une copie de ma Lucy est au deuxième étage. Cela devrait être un atout car je la connais bien… Seul problème, mais de taille, je n'ai jamais voulu aller la voir. J'ai étudié ses dimensions, ses os, en long, en large et en travers, mais tout cela sur le papier, je ne l'ai jamais rencontrée pour de vrai, ni l'original en Éthiopie ni la copie du Muséum. Pourtant Yves Coppens pouvait m'obtenir une autorisation pour me rendre en Éthiopie… Mais non ! Elle est vivante, ma Lucy… Voir son squelette, ce serait la tuer un peu dans mon cœur et dans ma tête !

Je me fais la morale en me disant que je ne suis plus une enfant, que je suis forte et qu'il est temps de grandir. Je dois y arriver ! Je travaille mon sujet jusqu'au jour dit. Comme souvent, en particulier quand je dois voir Yves Coppens, j'arrive très en avance… Je me plante seule devant le mammouth qui annonce l'entrée de la galerie. Et j'attends. Longtemps… Soudain, je vois arriver à l'entrée du Jardin des Plantes un groupe. Mon cœur s'emballe. Je cherche le Professeur. Il est là. Il me salue, me présente auprès de son public et sépare le groupe en trois. Je prends donc la direction de celui qui me revient et nous entrons dans la galerie. La première partie du parcours est aisée puisque nous commençons par le rez-de-chaussée et les espèces actuelles. J'explique, preuves squelettiques à l'appui, les adaptations des oiseaux, des primates, des mammifères marins, toutes ces différences entre les espèces, tout en leur montrant, non sans excitation et passion tous les points communs qui peuvent exister, y compris entre une baleine et un humain ! Je me régale et j'espère transmettre mon émerveillement. Mon plaisir est à son comble jusqu'au moment où il faut monter d'un étage…

Et là, tout se gâte… Je monte les escaliers au ralenti, presque à reculons. Mais le moment finit par arriver, lentement il arrive, où nous parvenons – pour moi, péniblement – au premier étage. Nous saluons Dippy, le superbe diplodocus, arrivé en 1908 en plusieurs dizaines de caisses et assemblé grâce à de spectaculaires échafaudages de bois. Jusque-là tout va bien. Je m'efforce de maintenir le fil de mon histoire en parlant dinosaures, reptiles, prédateurs, proies, météorites, etc. Je suis animée et, comme souvent, très impliquée. Nous remontons le temps et, sans que je m'en aperçoive, nous sommes presque arrivés là où je ne suis jamais allée, et pour cause : au fond à droite du premier étage de la galerie. Je suis soudain envahie d'une immense frayeur, j'en perds le souffle… Un moment de silence, et me voilà qui exécute trois brusques pas en arrière, suscitant une incompréhension que je lis sur les visages de la petite assemblée… Reprenant mes esprits, je me lance dans un long monologue sur Lucy, sa capacité à être bipède au sol tout en sachant grimper dans les arbres, et je n'hésite pas une seconde à avancer haut et fort que c'est elle qui a inventé l'outil ! Assurément, je ne peux ni ne veux la boycotter au cours de cette visite, mais je la raconte de loin.

Ce curieux moment aura sans doute constitué un petit mystère pour nos visiteurs bretons, qui auront eu le mérite, sans le savoir, de me faire approcher de ma Lucy… Un jour, peut-être, irai-je lui parler, en face. Je ne ressors pas tout à fait indemne de cette visite et nous voilà qui partons tous ensemble vers l'Académie des sciences où le Professeur doit poursuivre sa visite. Nos routes se séparent. Je transmets un au revoir chaleureux à mon petit auditoire et un au revoir rempli d'amour à mon Professeur. Il me remercie… Chacune de nos rencontres est un feu d'artifice dans mon cœur. J'ai encore un peu grandi ce jour-là. Un peu…

Septième rencontre : les plateaux de radio ! L'envers du décor…

Avec ce maître orfèvre des médias, je devais bien m'attendre à ce qu'il me fasse partager cette expérience. Ce moment arrive plus tôt que prévu. Yves Coppens me propose en toute décontraction de l'accompagner à une émission de radio animée par… Anne Sinclair. Rien que ça ! Évidemment, pour lui c'est la routine. Pour moi, l'enfer commence. Il me rassure en m'expliquant qu'il n'y a pas lieu de s'inquiéter, que ce sera très convivial et que j'aurai juste à raconter ma vocation et comment elle est née. Pour faire simple, j'ai deux phrases à dire. Deux phrases, deux modiques phrases. Ce n'est tout de même pas sorcier ! Maudites phrases, oui ! Je les prépare pendant plusieurs jours, je les apprends par cœur. Et comme toujours le jour J arrive !

Me voilà à Radio France, le cœur emballé et bien sûr très en avance… Le moment fatidique arrive et je vois mon Professeur installé sur l'impressionnant plateau de radio. Anne Sinclair arrive et me salue. « Je ne sais pas si la télévision vous manque, mais vous manquez à la télévision », lui dis-je. Elle me remercie sincèrement et m'installe. Je suis stressée et je répète en boucle mes deux phrases dans ma tête. Ce n'est tout de même pas sorcier ! Au moment voulu, Anne Sinclair me passe la parole et voilà que j'oublie lamentablement l'une des deux phrases… En grande professionnelle, elle rattrape le coup et me remet sur les rails. Je complète donc mon histoire et poursuis le reste de l'émission en écoutant mon Professeur, captivant comme à son habitude. En revanche, une fois n'est pas coutume, cette fois je suis sur le plateau de radio, avec lui.

Deux autres émissions de radio m'ont marquée durablement. L'une était animée par Christophe Hondelatte. Yves Coppens m'invite pour parler avec lui de spécificités humaines et d'évolution, dans le cadre de la sortie de son dernier livre illustré. L'émission commence par une belle leçon. Christophe Hondelatte se permet de plaisanter sur ce livre, lançant une blague douteuse, comme dans une émission de divertissement. Le Professeur n'adhère pas et pour l'unique fois de ma vie, je le vois s'assombrir. Froidement, il lui répond : « La science est une chose sérieuse, vous savez, très sérieuse. » J'ai appris ce jour-là qu'on ne pouvait peut-être pas rire de la science, ou tout du moins, pas n'importe quand ni comment…

Dans cette même émission, Yves Coppens nous fait également une belle surprise. Dans le cadre de son combat pour l'égalité entre les êtres humains, il a croisé la route de Lilian Thuram. Moi qui regarde le football à la télévision avec mon père depuis que je suis née et qui ne me suis jamais remise de la défaite française en 1982 contre l'Allemagne de Schumacher, Lilian Thuram est le héros qui nous a conduits en finale de la Coupe du monde 1998 puis à la victoire. Quand il prend la parole, je pense aux deux buts marqués contre la Croatie. Deux buts qui m'ont fait pleurer ! Mais la thématique bascule rapidement lorsqu'il évoque sa lutte contre le racisme et en quoi la science et le Professeur en sont partie prenante. Et voilà une nouvelle leçon. Le Professeur peut partager des moments de vie tant avec la reine d'Angleterre qu'avec Lilian Thuram… J'aime son ouverture et sa capacité à défendre de grandes causes.

Après cette émission de radio, j'en partage encore une avec lui avant de me lancer seule dans l'arène des médias. À bonne école, je ne prétends jamais être à sa hauteur, mais tente systématiquement de transmettre mon émerveillement, tout en étant la plus sincère et juste possible. Pour cette dernière émission, Yves Coppens est venu avec son attachée de presse des éditions Odile Jacob, Marie de Oliveira. Je fais donc sa connaissance et c'est de bon augure puisque c'est elle qui se chargera de me guider dans les émissions clés qui accompagneront plus tard les sorties de mes livres. Et je peux vous assurer que pour certaines émissions phares de télévision, Marie, sa bienveillance comme sa pertinence m'ont été d'un grand secours. Merci Marie ! Bref, l'émission commence, je suis assise à côté du Professeur. Le journaliste nous pose tour à tour des questions et en écoutant les réponses d'Yves Coppens, je comprends d'où lui vient cette mémorisation stupéfiante des événements tout comme des concepts. Il a un don pour la visualisation du temps qui s'écoule. J'ai encore beaucoup à apprendre de lui et sur lui.

Le débat dérive si j'ose dire progressivement vers les questions climatiques, environnementales et de biodiversité. Yves Coppens répond le premier et c'est tant mieux. Ma vision personnelle est plutôt, malgré moi, pessimiste, tandis que celle du Professeur est, comme à son habitude, optimiste et surtout tournée vers des solutions potentielles. « Nous savons transformer le dioxyde de carbone en dioxygène, tout ira bien ! », explique-t-il. Je retiens, assurément, cette nouvelle leçon. Selon Yves Coppens, seule la science peut nous sauver et je dois me concentrer sur cet objectif. Merci Professeur pour la mission donnée... Nul doute qu'il ne peut s'agir que d'un travail d'équipe intense mais je comprends à cet instant ce que le Professeur attend de moi, en quelque sorte. Je sens déjà ce besoin de me rendre davantage utile en mettant mon cœur à l'ouvrage de la biodiversité et de la transmission. Pas le droit de baisser les bras ni d'être pessimiste. Comme il me le disait souvent : « La science Emmanuelle, la Science ! »

Pour tout vous dire, il y a eu une troisième émission partagée avec le Professeur. L'an dernier, me voilà sur le plateau de France Inter pour évoquer mon dernier livre, une BD intitulée *Coppens, Lucy, moi et les autres*. Une surprise que je voulais faire à Yves Coppens... Il savait que ce livre parlerait de lui et de la naissance de ma vocation. Malheureusement, il nous a quittés juste avant sa sortie. C'est horriblement triste. Lui qui apparaît en couverture... Pendant l'interview de Mathieu Vidard, je réponds à ses questions, puis il diffuse un enregistrement où l'on entend parler le Professeur de ma Lucy. Sa voix... L'émotion me gagne. Mathieu Vidard s'en rend compte et, comme pour me consoler, il m'informe qu'Yves Coppens se tenait à la même place que moi lors de sa dernière émission. Voilà donc le dernier plateau de radio partagé avec lui...

Huitième rencontre : l'Élysée !
Mon grand officier...

Tout au long de sa carrière, Yves Coppens a reçu un nombre incalculable de décorations. Pas moins de quinze distinctions internationales et sept décorations prestigieuses, dont celle de grand officier de la Légion d'honneur. Quelque temps avant la réception de cette décoration, il me contacte pour me demander un service. Accordé évidemment, avant même de savoir de quoi il s'agit. Yves Coppens m'apprend qu'il va être distingué commandeur de l'ordre des Palmes académiques et il souhaite se procurer le sublime costume d'académicien. Pas tellement pour lui, me dit-il, mais pour son fils Quentin. Or l'acquisition d'un tel costume se fait par mécénat. Le Professeur me demande de me charger de récolter les fonds. Pour m'aider, il me confie son carnet d'adresses et de numéros de téléphone. C'est tout simplement vertigineux. Tous les domaines, ou presque, y sont représentés : politique, sport, journalisme, édition, art, science... Je me jure de ne jamais abuser de la confiance qu'il met en moi en me donnant accès à son réseau et je me lance dans la quête demandée.

Une nouvelle décoration n'étant jamais loin de la précédente pour mon Professeur, le voilà qui m'invite à assister à la remise de la suivante : il est fait grand officier de la Légion d'honneur. Il m'explique de quoi il s'agit et me dit que ce n'est en général pas bon signe. Après réflexion, je comprends que cette distinction, la plus élevée, arrive en général – quand elle arrive du moins – en toute fin de carrière. De toute évidence, il pense à la vieillesse, à la mort. Un jour, un journaliste lui a demandé : « Avez-vous peur de la mort ? » Il a répondu, sans équivoque : « Et comment ! » Mais Yves Coppens est immortel, il ne peut pas mourir. On ne peut plus naïvement, j'ai vraiment cru que la mort n'était pas pour lui, qu'elle surviendrait dans un temps incalculable. Mais ce jour-là, après ses mots, toujours aussi bien choisis, une inquiétude a pointé dans un coin de ma tête.

La remise de sa décoration a lieu à l'Élysée, par le président de la République lui-même, François Hollande. En entrant dans cet immense et sublime grand salon, je mesure de nouveau le caractère unique du moment. Observant autour de moi, j'aperçois Yves Coppens et n'ose, pour le moment, le déranger. Je distingue également son épouse Martine. Quentin est là, près d'elle. Je l'ai aperçu une fois, au Collège de France, lors de l'une de ses conférences. Il était petit. Il ressemble de plus en plus à son père ! J'aperçois aussi Odile Jacob, son éditrice, et de nombreuses célébrités, dont une qui me frappe de nouveau : Lilian Thuram. J'ai tellement envie d'aller lui parler et de lui dire le bonheur qu'il nous a transmis à tous ! Je n'ose pas. Tout comme dans les congrès où je vois des stars scientifiques que je ne parviens pas à approcher. Ce n'est pas grave, je l'ai vu !

La cérémonie commence. C'est très émouvant et impressionnant. Le discours du président est sensible et drôle à la fois. Une réussite, même si aucun discours ne saura jamais résumer l'apport incommensurable du Professeur partout dans le monde et auprès de tous : étudiants, chercheurs, amateurs, profanes, adultes comme enfants. Un apport de connaissances, d'idées, et surtout de bienveillance. La cérémonie terminée, je me permets d'aller saluer le Professeur et de le féliciter. Je le prends dans mes bras. Quel bonheur ! Jamais je n'oublierai ce moment. Il me dit, avec humour comme toujours, que son épouse Martine est là et qu'il faut faire attention ! Il me la présente, j'en suis tellement fière. Elle me propose de nous prendre tous deux en photo. J'accepte avec joie. Cette photo ne me quitte pas et je la montre à chacune de mes conférences, précisant que le Professeur est avec nous… Martine en profite pour me remercier de m'être si bien occupé du mécénat de son costume d'académicien. Je lui réponds que c'était bien la moindre des choses et que j'en suis très honorée.

La grande salle se vide et nos chemins se séparent. Je constate que le président de la République est encore présent. Visiblement, il m'intimide moins que Lilian Thuram car j'ose aller lui parler. Je me présente brièvement, le félicite de son discours et en profite pour évoquer les difficultés de la recherche scientifique. Malgré tout, mon parcours a été vertigineux de difficultés pour obtenir un poste et, même avec un poste, la vie de chercheur reste compliquée. François Hollande me fait une réponse qui me fige sur place, me signifiant que cela a toujours été difficile. Il émane de ses paroles une terrible impuissance qui ne montre guère l'avenir de la recherche sous un jour positif. Si je résume : merci, nous sommes d'accord, mais circulez, il n'y a rien à voir. Je retourne aussitôt voir mon Professeur qui me remplit davantage de bonheur que tous les salaires du monde. Il n'empêche, la recherche française est à la dérive et il faudra bien s'en occuper un jour avant qu'elle ne devienne peau de chagrin dans les objectifs du pays. L'optimisme du Professeur résonne en moi et je m'y raccroche, pour le moment…

Neuvième rencontre : le jardin du petit château ! Ma piqûre…

Lorsque je reçois la médaille d'argent du CNRS, en 2021, je peux difficilement être plus heureuse et fière. Cette reconnaissance arrive à point nommé, tant la route a été difficile. Elle représente un rêve que je n'avais même pas envisagé. La remise de cette médaille par Stéphanie Thiébault, directrice de recherche et directrice de l'INEE (Institut écologie et environnement, du CNRS), dans le superbe amphithéâtre de l'Institut d'océanographie, à Paris, m'a profondément touchée et flattée. Mais il y a un grand absent : Yves Coppens. Je n'ose imaginer ce que serait une récompense remise par mon Professeur ! Tout comme depuis le début, cela semble impossible. Pourtant…

Je suis en province pour une conférence et je reçois un appel. C'est ma collègue et amie Sabrina Krief. Elle me dit que nous figurons toutes les deux sur la liste des chevalières de la Légion d'honneur pour l'année 2019. Je n'en crois pas mes oreilles. Quelques jours plus tard, je reçois en effet un courrier du ministère de l'Écologie, me confirmant cette information. Je me renseigne et j'apprends que je peux avoir le privilège de choisir la personne qui me la remettra du moment qu'elle a reçu des décorations supérieures… Sabrina choisit le ministre de l'Écologie, Nicolas Hulot. De mon côté, pas d'hésitation : ce sera Yves Coppens… Il accepte, avec plaisir me dit-il, et me demande : « Emmanuelle, quand est-ce que je vous pique ? » Je mesure le parcours ahurissant depuis *La Marche du siècle* et *Le Singe, l'Afrique, et l'Homme.*

La piqûre a lieu deux ans plus tard, à cause des grèves puis du Covid… La cérémonie se tient, avec le soutien indéfectible de ma directrice de laboratoire, Fabienne Aujard, dans le superbe jardin du Petit Château de notre laboratoire du Muséum national d'histoire naturelle, Mecadev (Mécanismes adaptatifs et évolution) à Brunoy. En ce samedi 12 juin 2021, il fait un temps magnifique. Lorsque j'arrive sur les lieux, le Professeur est déjà là. De battre fort mon cœur commence ! Covid oblige, j'ai dû drastiquement limiter les invitations, ce qui m'a rendu la tâche très difficile. Certaines personnes que j'affectionne beaucoup ne seront pas là. Sans compter les grands absents. Je pense à mes grands-parents et à mon arrière-grand-mère, qui m'ont tant transmis et qui ne me quittent jamais… Ni Antoine, ni Antoinette, ni Geneviève ne sont là. Ils auraient été tellement fiers, tellement heureux… Comme ils me manquent, à cet instant ! Mais mon frère et mes parents sont là. Sandrine, l'amie qui a accompagné mes débuts, son mari Stéphane dans l'atelier duquel j'ai rédigé ma thèse, et sa fille Cléïa sont présents. Muriel, mon amie adorée, aussi. Mes proches collègues également. Tout un petit monde chéri et estimé réuni en un même lieu à la même heure. L'émotion me gagne déjà alors que j'arrive à peine. J'ai sous-estimé le moment, assurément.

Nous sommes prêts. Le Professeur se met debout face au pupitre et m'invite à me placer à côté de lui. À peine commence-t-il son discours que je pleure déjà ! Heureusement pour moi, nous sommes encore en période de Covid et je porte un masque. Pratique pour ne pas voir les grimaces liées aux larmes… Surtout, ne pas regarder mes proches. Je m'accroche, je l'écoute. Son discours est empreint de bienveillance, d'humour, et fourmille d'anecdotes comme à son habitude. Mes sanglots trouvent un moment de répit quand mon fils Alexandre, alors âgé de 6 ans, monte dans un arbre pendant le discours. « Il grimpe bien », commente Yves Coppens. Je rétorque : « C'est un primate arboricole ! » Sentant probablement sa maman émue et le moment solennel, Alexandre vient régulièrement et discrètement me faire un câlin. Le discours est vraiment émouvant. Il se termine sous les applaudissements. À mon tour…

À l'origine je ne voulais pas écrire mon discours. Je déteste lire devant un public. Supputant que les émotions seraient fortes, je l'ai tout de même écrit. Comme j'ai bien fait… C'est déjà si difficile ! Je profite de ce discours pour glisser des remerciements, ma reconnaissance bien sûr, tout mon amour aussi, avec parfois une pointe d'humour. J'essaie, j'ai été à bonne école… Et trente minutes à peine après le premier mot du Professeur, tout est dit. Je le prends dans mes bras. Il va me fait ma piqûre ! Juste avant le discours, Brigitte Senut m'avait mise en garde. Elle qui avait reçu cette décoration bien avant moi, m'avait précisé que le Professeur lui avait piqué la poitrine au moment fatidique. Heureusement le Professeur ne transperce que ma robe.

Nous fêtons l'événement tous ensemble ; ma directrice Fabienne m'offre, au nom du laboratoire, un merveilleux et immense bouquet de fleurs. C'est très joyeux. Jusqu'au moment de l'au revoir du Professeur. Il part rejoindre son taxi. Mon père s'approche de moi des larmes plein les yeux, fier et triste à la fois. Nous sommes côte à côte. Nos regards s'orientent dans la même direction, vers Yves Coppens qui s'éloigne. J'ai cette impression étrange et insurmontable que je le vois peut-être pour la dernière fois. Comme si cette décoration n'avait de sens que par sa présence et que je sentais que je le perdais en même temps que je la recevais.

Dixième rencontre : l'église de la Madeleine !
*Mon au revoir**

Dans les mois qui suivent cette merveilleuse après-midi, je partage avec mon Professeur mes inquiétudes, mes questionnements, mon affection pour lui, comme j'en ai l'habitude ces dernières années. Il me répond, gentiment, patiemment, me recadrant, me transmettant son recul, son humour, son apaisement, ses conseils, comme toujours. Et, le 22 juin 2022, tout bascule. Sortant d'un jury de master 2, au Muséum national d'histoire naturelle, je prends le RER B pour rentrer chez moi.

---

* Voir annexe, p. 259.

Le même qui m'avait emmené au Collège de France pour ma première conférence en la présence du maître. Je reçois un texto de ma collègue Alexandra. « Manue, Yves Coppens est mort. » De battre mon cœur s'arrête… Je ne relis pas le texto. Une seule lecture suffit. Je ne peux pas pleurer ni réagir. Mais une panique intérieure m'envahit. Un véritable arrachement interne.

Ma rencontre avec lui a été irréelle, ma séparation l'est tout autant. Je ne sais pas si je vais hurler ou m'écrouler. Je suis assise dans ce RER, totalement perdue. En sortant, mes jambes me tiennent à peine. J'arrive chez moi, je m'assois, les yeux dans le vide. Je reçois un nombre incalculable de messages venant de partout. Et j'envoie un texto à ma famille. Je ne peux pas parler. Je ne décroche pas. Les gens savent à quel point je l'aime. Mes parents et mon frère sont tellement tristes pour moi. Mon père me rappelle. Cette fois, je décroche mais ne parle pas. Il pleure. Il dit me revoir petite. Mais la petite fille en moi est partie en même temps que mon Professeur. De mon côté, je laisse des messages à Yves Coppens sur son e-mail. Son adresse fonctionne. C'est comme si j'espérais au fond de moi qu'il me réponde tout de même. Mais non, il n'est plus là. Nous n'aurons plus d'échanges et je mesure à quel point il va me manquer. Pas une semaine ne se passe sans que je ne lui demande son avis… Je lui laisse également des messages sur son téléphone portable… Il ne me répondra plus.

Reprenant un peu de lucidité, j'espère tout de même que son épouse Martine verra mes messages. Je veux savoir si je peux l'aider, elle et son fils Quentin. Le soir, Radio France me téléphone. Ils veulent ma réaction à chaud. Je leur transmets les yeux pleins de larmes mon hommage spontané et leur demande d'attendre le lendemain matin pour enregistrer et diffuser. La nuit passe. Le lendemain, Martine a eu mes messages. Elle m'appelle. On échange. Je fais de mon mieux tant je suis moi-même inconsolable. En fin de discussion, elle me demande si je serais d'accord pour prononcer un discours lors de la cérémonie des obsèques de son époux, en l'église de la Madeleine. Quel honneur ! J'en suis extrêmement fière, autant que paniquée. Mais c'est un grand oui. Le merveilleux sourire de mon Professeur est de nouveau avec moi. Quand je pense que Martine a dû se battre bec et ongles pour que son mari ait une cérémonie à Paris et une inhumation au Père-Lachaise… Un si grand homme, qui a tant donné à la nation. Quelle honte !

Le terrible moment arrive enfin. Enfin, car je vais pouvoir le revoir… Ma pauvre Emmanuelle… Je sors du métro. La Madeleine. Je tremble, j'ai froid, j'ai peur. À peine les marches montées, j'aperçois à quelques mètres devant moi Brigitte Senut, qui semble attendre quelqu'un. Brigitte est une amie et collègue d'Yves Coppens depuis quarante ans… J'ose à peine aller vers elle tant je me sens mal. Elle me voit. Je l'embrasse et je m'écroule en sanglots. « C'est si dur », lui dis-je. Je n'ai pas encore mis un pied dans l'église que je suis déjà submergée. L'amie qu'elle attendait n'est autre que l'assistante d'Yves Coppens, qui a probablement lu tous mes mails de ces dernières années. Nous marchons ensemble vers l'église. Nous entrons et nos chemins se séparent. Il commence à y avoir du monde. Je me mets dans un coin. Je sens que cela va être extrêmement compliqué…

Isolée, je lève de temps en temps la tête. J'aperçois Sandrine Prat, qui a fait sa thèse avec le Professeur, elle aussi. Je vois des collègues du Musée de l'homme. Je vois Lilian Thuram et ose encore moins que d'habitude le saluer… Je reconnais quelques journalistes, des collègues du Collège de France et du Muséum également. Et je vois Marie… Marie de Oliveira, son attachée de presse, qui est aussi la mienne aux éditions Odile Jacob. Elle vient me saluer, remarquant sans difficulté mon émotion. « Dis-toi que tu as eu une chance inouïe de le connaître », dit-elle. Je sais qu'elle a raison. Il me manque. Elle reconnaît Quentin à quelques mètres et m'emmène le saluer. Qu'est-ce qu'il lui ressemble ! Son visage, sa posture, sa manière de parler. Je lui serre la main… Moi qui l'ai vu petit au Collège de France, puis à l'Élysée… Le temps a passé. Quel beau jeune homme ! Je repars seule de mon côté, cherchant où m'asseoir. Je suis perdue. Christine Tardieu, ma collègue d'équipe, qui connaissait depuis toujours Yves Coppens, vient d'entrer dans l'église. L'émotion me gagne de nouveau. Elle me réconforte. J'ai l'impression qu'il n'y a que moi qui ne contient pas mes larmes ! Et c'est moi qui vais devoir parler…

Il y a quelque chose de paradoxal entre ma faiblesse et la force qu'il va me falloir acquérir pour monter les marches qui vont au pupitre. J'entends une collègue dire à une autre : « Je ne sais pas qui va parler, moi je n'ai jamais rien pu dire dans ces moments-là… » Je suis pétrifiée. J'avance pour aller m'asseoir et je ne sais pas s'il faut alors me qualifier d'andouille ou d'ignorante ou les deux à la fois, mais je me mets au premier rang, tout devant à droite… Sans savoir vraiment pourquoi, je sens que je ne suis pas à ma place. J'aperçois Christine qui s'est assise derrière. Je la rejoins. L'attente semble interminable. Puis, vient le moment où Martine, Quentin, la famille et Odile Jacob arrivent et se placent tout devant, à droite… Suit le cercueil où mon Professeur est allongé paisiblement. Un froid et un silence glacial envahissent l'église. « C'est le moment le plus difficile », me glisse Christine en me prenant la main. Comme c'est étrange. Je vois mon Professeur entre les deux rangées des bancs de l'église et cette fois il ne me sourit pas, ne me laisse pas l'enlacer. Lui si jovial, si chaleureux, si drôle… Il ne nous contera rien aujourd'hui. Je le regarde passer, lentement. Mes larmes coulent et elles ne s'arrêteront plus jusqu'à la sortie de l'église.

La cérémonie commence. S'enchaînent musiques (le Professeur adorait Bach...), prières et le discours de Jean-Jacques Hublin, au nom du Collège de France. Me voilà appelée à mon tour. Mélange de fierté et de solitude absolue. Je ne regarde pas le cercueil. Seulement l'assemblée, sa famille, Quentin, Odile Jacob, droit devant. Je les regarde sans les voir... Mon discours terminé, je retourne à ma place et le chagrin me gagne de plus belle. Christine craque à son tour. Mon discours l'a émue ; je lui prends la main. Aucune page ne se tourne comme je l'ai dit, mais je ne suis déjà plus la même. Vient le tour de Lilian Thuram, proche de la famille Coppens. Il conclut son discours en déclarant : « Professeur, je ne vous laisserai jamais mourir. » Ses mots résonnent dans mon cœur et dans ma tête. Je suis désemparée et tellement seule. Inconsolable, recroquevillée sur moi-même, je sanglote comme l'enfant que je suis sans parvenir à me calmer.

Un bel événement se produit alors. À ma gauche, à quelques chaises de là, se tient Sabine Van Vlaenderen Badinter. Je ne l'ai pas encore reconnue, mais elle travaille pour la Fondation Marcel Bleustein-Blanchet, dite « de la Vocation »... directement liée au prix qui a changé ma vie ! L'église est immense et petite à la fois... Elle vient s'asseoir à côté de moi, me prend dans ses bras et me dit : « Allez, je ne peux plus vous laisser comme ça toute seule. Cela fait un moment que j'hésite. » Elle me console, me rassure. J'ai 10 ans... Mes sanglots s'espacent et laissent enfin place à une sorte de chagrin contrôlé. La cérémonie se termine. Nous pouvons aller dire au revoir au cercueil. Certainement pas au Professeur ! Nous sortons tous de l'église.

Odile Jacob, émue, me salue. De nombreuses personnes, dont Sandrine Prat et Brigitte Senut, me félicitent pour mon discours. Certains, dont l'assistante du Professeur, me le demandent. Je suis rassurée et heureuse de ce partage et de ne pas avoir déçu.

Les proches du Professeur sont invités à lui dire adieu au Père-Lachaise. J'y suis conviée. C'est un grand honneur. Pourtant, j'hésite… et finalement je n'y vais pas. Je n'ai pas voulu voir la vraie Lucy. Lucy n'est pas en Éthiopie, elle est avec moi. Coppens, lui aussi, est avec moi. Je ne retiendrai que les jolis témoignages à l'égard de mon discours, dont les mots de son épouse Martine : « Il a adoré, merci, vraiment. Il vous aimait beaucoup et était très fier de vous, vous savez. » Comme il me manque !

Et les suivantes…

Il y aura un avant et un après le 22 juin. Mais, de toute évidence, rien ne s'est arrêté. Je continue de côtoyer mon Professeur à chacune de mes conférences, à chacune de mes rencontres avec le public, les libraires, les éditeurs, les attachés de presse, les étudiants, les collègues. Il est présent. Dans chacune des phrases de mes livres, dans chaque parole prononcée devant un auditoire, il est présent. Vous êtes dans ma tête, Professeur… « La science Emmanuelle, la science ! » ; « Attention aux médias, c'est très chronophage. N'oubliez jamais la recherche » ; « C'est bien, tous les éditeurs vous courtisent ! » ; « Je n'ai pas d'ennemi. » Toutes ces phrases résonnent en moi. Un jour, ma collègue Annick m'a lancé : « Tu es le nouveau Coppens ! » Sans imaginer une seconde que c'est le cas, j'aime à penser qu'il est plus que mon Professeur et que je n'ai pas fini d'échanger avec lui ni de le rencontrer.

Belle histoire qui n'en finit jamais. Sabine Van Vlaenderen Badinter m'interviewe pour nourrir le magnifique hommage de la Fondation Marcel Bleustein-Blanchet, qui a lieu le 5 décembre 2022 au théâtre Marigny. Quelle jolie boucle ! Sans compter les hommages au Collège de France et au Muséum national d'histoire naturelle, auxquels pourtant je ne vais pas. C'est comme ça. Il est là. Tout comme je ne peux pas aller voir Lucy, je suis incapable de lui dire au revoir. Évoquer les souvenirs, non. Pardon Martine, pardon Quentin, pardon Professeur ! Cher Yves Coppens, je ne pourrai jamais vous remercier suffisamment. Sachez que je vous rends hommage à chaque seconde de ma vie, en essayant de faire au mieux ce que vous m'avez transmis : partager. Vous êtes là.

Chères lectrices et chers lecteurs, sans mon Professeur, je ne serais pas en mesure de vous conter la suite de ce livre et les anecdotes qui l'accompagnent. Voici donc ce modeste ouvrage pour partager ma passion avec vous tous. Le Professeur vous aimait tant ! Un autre point commun avec lui. Je m'en vais vous conter « Emmanuelle au pays des merveilles », comme Yves Coppens me décrivait lui-même. Vous y découvrirez tout ce que j'ai pu apprendre en partant de Lucy, des primates, puis en explorant, en côtoyant, en observant, en étudiant d'autres merveilles.

Et maintenant, place aux héros de ce livre : les animaux qui nous entourent et qui me font rêver depuis si longtemps. Laissez-vous surprendre par toutes ces solutions trouvées par nos cousins pour se nourrir, se protéger, survivre, toutes plus étonnantes les unes que les autres. Laissez-vous attendrir, également, par leurs comportements maternels ou paternels, leurs émotions et leurs personnalités, si attachantes parfois. Partons ensemble à l'aventure !

CHAPITRE 2

Mes rencontres avec les manipulateurs d'objets et d'outils

Introduction
Avec ou sans les mains, sur terre et dans l'eau

Les primates semblent très prolifiques en termes de manipulation, d'utilisation d'outils, en milieu naturel comme en captivité[1]. Chez les chimpanzés, de très nombreux exemples sont connus comme la pêche aux termites, la casse des noix avec des outils en pierre et en bois, l'utilisation de « harpons » pour chasser[2] ou encore la fabrication de « tongs » pour se protéger les pieds lors du grimper sur des troncs d'arbre épineux[3]. Ces grands singes mettent également en œuvre différentes techniques de préparation de la nourriture comme le broyage, le martèlement, l'absorption de matière végétale (parfois à des fins médicinales), l'extraction de miel et de moelle osseuse, le creusement pour extraire des tubercules, etc. Certaines de ces techniques diffèrent selon les groupes de chimpanzés (Ouganda, Côte d'Ivoire, Guinée…) et de nombreux primatologues n'hésitent pas à parler de tradition, voire de culture[4].

Outre les chimpanzés, l'utilisation d'outils en pierre pour casser les noix ou même agresser (en lançant des objets) est connue chez les capucins qui se servent aussi de bâtons d'extraction de nourriture[5], tandis que les orangs-outans emploient une grande variété d'outils pour manger des fruits et des insectes, se protéger de la pluie, sonder la profondeur de l'eau[6], etc. L'utilisation d'un bâton pour rapporter de la nourriture est également décrite chez de nombreux macaques et les babouins chacma (*Papio ursinus*), de même que le transport de la nourriture ou de l'eau avec toutes sortes de récipients concerne de nombreuses espèces de primates. Il existe également de multiples exemples d'utilisation d'outils pour l'entretien corporel. Les chimpanzés et les orangs-outans se servent de bâtons pour se nettoyer les dents et les ongles. Des macaques à longue queue (*Macaca fasicularis*) ont même été observés utilisant des cheveux humains comme fil dentaire, comportement qui semble d'ailleurs être le fruit d'un apprentissage des enfants avec leurs mères[7].

L'outil est donc très présent chez les primates mais, attention, il existe aussi beaucoup d'autres groupes, comme les mammifères, les oiseaux, les reptiles et même les invertébrés. Les oiseaux constituent le groupe de vertébrés contenant le plus d'espèces utilisant des outils[8]. Les corvidés (geais bleus, choucas, pies voleuses, corneilles, corbeaux, freux) sont désormais connus pour être très créatifs[9]. Par exemple, les corbeaux calédoniens (*Corvus moneduloides*) sauvages, pour attraper les invertébrés logés dans le bois mort, emploient au moins quatre types d'outils, incluant diverses brindilles et autres outils fabriqués à partir de la découpe des bords épineux des feuilles du *Pandanus*[10]. Ces outils sont produits au cours d'une série d'étapes de fabrication et ont des formes complexes. Pour de nombreux auteurs, ils représentent les outils les plus sophistiqués jamais découverts du monde animal. Les *Psittacidae* (perroquets, perruches…) sont également capables de performances remarquables[11], tout comme les vautours percnoptères qui utilisent des pierres qu'ils lancent sur les œufs pour les casser et les hérons qui utilisent des appâts pour attraper les poissons[12] !

Enfin, outre les primates et les oiseaux, les reptiles sont aussi capables de nous surprendre. Les crocodiles et alligators utilisent des branches qu'ils se placent sur la tête pour appâter leurs proies, ces pauvres aigrettes en quête de branchage pour la nidification[13]. Pour se nettoyer les ongles, les éléphants utilisent parfois des brindilles alors que les ours peuvent saisir des pierres pour se gratter. Pour se protéger, le monde animal déborde de ressources puisque les poulpes se cachent dans des coquillages vides et autres noix de coco[14], et que certains dauphins ont appris à se protéger le bec (nez) avec des éponges décrochées des fonds marins[15]. Les insectes et autres arthropodes ne sont pas en reste : fourmis tisserandes, guêpes, bourdons et autres araignées à bolas sont tout à fait capables, respectivement, de saisir leurs propres larves pour tisser des nids, les tasser au moyen de petites pierres ou encore tirer des ficelles pour récupérer des pastilles sucrées[16]. Sans compter les cacatoès noirs qui utilisent branches et noix pour faire des percussions avec des rythmes spécifiques à chaque mâle pour attirer les femelles[17].

Ainsi, un nombre incalculable d'espèces ont de très bonnes capacités de préhension utilisant des organes différents, accomplissent des manipulations complexes, fabriquent et emploient des outils, qu'elles aient des mains ou non[18]. Une fois cela en tête, ce qui est passionnant, c'est de comprendre pourquoi et comment ces capacités de manipulation ont évolué, en lien avec les organes préhenseurs des animaux, qu'ils aient un pouce long, court, opposable, non opposable, des mandibules, des pinces, une trompe, des mains, des pieds, un bec, etc. Reste également à déterminer en quoi les humains sont uniques ou différents, et si ma petite Lucy a pu, oui ou non, utiliser des outils. Tout un programme dans lequel je me lance et qui a occasionné un grand nombre de rencontres animales. C'est parti !

Ma rencontre avec les cichlidés : construire pour séduire !

Étudiante, je lis à peu près tout ce qui me tombe sous la main, regarde des documentaires, m'informe sur les définitions de l'humain, sa main, ses outils, son intelligence. Je me familiarise avec la cognition, notre cerveau – complexe –, nos comportements – complexes –, notre locomotion bipède – complexe – et notre manipulation – complexe, grâce à cette main et ce pouce opposable, semble-t-il. Je suis en plein questionnement et approfondissement des petits détails qui font que nous, les humains, sommes apparemment si uniques.

Pendant ce temps-là, à la maison, mon petit frère Anthony, qui fait mon bonheur depuis sa naissance, s'intéresse à ses poissons. En bon passionné d'aquariophilie et des mondes sous-marins, il observe nombre d'espèces aquatiques et ses récits sont fascinants. Cette année-là, il a un immense aquarium d'eau douce où évoluent, entre autres, des poissons du lac Tanganyika, situé à la frontière entre l'Afrique centrale et l'Afrique de l'Est : les cichlidés. Il en existe deux cent cinquante espèces ! Il me présente les siennes avec précision. Effectivement, c'est passionnant. J'apprends par exemple que, pour attirer une partenaire, le mâle doit lui présenter une coquille d'escargot de mer vide dans laquelle le couple peut vivre. Il passe ensuite beaucoup de son temps à la défendre contre les autres mâles. Lorsque les mâles se battent, ils entament un combat bouche à bouche : ils bloquent leur mâchoire jusqu'à ce que l'un d'eux fatigue et abandonne.

Régulièrement, que mon petit frère soit présent ou pas, je vais m'asseoir devant son aquarium. Moi qui suis hyperactive

et angoissée, cela m'apaise ! Mais, ce jour-là, je vais observer un comportement très intrigant. Un des cichlidés est en train de construire un petit volcan ! Sur le coup, je me demande s'il a bien toute sa tête. Quand les animaux sont en captivité, on observe parfois des comportements bizarres. Il est en train de construire un monticule en apportant du sable dessus, bouchée après bouchée ! On dirait qu'il fait un château de sable ! J'ai hâte que mon frère rentre pour avoir l'explication.

À peine est-il rentré, je lui saute dessus : mais enfin, que fait-il ? Mon frère Anthony m'explique. C'est un mâle, son but est de construire cette petite montagne pour attirer les femelles et impressionner les rivaux. Il n'est donc pas fou ! Anthony ajoute qu'aux premiers rayons du soleil, demain matin, il dansera, dans l'espoir de recevoir la visite d'une femelle ! Je n'en crois pas mes oreilles. Pas de main, pas de pattes, mais alors quelle construction ! Un petit poisson, rien qu'avec sa bouche et ses nageoires, peut accomplir des merveilles. Et encore, je ne connais pas à cette époque le poisson-globe et sa fabuleuse rosace, cette œuvre incomparable fabriquée avec bouche et nageoires également. Bref, grâce à mon frère, je vais profiter très tôt d'un regard éclairé sur la diversité de ce qu'on peut faire et manipuler, même sans mains. Cela constitue indéniablement un bagage fondamental pour bénéficier du recul nécessaire par rapport aux humains et aux autres primates et pour cultiver mon goût de la diversité et de la comparaison entre espèces. Un atout supplémentaire, qui plus est, pour ne pas oublier les eaux et les océans, emplis d'espèces animales qui nous sont encore largement méconnues. Merci mon frère…

Ma rencontre avec les singes capucins : des manipulateurs hors pair !

Nous sommes en 1998. Je suis à la Vallée des Singes, un parc spécialisé dans les primates, non loin de Poitiers, pour observer les singes capucins dans le cadre de mon DEA (master 2 aujourd'hui). Je vais y rester six mois. Je veux comprendre comment et pourquoi ces singes sont si habiles et répertorier tous les comportements impliquant leurs mains. Pour qui aime les primates, la vallée est un paradis. Il y en a partout ! À mes débuts, les capucins sont dans un immense espace ouvert, riche en végétation de toutes sortes, séparés des autres singes par des rivières, à l'exception des singes sakis avec lesquels ils partagent un petit bout de territoire, non sans heurts parfois : les capucins leur volent de temps à autre quelques nourritures dans leurs gamelles ! Les singes sakis tentent bien des comportements d'intimidation, en sautant sur place et en gonflant leur fourrure, mais ils sont bien plus attendrissants qu'intimidants.

À l'époque, le public peut se promener parmi les singes capucins, sur leur territoire. Le premier jour, les femelles me raccompagnent toutes vers la sortie, faisant un demi-cercle autour de moi en me montrant les dents. Compte tenu de la taille de leurs canines, je ne cherche pas à m'imposer et sors sans manifester la moindre résistance. Le lendemain, je suis acceptée et je découvre un groupe passionnant, en permanence dans l'action. Après moult observations, je commence ma première vraie étude scientifique sur la casse des noix. Attention, sans outil celle-là ! Le mâle Justus est très puissant au niveau des mâchoires et les ouvre avec les dents. Quant aux petits et aux femelles, ils doivent faire autrement. Comment s'y prennent-ils ?

Ils les saisissent dans une main et les frappent sur des supports. Les petits les tapent partout : sur des petites branches, des feuilles, entre elles… sans résultat. Les femelles adultes, en revanche, sélectionnent les substrats les plus durs : le chemin central en goudron, les pierres de l'enclos. Les adultes optimisent clairement les choix de substrats pour casser les noix le plus vite possible. Et même quand ils n'ont pas accès aux meilleurs substrats, ils trouvent une solution. Ainsi, Paula, une femelle dominée et ne pouvant accéder aux substrats optimaux, utilise un clou loin des dominantes, pour casser ses noix en toute tranquillité. Il existe donc un véritable apprentissage et les petits sont à bonne école pour casser les noix. Une fois adultes, ils sauront faire ! Je publierai cette étude bien des années plus tard dans l'*American Journal of Primatology*[19], une revue prestigieuse que j'ai énormément lue et admirée pour la qualité des articles publiés. Mon tour était venu. Je me souviens d'avoir été expertisée à l'époque par l'éditrice de la revue, une sommité de la primatologie, devenue ensuite une collaboratrice, spécialiste des singes capucins qui plus est : Dorothy Fragaszy. Quel honneur et quelle joie !

À la Vallée des Singes, outre les noix, les singes capucins cassent aussi de temps à autre les noix de coco. Il s'agit d'une tâche compliquée car il faut parvenir à les ouvrir – elles sont dures –, sans perdre le lait de coco dont les capucins raffolent ! Il leur faut donc maîtriser le geste, frapper assez fort pour ouvrir la noix de coco, mais pas trop pour éviter que le lait ne s'éparpille et soit perdu. Comment procèdent-ils ? Le mâle Justus parvient de nouveau à l'ouvrir avec les dents. Respect… La mâchoire de ces mâles est vraiment impressionnante malgré leur petite taille. Et les femelles ? Ce sont les dominantes qui récupèrent les noix de coco proposées par les soigneurs animaliers. Elles les cassent ensuite après les avoir frappées sur le sol en y mettant les deux mains, positionnées différemment selon les individus, et en utilisant des mouvements de bras et des implications de jambes propres à chacun. Autrement dit, certaines femelles mobilisent beaucoup les membres inférieurs avec des mouvements très amples, se relevant presque entièrement, pendant que d'autres se servent surtout de leurs membres supérieurs en faisant de larges mouvements. Quasiment systématiquement, en revanche, les petits se mettent en face de la protagoniste et miment ses mouvements. Apprendre passe par l'observation et le mimétisme… Les petits reproduisent même le mouvement à vide !

Ainsi, que ce soit pour casser les noix ou les noix de coco, un vrai apprentissage se met en place, sans utilisation d'outil. L'apprentissage implique l'amélioration des gestes et des choix de substrats pour casser au mieux la noix, dans ce que certains appellent un proto-usage d'outil : transformation d'une nourriture en la frappant contre un support. Ainsi, le poisson labre ou la loutre de mer frappent leur coquillage contre un rocher : au fond de l'eau pour l'un, sur son ventre pour l'autre. Il n'y a en effet ici pas d'outil à proprement parler, mais il s'agit de comportements complexes, appris, effectués par des singes qui n'ont pas de pouce opposable qui plus est… Parfait pour moi pour calmer un peu l'arrogance de cette humanité qui se place si haut sur le piédestal de la manipulation.

Pour en finir avec les exclusivités prétendument humaines, je crois avoir vu les capucins faire en six mois tout ce qu'on m'a appris pendant mes études comme étant le propre des humains : chasser des canards en coopérant avec des rabatteurs, pêcher, attraper des oiseaux, des grenouilles, des souris, les manger, partager la nourriture, la stocker parfois – comme cette grenouille enfoncée dans le trou d'un tronc d'arbre pour être consommée ultérieurement… Si on considère en outre que les premiers singes capucins sont éloignés de plus de trente millions d'années de l'apparition des humains, donc très distants sur le plan évolutif, ces découvertes sont tout à fait intéressantes pour remettre en cause la suprématie et l'unicité humaine. Sans compter que les capucins n'ont pas un pouce totalement opposable mais pseudo-opposable. Ils peuvent mettre en contact les bords latéraux de leurs pouce et index mais pas leurs pulpes. Après cette première véritable expérience scientifique, tous les espoirs me sont permis !

Mes rencontres avec les gorilles : manipulateurs et utilisateurs d'outils, eh oui !

Trois ans après la Vallée des Singes, me voilà riche d'un petit financement, celui de la bourse de la Vocation, qui me permet de m'acheter un Caméscope et un ordinateur pour commencer ma thèse sous la direction d'Yves Coppens. Nous sommes en 2001 et entre deux cours et compétitions de tennis, indispensables pour financer ma thèse, je pars au zoo de Beauval afin de comparer les capacités de manipulation des grands singes. Je me souviens, à ce moment précis, que les petits capucins débordaient de solutions différentes, individuelles. Mais comment les grands gorilles de Beauval pouvaient-ils procéder ?

Patrick, le soigneur des gorilles du zoo de Beauval, me fait tout d'abord rencontrer Yangu, le grand mâle gorille dominant du petit groupe. Je suis dans les coulisses, derrière la grille ; je sens son odeur et j'entends ses petits grognements d'apaisement. Une première expérience de proximité inoubliable avec ce sublime dos argenté. L'expérience commence. Patrick dispose, sur la partie extérieure de leur enclos, trois noix de coco pour Yangu et les deux femelles de l'époque, Inge et Sheila. Résultat ? Yangu lance sa noix de coco contre le mur extérieur de son enclos. Les femelles Inge et Sheila les frappent directement, d'une seule main, contre les rochers. Les femelles, bien que plus graciles, parviennent parfaitement à casser leur noix alors que Yangu, avec sa stratégie du lancer, est moins efficace et met un temps fou. Sans compter qu'il perd le lait au moment de l'ouverture… Les singes capucins, plus petits, semblaient plus performants tant pour la rapidité de l'ouverture de la noix de coco que pour la récupération du lait. Pourtant, ils n'ont pas le pouce opposable comme l'ont les gorilles. Mais le pouce des gorilles est court… Il me faut aller plus loin.

Nous savons que bon nombre d'animaux utilisent des outils[20] et en particulier les primates[21], parmi lesquels les chimpanzés sont de véritables champions[22]. Dans un tel contexte, les gorilles passent pour les mauvais manipulateurs, moins intelligents que les chimpanzés et incapables d'utiliser des outils en milieu naturel. C'est insupportable et il faut faire quelque chose ! Car, pour moi, ce n'est pas parce qu'ils n'en utilisent pas en Afrique qu'ils sont incapables de le faire. Ils n'en ont probablement pas besoin en milieu naturel mais, si on les étudie dans ce but, ils sauront faire. C'est pourquoi je veux absolument commencer cette thèse en testant la capacité des gorilles à utiliser des outils malgré un pouce court et ce qu'on lit à l'époque. Avec Patrick de nouveau, nous souhaitons tenter une expérience. Il perce des trous dans les infrastructures en bois de l'enclos des gorilles et place des figues écrasées au fond. Les gorilles en raffolent. Il dispose ensuite des branchages dans l'enclos et fait entrer les trois gorilles. Résultat ? Sheila, Inge et Yangu fabriquent immédiatement des outils en effeuillant les branches et en les cassant pour aller à la pêche aux figues ! Ils effectuent de plus des saisies de précision, entre l'extrémité du pouce et de l'index. Bref, en une seule expérience, nous montrons que les gorilles savent se fabriquer des outils et les utiliser, qui plus est parfois avec des saisies de précision, le tout malgré un pouce court. Beaucoup d'idées reçues tombent d'un seul coup. Ce travail est le premier que je publie, dans la revue européenne de primatologie (*Folia Primatologica*). Et je n'en suis pas peu fière[23] !

Comme si l'histoire se répétait, avec ses belles rencontres humaines aussi, j'ai la chance de discuter, quinze ans plus tard, avec une grande spécialiste des gorilles sauvages, l'Italienne Shelly

Masi. Elle partage avec moi ses observations uniques et inestimables des gorilles de la république du Congo que nous décidons d'analyser et de publier. Elles sont passionnantes et sans équivoque : par exemple, pour récupérer un maximum de termites, dont ils raffolent, les gorilles emploient des mouvements complexes de frappes des mains qui ressemblent aux mouvements effectués pour produire des éclats[24]. Ils sont donc tout à fait capables d'effectuer ces mouvements. Simplement, produire des éclats est inutile pour obtenir la nourriture qu'ils consomment : feuilles, fruits, termites… Et cela converge également avec la preuve de leur capacité à utiliser des outils en milieu naturel comme ces grandes branches pour sonder la profondeur d'un cours d'eau et éviter de prendre des risques en le traversant[25]. Reste encore à élucider les subtilités qui différencient les humains des autres grands singes en termes de manipulations d'outils. Comment chaque espèce se débrouille-t-elle avec un pouce opposable ou pas ? Quelles sont les spécificités humaines ? Comment les lémuriens manipulent-ils sans pouce opposable du tout ? Et comment les grands singes performent malgré un pouce si court ?

Ma rencontre avec les lémuriens à ventre roux : j'y crois !

L'outil se rencontre donc chez des espèces pourvues de pouces opposables (grands comme petits singes), en Afrique et en Asie, mais également chez les petits singes sud-américains (capucins) ayant des pouces uniquement pseudo-opposables. Outre les grands et les petits singes, qu'en est-il des lémuriens, ces primates non classés parmi les singes et qui ne possèdent ni pouce opposable ni pouce pseudo-opposable ?

À ce jour, les lémuriens n'ont jamais été observés en train d'utiliser des outils en milieu naturel. Alors qu'ils ont longtemps été considérés comme les moins intelligents des primates et, à ce titre, moins étudiés que beaucoup d'autres, je suis convaincue pourtant qu'ils sont de bons manipulateurs. Pour moi, la rareté des données sur les lémuriens concernant leur aptitude à manipuler et utiliser des outils vient davantage du fait qu'ils sont sous-étudiés et/ou qu'ils n'ont sans doute pas la nécessité de développer de tels comportements dans leur milieu. Forte de cette conviction et d'une étude publiée sur deux espèces de lémuriens captifs[26], je me lance avec mon étudiant Mats Perrenoud dans l'aventure.

Nous sommes en 2012, au jardin zoologique tropical de La Londe-les-Maures. À l'époque j'enseigne l'anatomie, la biomécanique et l'anthropologie à l'université de Toulon et ce zoo est tout proche de chez moi. Mats étudie alors un groupe de lémuriens à ventre roux (*Eulemeur rubriventer*) pour un tout autre propos : leur capacité sensorielle à détecter les proies[27]. Au fil de ses observations, je lui fais part de ma conviction. Nous devons absolument tester leur capacité à manipuler et utiliser des outils à la manière des singes, c'est-à-dire en utilisant un bâton pour extraire de la nourriture. Ils vont le faire, j'en suis sûre ! Ce n'est qu'une question de temps, de motivation. Mon sens de la persuasion opère et Mats se laisse convaincre à son tour. Un matin, nous arrivons dans la volière de ces adorables petites bêtes pour lancer notre expérience.

Premier problème : ils sont curieux et collants. Bart et Ernest, tels que je les ai nommés (en référence à une série d'animation que j'adorais étant petite !), viennent sur moi, grimpent sur mes jambes, se nichent dans ma nuque. Et en bons territoriaux qu'ils sont, ils marquent nos vêtements de leur odeur… comment dire ? bien spécifique ! La journée va être longue…

Crédit : Zoo La Londe-les-Maures/Pouydebat.

Avec Mats, nous devons donc attendre le jour suivant pour installer notre dispositif en leur absence, afin de ne pas être dérangés et de ne pas les perturber non plus. Ils sont rentrés le soir et, le lendemain matin, nous arrivons avant leur sortie. Nous disposons alors de gros rondins de bois percés de trous au fond desquels nous plaçons de la banane écrasée. Des branches sont disponibles partout dans leur volière et leur fournissent la matière première de leur outil potentiel. Nous sortons de la volière et nous nous plaçons aux premières loges. Combien de temps vont-ils mettre pour se saisir de branches et les placer dans les trous pour extraire la banane écrasée ? Suspense… Je dis à Mats de préparer la caméra. Il ne faut pas rater ça. « Ouvre les trappes ! » Nous y sommes, les fauves sont dans la place et Mats et moi sommes en alerte maximale, les yeux écarquillés. Les deux mâles, Bart et Ernest, s'approchent assez rapidement des rondins. Ce sont de nouveaux objets et ils sont curieux. L'espoir grandit de plus en plus. Un petit coup d'œil, un petit reniflage…

Puis rapidement… Rien ! Rien de rien. Ils ne manifestent aucun intérêt. Je dis à Mats qu'il va falloir être patients et recommencer chaque jour pour qu'ils s'habituent au dispositif. Les jours passent. Toujours rien. Jusqu'au jour où nous décidons de renoncer. Perdu pour perdu et toujours dans l'espoir de voir comment ils saisiraient et manipuleraient l'outil, nous effeuillons les branches nous-mêmes et les plaçons tout près du dispositif, histoire de créer une sorte de déclic. Rien. Le lendemain, nous plaçons les branches sur le dispositif. Rien. Dernier jour, je me dis : « Allez, tant que nous y sommes, plaçons la branche directement dans le trou ! » Que va-t-il se passer ? De nouveau revient cette petite excitation. Allons-nous enfin les voir prendre et manipuler cet outil ? Bart arrive alors sur les lieux… Regarde le dispositif et voit bien que ce n'est pas comme les jours précédents. Il se saisit du bâton… le sort du trou ! Et l'abandonne… Avec un désintérêt déconcertant.

Je pense que nous sommes allés au bout de l'expérience… Sans doute n'ont-ils pas assez faim ou ne sont-ils pas assez motivés. Sans doute, cette tâche est-elle cohérente pour certaines espèces car elle correspond à des comportements naturels, mais pas pour eux. Cela ne change rien. Il y a environ une centaine d'espèces de lémuriens et il faut les étudier toutes (les loris également). Nous devons explorer leurs capacités à manipuler, ce que nous faisons actuellement. Les surprises arriveront en temps voulu et je peux déjà vous en communiquer une en avant-première : il semblerait qu'il y ait un lien entre les capacités de manipulation et les techniques de portage des petits (par la bouche ou sur la fourrure). Pourquoi ? Réponse au chapitre 5 !

Mes rencontres avec les grands singes et les humains : c'est qui le meilleur ?

Pendant ma thèse, entre 2001 et 2004, je vais avoir le bonheur de côtoyer tous les grands singes : chimpanzés petits comme adultes, gorilles, orangs-outans que je vais comparer avec les humains, adultes comme enfants. Je vais montrer que les techniques de préhension varient selon les espèces, selon les tailles d'objets saisis[28], selon la tâche effectuée[29], que les techniques changent avec l'âge[30], et que tous les grands singes sont capables d'effectuer des saisies de précision entre l'extrémité du pouce et de l'index, contrairement à d'autres singes plus petits et plus éloignés sur le plan évolutif. Ces résultats permettent d'aborder l'évolution de la préhension chez les primates[31] et sont régulièrement complétés, par exemple par des données récoltées chez les bonobos[32]. Mais ce qu'il me faut, après cette thèse, c'est comprendre comment le milieu arboricole *versus* terrestre influence les capacités de préhension et quelles sont les spécificités humaines de la manipulation d'outils, en comparaison avec les grands singes.

Nous sommes en 2013, neuf ans après ma soutenance. J'ai déjà encadré une doctorante, Élodie, qui a brillamment montré, par une approche inédite de quantification des mouvements de préhension en trois dimensions, à quel point l'arboricolie a pu être déterminante dans l'acquisition des capacités de pronation* et donc de préhension[33]. Assurément, mon intuition était bonne. Vivre dans les arbres a conduit les primates à développer de très bonnes capacités de préhension qu'ils ont

* Mouvement du poignet, initié par le coude, vers l'intérieur, vers le sol, comme pour prendre.

ensuite utilisées pour manipuler des objets, dont les outils, avec dextérité. Les arbres ont probablement été plus importants que la savane. C'était l'idée majeure de mon projet de thèse, qui avait interpellé Yves Coppens, dès ma candidature à la bourse de la Vocation. Avec Élodie, nous avons clairement montré que les espèces à caractères anatomiques et comportements arboricoles comme les chimpanzés, gorilles et singes capucins ont de meilleures capacités de préhension que les espèces terrestres comme les macaques et lémuriens terrestres (*Lemur catta*)[34]. Au passage, nous n'avons pas pu étudier les orangs-outans dont les longs poils nous empêchaient de faire les bons repérages anatomiques pour la quantification externe des mouvements. Impossible de trouver exactement où est le coude par exemple ! De plus, certains orangs-outans prennent visiblement un malin plaisir à attraper la nourriture avec la bouche et les pieds, nous empêchant de regarder comment ils font avec leurs mains.

Bref, nous avions une bonne idée de leurs techniques de préhension de nourriture mais pas d'outils. Il restait donc à comprendre quelles étaient vraiment les spécificités des humains. Comment se différencient-ils des autres grands singes dans leurs techniques de manipulation d'outils ? Pour répondre à ces questions, je vais travailler avec Ameline, venue me voir après une de mes conférences à la SFDP (Société francophone de primatologie). Elle rêve de travailler sur les outils et avec moi. Quelle chance ! Elle fait son master 2 en ma compagnie, abordant la problématique de la latéralité dans l'utilisation d'outils chez les bonobos[35]. Nous cherchons ensuite un financement de thèse pour aborder l'utilisation d'outils chez les grands singes et les humains. Après moult efforts, nous le trouvons !

La voilà qui commence sa thèse. Pour comparer les capacités des grands singes (orangs-outans, chimpanzés, gorilles, bonobos) et des humains, adultes comme enfants, il nous faut utiliser un dispositif identique et comparable. Or, à la Vallée des Singes, les animaliers des bonobos utilisent une sorte de jeu-labyrinthe pour les occuper. Cela ressemble à un flipper en bois, en plus petit, avec des obstacles. Il est fixé au grillage extérieur de l'enclos et les bonobos doivent prendre un outil pour ramener à eux la nourriture placée à son extrémité. Pour nous, c'est parfait car cela implique des manipulations d'outils assez complexes. Eh oui, les parcs nous donnent souvent des idées ! Nous allons donc utiliser cette tâche et uniformiser les obstacles des labyrinthes pour pouvoir comparer les espèces entre elles. Objectif ? Comprendre comment les individus sélectionnent leur outil, le manipulent pour passer rapidement les obstacles du labyrinthe en bois et récupérer la nourriture placée à son extrémité. Qui est le meilleur ? Le chimpanzé avec sa dextérité à utiliser des outils ? l'humain avec son pouce long et large ? avec des stratégies spécifiques ? en combien de temps ? en tenant l'outil avec quelles postures manuelles ? dans quelle main ? en le repositionnant ? en touchant combien d'obstacles ? en faisant prendre à la noix quelles trajectoires ?

Le premier essai est effectué chez les bonobos de la Vallée des Singes avec des raisins frais en guise de nourriture à récupérer. Nous allons enfin voir le trajet emprunté et comment ils évitent les obstacles grâce à la manipulation de leur outil. Résultat : une femelle, Daniela, attrape une branche, se taille une lance avec les dents et harponne à travers le grillage le raisin frais pour le ramener directement à sa bouche, sans passer par les obstacles. Pas besoin de s'embêter avec les obstacles quand on est plus malin que les expérimentateurs ! La voilà qui pousse un petit cri de satisfaction en récupérant son raisin. Histoire peut-être de se moquer un peu de nous… Après cet essai, nous décidons donc d'utiliser des noix pour éviter les harpons. Mais Daniela reste tout de même la meilleure de tous les grands singes et des humains étudiés, avec un record de récupération de noix jusqu'ici inégalé[36]. Comment fait-elle ? Elle choisit des branches courbes pour façonner un outil lui permettant un meilleur bras de levier. C'est malin… Félicitations ! D'autant qu'elle a un pouce court et étroit, deux caractéristiques censées la pénaliser dans ses capacités de manipulations. Cela étant, en moyenne, l'espèce la plus efficace est l'espèce humaine, chez les adultes[37]. Pourquoi ?

Les humains adultes sont les seuls à avoir pris un outil dans chaque main. Manipulation bimanuelle. En voilà une vraie spécificité ! Quand nous avons mis en place l'expérience chez les humains, cela m'a vraiment frappée, je ne m'y attendais pas, car cela ajoute une difficulté de coordination. Néanmoins, il faut croire que cela leur permet d'être plus efficaces. Quant aux enfants de 5 et 6 ans étudiés, tous ont réussi la tâche en mettant les deux mains sur un même outil. *Idem* pour les grands singes qui ont tous réussi en utilisant une seule main, avec leurs propres techniques impliquant des doigts et postures différents. À noter que tous ont été capables de manipuler et repositionner leur outil à l'intérieur d'une seule main. Ces mouvements intramanuels, considérés jusqu'alors comme spécifiquement humains, ne le sont pas. Les grands singes sont capables de repositionner l'outil dans une seule main, avec une excellente dextérité intramanuelle et malgré un pouce court et étroit… Enfin, une anecdote. Quand nous avons testé le labyrinthe chez les orangs-outans, ils pouvaient employer n'importe quoi comme technique ou comme outil pour réaliser la tâche : manipuler l'outil avec la bouche, utiliser un poireau… Quel bel opportunisme !

Première conclusion : l'espèce humaine est unique oui, mais au même titre que les autres ! Chaque espèce a ses propres techniques. Et même chaque individu ! L'analyse détaillée des postures manuelles au cours de cette tâche nous a ensuite amenés à lier ces postures à l'anatomie des mains de chaque espèce. Nous avons ainsi été capables de créer des modèles biomécaniques de la main : l'un avec mon collègue archéologue du Muséum[38], un autre avec mon collègue roboticien de Yale[39] et encore un autre avec mon collègue biomécanicien de Marseille[40]. Le tout en collaborant, s'il vous plaît, avec Tracy Kivell, une illustre paléoanthropologue qui travaille notamment sur les australopithèques… Ces modèles sont en effet utilisables pour comprendre les manipulations complexes et les spécificités humaines, mais aussi pour proposer de nouvelles interprétations des capacités manuelles des fossiles. Eh oui, si on sait que telle anatomie est liée à telle posture manuelle, on peut faire des hypothèses sur ce que la main accomplit. Résultat ? Rien ne peut empêcher de dire que ces fossiles, dont les australopithèques, pouvaient être précis et utiliser des outils. De nouveau, une belle avancée en faveur de ma petite Lucy !

Deuxième conclusion : quand l'expérimentateur est mauvais, pourquoi utiliser un outil ? Je m'explique ! Nous avons voulu tester le labyrinthe chez les singes capucins. C'était intéressant de voir comment, sans pouce opposable, ils allaient s'en sortir. Eh bien le premier essai a été très révélateur. Le singe a placé sa main sous le labyrinthe et l'a fait sauter vers le haut ! Nous l'avions mal fixé… Résultat ? Les noix lui sont toutes arrivées rapidement dans la main. Vraiment, je vous le demande, pourquoi utiliser un outil quand ce n'est pas nécessaire !

Mes rencontres avec les petits singes, perroquets et carnivores : les ouvreurs de boîtes !

Pour comprendre l'évolution des capacités de manipulation qui ont parfois conduit à inventer l'utilisation d'outils, il faut comparer les espèces, comparer leurs capacités, et pas seulement celles qui leur permettent d'utiliser des outils, mais aussi celles qui leur servent à manipuler des objets. Et surtout ne pas s'en tenir exclusivement à notre famille ! Il faut explorer largement comment les animaux manipulent des objets différents avec ou sans mains, avec ongles ou griffes, avec pouce opposable ou pas, avec un bec, une trompe, etc. Ainsi, pour déceler les nuances qui existent entre les espèces, il faut les comparer lors de tâches identiques, dans la mesure où elles sont faisables par toutes évidemment ! C'est le défi que je me suis lancé et dans lequel j'ai impliqué de nombreux étudiants pour comprendre, enfin… tenter de comprendre, comment les capacités de manipulation avaient évolué et pourquoi.

Avec ces jeunes étudiantes et étudiants (Myriam, Anaïs, Antony, Mats, Ameline), parfois en collaboration avec ma collègue éthologue Dalila Bovet et la vétérinaire de la ménagerie du Jardin des Plantes, Aude Bourgeois, nous nous lançons dans des expériences d'ouvertures de boîtes. Imaginez des boîtes en Plexiglas fermées avec des loquets. Le but de l'expérience ? Proposer ces boîtes à un maximum d'espèces vivant dans des parcs zoologiques – la ménagerie du Jardin des Plantes, le zoo de La Palmyre, celui d'Amnéville – et voir si elles arrivent à les ouvrir et, si oui, comment. Qui va jouer avec nous ? Des singes (capucins, tamarins lions), des carnivores (binturongs, pandas roux, loutres, suricates) et des oiseaux (perroquets aras) !

Le premier qui va tenter sa chance est un singe capucin. Et plus précisément un singe capucin de la ménagerie du Jardin des Plantes. Nous jouons à domicile ! La boîte est placée dans son enclos pendant qu'il est dans la pièce d'à côté et, avec Dalila, nous allons nous positionner devant la vitre pour voir ce qu'il va faire. Sa porte s'ouvre… Ni une ni deux il arrive, prend la boîte et l'ouvre en deux temps trois mouvements[41]… Trop facile pour lui. Pourtant, il n'a pas le pouce opposable comme les humains. Ce n'est décidément pas indispensable pour manipuler une serrure !

Partons maintenant chez les oiseaux. Non seulement ils n'ont pas de pouce opposable, mais ils n'ont pas de mains, tout court ! Comment vont-ils gérer ? Je ne suis pas inquiète. Certes, les oiseaux ont un petit cerveau, mais ils s'en servent très bien. Et petit cerveau ne veut pas dire idiot, loin de là[42] ! Les découvertes des vingt dernières années le montrent : les oiseaux représentent l'un des groupes les plus créatifs, en termes d'utilisation d'outils notamment, et ils manipulent parfaitement sans mains[43]. Donc, je suis convaincue que nos perroquets aras vont très bien s'en sortir. Nous retournons à la ménagerie du Jardin des Plantes et nous dirigeons vers les perroquets, en particulier les *Aras hyacinthe*. Sublimes ! Les quatre aras sont enfermés pendant que le soigneur va placer une boîte dans la volière. Il ressort. Ouverture des portes ! Les perroquets se placent à l'opposé de la boîte et se mettent à crier à tue-tête. On appelle cela la néophobie : la peur de la nouveauté (*néo* « nouveau », *phobie* « peur »). Et des perroquets qui crient, c'est insupportable. Les visiteurs sont interloqués et passent leur chemin. J'ai peur de me faire renvoyer du zoo ! Nous arrêtons l'expérience pour cette fois.

Nous revenons le lendemain… Rebelote. Mais la différence, c'est que l'un d'entre eux, le plus courageux, ou la plus

courageuse exactement, tente sa chance. Elle s'appelle Rauna. Elle quitte le petit groupe et se dirige lentement vers la boîte. La tête un peu penchée, elle s'approche et commence à tourner autour à deux mètres de distance, se rapprochant petit à petit, à pas fébriles, de la boîte. Et le moment vient où elle est tout près et la touche rapidement de son bec. Bon, elle n'est pas dangereuse… Rauna finit par la saisir dans une patte et se stabilise avec l'autre. Pour ouvrir le loquet, elle va utiliser une patte pour se stabiliser, l'autre patte pour repositionner la boîte, son bec et même sa langue pour faire bouger le loquet. Quelle coordination complexe ! Après quelques minutes de manipulation sans pouce et sans main, voilà la boîte ouverte et la noix récupérée[44]… Au suivant !

Le suivant est un autre singe : un tamarin lion. Nous sommes au zoo de La Palmyre cette fois, et la boîte est positionnée dans la volière des petits tamarins lions, en leur absence ; ils attendent patiemment à côté. Tout est prêt, la porte s'ouvre et ils arrivent dans leur enclos. Et là, panique à bord, ils se mettent à hurler. Ah non, cela ne va pas recommencer ! Néophobie, quand tu nous tiens… J'essaie tous les jours pendant une semaine, rien à faire. Ils ne la toucheront pas et ne le tenteront même pas. Au suivant !

Pour changer un peu, allons chez les carnivores voir si, sans ongles mais avec des griffes, un animal peut ouvrir la fameuse boîte. Le résultat tombe rapidement. Les binturongs, les loutres, les suricates, les pandas roux : tous réussissent, dans une frénésie de curiosité sans égale ! Ils utilisent leurs griffes, qui ne sont donc pas un frein pour la manipulation complexe d'objets, et leur bouche. Petite anecdote que je ne suis pas près d'oublier, tout comme Myriam, l'étudiante impliquée. De retour à la ménagerie du Jardin des Plantes, chez les pandas roux, après que nous avons positionné une boîte dans l'enclos, le premier d'entre eux arrive. Il tourne autour de la boîte, la touche de toutes parts sans chercher à l'ouvrir. Finalement, il met son odeur sur la boîte. Soyons clair, il fait pipi dessus ! Ce qui pour un carnivore signifie : « C'est ma boîte ! » Puis il repart sans l'ouvrir. En gros, c'est ma boîte mais je m'en fiche ! Cette anecdote, qui nous a beaucoup fait rire, montre clairement l'importance de la motivation dans la réussite d'une tâche. Si l'animal n'ouvre pas la boîte, ce n'est pas toujours parce qu'il ne sait pas, mais parce qu'il n'en voit pas l'intérêt ! Ce qui n'est pas le cas des suricates et des loutres observées par Ameline, qui a constaté que ces animaux étaient très curieux, motivés et efficaces à la fois. Quoi qu'il en soit, les griffes ne sont non seulement pas un frein mais presque un atout !

Bilan ? Quand les animaux n'ont pas peur de la nouveauté d'un dispositif, quand ils ne sont pas néophobiques et quand ils sont motivés, ils peuvent réussir la tâche avec leurs propres armes : doigts, langue, bec, griffes… La réussite d'une tâche et une manipulation complexe ne sont pas l'apanage des humains, ni même des espèces dotées d'une main. Et il existe des convergences, c'est-à-dire des points communs entre des espèces qui sont très éloignées sur le plan évolutif, qui ne sont pas parents, mais qui partagent des similitudes du fait de milieux de vie proches ou identiques, comme le montre par exemple notre comparaison entre les aras et les capucins. Enfin, chez les carnivores et les primates, les espèces arboricoles ont davantage de capacités de préhension que les espèces plus terrestres. Il est probable que la préhension et la manipulation se soient tout d'abord développées dans les arbres avant d'avoir été utilisées sur le sol pour d'autres tâches. C'est finalement assez logique car dans les arbres les animaux sont obligés de saisir les branches fermement s'ils ne veulent pas tomber[45]. Cela leur donne d'office de bonnes capacités de préhension qu'ils peuvent mobiliser pour d'autres tâches que la locomotion[46]. Mon intuition lorsque je me suis présentée à la bourse de la Vocation était juste ! Mais ces résultats sont sans compter les animaux qui n'ont pas de mains comme les oiseaux ou les crustacés. Poursuivons…

Ma rencontre avec les corneilles : ça casse et ça cache !

Nous sommes en 2018. J'habite un immeuble au pied duquel se trouve un terrain de tennis qui n'est plus utilisé, mais où je descends parfois avec mon fils pour lui apprendre à faire du vélo et taper dans une balle avec une raquette. Alexandre, casqué, fait des slaloms tremblants avec son vélo autour de mes plots quand, tout à coup, une noix tombe du ciel ! Nous en rigolons, nous disant que les oiseaux nous visent. En étant plus attentifs la deuxième fois, nous voyons très nettement une corneille s'éloigner. Je propose alors à mon petit garçon de faire un grand tour avec son vélo pour voir s'il trouve d'autres noix. Bingo ! Il ramasse une pleine provision de demi-noix, ouvertes et vides. Et là, Alexandre comprend : « Maman, les corneilles lancent les noix de très haut pour qu'elles se cassent en tombant et puis après elles viennent les manger. » Malignes, ces corneilles ! Car je doute qu'elles lancent ces noix sur ce sol dur et goudronné par coïncidence. Non, elles ont très bien remarqué que les noix se cassaient sur ce support.

Certains appellent cela du proto-usage d'outil. L'animal n'utilise pas un objet détaché pour en transformer un autre, mais il frappe ou lance ce qu'il veut transformer sur le substrat adéquat. Les corneilles ont trouvé un terrain de jeu idéal pour casser régulièrement leurs noix. Alors, quand vous vous promènerez sur le territoire des corneilles, attention à vos têtes ! D'ailleurs, au Japon, certaines ont été observées en train d'utiliser les passages piétons pour disposer leurs noix et les récupérer écrasées après le passage des voitures ! Il est tout à fait légitime de poser l'hypothèse qu'elles le font volontairement. Si pour certains il ne s'agit pas de stratégies pensées, ce comportement reste tout de même stupéfiant, d'autant qu'il est fréquent chez les corneilles, en France (il suffit de bien les observer, y compris à Paris) ou encore aux États-Unis. Mais les corneilles ne font pas que casser… elles cachent aussi.

Tout récemment, le 16 mars 2023 pour être précise, j'ai été le témoin direct, avec notre petite chienne Lily, d'un autre comportement remarquable d'une corneille. Il est 15 h 30, je promène Lily au parc avant d'aller chercher Alexandre à l'école. J'ai pris mon après-midi, et nous en profitons.

Après l'entrée du parc, nous longeons une grande pelouse quand soudain je vois une corneille se poser à quelques mètres de nous, tenant dans son bec une belle boule de graisse. Vous savez, celle que l'on accroche parfois aux arbres dans les jardins, l'hiver, pour nourrir les oiseaux. Le bec largement ouvert, elle se pose puis lâche la boule de graisse sur le sol. Elle tape ensuite vivement dedans avec son bec jusqu'à la casser en quatre morceaux avant d'en manger un. Une fois repue, elle se saisit d'un des trois autres morceaux et se déplace sur la pelouse. Intriguée, je la suis du regard. Et je fais bien. Après environ quatre mètres parcourus, elle s'arrête. Je me demande vraiment ce qu'elle veut faire ! Je vais rapidement avoir ma réponse. Elle pose le morceau de nourriture, met des coups de bec juste à côté, sur le sol, déplace son trésor au niveau des coups de bec puis prend les deux feuilles mortes qui étaient à côté pour les positionner sur la nourriture. Il semble que cette corneille se soit déplacée jusqu'à ce qu'elle ait trouvé des feuilles susceptibles de cacher sa nourriture. Elle stocke sa nourriture pour une consommation ultérieure ? Que va-t-elle faire ? Recommencer avec les deux autres morceaux ?

Eh bien, oui ! La voilà qui revient chercher le deuxième morceau de boule de graisse, se déplace sur environ cinq mètres, pas très loin de la première cachette, et le dépose à côté d'une autre feuille qu'elle utilise ensuite pour recouvrir sa pitance. La première cachette n'était donc pas une coïncidence. Et la voilà qui repart chercher son dernier bout. Elle parcourt encore quatre à cinq mètres, dans la même direction, et cache de la même manière sa dernière provision ! Ses trois morceaux de nourriture sont cachés sur un rayon de deux mètres. J'aimerais bien rester ici jour et nuit pour voir quand elle reviendra et si d'autres individus vont tenter de lui dérober ses friandises... Mais j'ai un autre petit animal à aller chercher à l'école !

Il est évident que l'oiseau a caché et stocké ses provisions. Pour combien de temps ? Je ne le saurai jamais. Il rejoint la longue liste des oiseaux stockeurs, impressionnants pour certains, tel le fameux casse-noix de Clark (*Nucifraga columbiana*), un corvidé, comme les corneilles. En Amérique, cet oiseau cache quatre à cinq graines dans près de dix mille cachettes pour faire ses réserves en automne. Il se déplace vers des altitudes inférieures pour l'hiver puis récupère ses provisions au printemps, plus de six mois après, lorsqu'il regagne les altitudes supérieures[47]. Pour survivre, il va devoir retrouver environ trois mille cachettes ! Ces oiseaux doivent donc se souvenir de l'emplacement exact où les graines se trouvent, malgré leur grand nombre, leur dispersion et leur disparition pour certaines (des rongeurs peuvent les trouver avant eux), et ce après que six mois au moins se sont écoulés[48]. Et moi, pendant ce temps-là, je passe mon temps à chercher mes clés !

Ma rencontre avec les bernard-l'ermite : vive les pinces !

S'il y a un animal qui m'a totalement bernée, c'est bien le bernard-l'ermite, un crustacé extraordinaire ! Explications. Chez les crustacés (arthropodes à quatre antennes), au moins quatre espèces de crabes transportent ou « portent » divers objets comme des débris de plantes, des coquilles, des algues, des animaux aquatiques, afin de se camoufler et de se protéger des prédateurs. En effet, à leur naissance, ces petits organismes à l'abdomen tout mou sont particulièrement vulnérables. Les bernard-l'ermite ont donc besoin d'un moyen de défense externe pour protéger leur abdomen et ils se servent dans leur environnement. Par exemple, certains utilisent la coquille d'autres espèces. Autrement dit, ces bernard-l'ermite sont des squatteurs ! Ils ont même un comportement fantastique à étudier, la « chaîne de vacances[49] » ; de nombreux bernard-l'hermite de tailles différentes se réunissent autour d'une coquille vide adaptée à la croissance du plus gros d'entre eux, et chacun passe ensuite dans la coquille de l'autre, la plus petite restant vide[50]. Irrésistible !

Nous sommes en hiver 2018. Je me lance dans l'étude des bernard-l'ermite sur lesquels je me pose des tas de questions. Comment manipulent-ils la nourriture quand ils sont sur terre ? Et, dans l'eau, font-ils autrement ? Je me doute bien que les réponses dépendront des espèces, mais il faut que j'arrive à caractériser précisément leurs différents comportements. Si j'y parviens, le résultat promet d'être plus qu'intéressant car il me permettra d'avancer sur une question majeure en biologie : l'influence du milieu de vie sur l'évolution des organismes. En plus, ces animaux ont cinq paires de pattes, celles qui sont à l'avant du corps étant des pinces de tailles différentes. Me voilà donc au laboratoire avec mes terrariums et aquariums hébergeant deux espèces, l'une terrestre et l'autre aquatique. Je veux comprendre comment ils manipulent la nourriture quand ils sont dans l'eau et quand ils sont sur terre. Ils ne doivent pas s'y prendre de la même façon.

Je commence par les terrestres et leur distribue plein de nourritures différentes. Avec l'aide d'une étudiante, je commence à quantifier leurs techniques de manipulation. Tout se passe bien. Et ils nous épatent car ils n'utilisent pas les mêmes paires de pattes selon ce qu'ils ont à faire : nettoyer leur coquille, manger de la banane ou de la pomme, se déplacer horizontalement, verticalement, etc. Autrement dit, les propriétés de la nourriture et du substrat locomoteur ont un effet direct sur les utilisations des pattes des bernard-l'ermite. Je ne m'attendais pas à autant de complexité ! Les changements alimentaires ou de milieux ont donc tout à fait pu affecter la morphologie fonctionnelle de ces animaux. Mais qu'en est-il des aquatiques ? Comme ils sont dans l'eau, peut-être vont-ils agir différemment ? En effet, la gravité affecte la prise de nourriture et la locomotion. Je missionne mon collègue Raphaël pour qu'il quantifie les techniques de chaque individu, comme on l'a fait pour les individus terrestres. Tout se passe bien jusqu'au moment où – catastrophe ! – Raphaël se rend compte que j'ai négligé un détail : le changement de coquille… Dans mon terrarium, les bernard-l'ermite se déplaçaient peu ou lentement, mais changeaient très rarement de coquille. De ce fait, c'était très visible. Dans les aquariums en revanche, c'est une tout autre histoire : ils n'arrêtent pas de changer de coquille entre eux !

Conclusion ? Impossible de reconnaître individuellement les bernard-l'ermite aquatiques ! Car oui, le minimum est de savoir qui est qui pour procéder à des études précises de chaque individu avant de conclure à l'échelle de l'échantillon. Dans ce cas, impossible de ne pas mélanger les comportements des uns avec ceux des autres… Le bernard-l'hermite aquatique fait preuve d'un excellent comportement antiprédateur, non seulement pour protéger son corps mais aussi pour empêcher les scientifiques de l'étudier ! Reste à trouver une solution de marquage pour rendre cela possible et conclure sur l'effet du milieu et les techniques de manipulation… À suivre !

Ma rencontre avec les éléphants d'Asie : une trompe pour s'évader, par amour…

Automne 2022. Comme souvent pendant les vacances, me voilà de retour chez mes parents, dans l'ouest de la France, à deux pas de l'Atlantique, là où ils passent tranquillement leur retraite. Et, comme souvent chez mes parents, je fais un saut au zoo de La Palmyre. Destin, quand tu nous tiens ! J'emmène avec moi mon petit bonhomme de 8 ans, qui a très envie de revoir tous les animaux. Comme moi, d'ailleurs. Nous faisons donc notre tour, saluant les loutres, les girafes et autres bêtes poilues, jusqu'à ce que nous nous retrouvions face aux éléphants d'Asie. Au premier passage, rien à signaler. Tout est paisible. Nous poursuivons la balade vers les grands singes et en fin de boucle nous repassons devant les éléphants. Cette fois-ci, quelque chose attire notre attention. Il y a du bruit, comme si ça tapait. Nous nous approchons et nous voyons deux éléphants relativement près l'un de l'autre et l'un frappe le sol avec sa trompe. Si j'en crois son entrejambe satisfait, il s'agit d'un mâle. Avec Alexandre, nous nous regardons, intrigués : que fabrique-t-il ? Mon fils, à qui j'ai déjà expliqué que les singes capucins tapaient parfois sur les branches pour savoir si elles avaient des cavités (pour récupérer des invertébrés), suggère que le mâle cherche à savoir s'il y a des trous sous la terre ! Pourquoi pas mais que voudrait-il récupérer dessous ?

Nous continuons d'observer. Au bout d'un petit moment, il s'arrête et commence, avec sa trompe toujours, à creuser le sol. Nous nous regardons de nouveau, interloqués. Mais enfin que fait-il ? En observant la scène de plus près, nous nous apercevons qu'entre lui et la femelle un câble est tendu en hauteur, au niveau de leurs têtes. Sans doute pour empêcher ces deux-là de se rencontrer… Cela n'est pas du tout au goût du mâle, ni de la femelle si j'en crois sa proximité avec monsieur. À en juger du comportement de ce dernier, tout indique qu'il creuse pour pouvoir passer sous le câble ! Le fait de taper pourrait lui permettre de ramollir le sable pour faciliter le creusement. Nous n'en croyons pas nos yeux… Un éléphant qui utilise son organe préhenseur et manipulateur pour s'évader et rejoindre sa belle ! Assurément, aux prochaines vacances, je retournerai voir ce mâle de 17 ans, nommé Gandhi, après avoir mené ma petite enquête ! Qui sait ? peut-être aura-t-il été enfin mis en contact avec sa promise.

Conclusion
De la diversité, rien que de la diversité !

Ce qui est flagrant quand on étudie la manipulation d'objets et l'utilisation d'outils, c'est qu'il existe une diversité inimaginable de comportements associés à des espèces et individus uniques. Autrement dit, oui l'espèce humaine est caractérisée par une grande diversité de manipulations d'objets, mais bon nombre d'espèces le sont aussi ! De plus, chaque espèce est unique, que ce soit les humains, les chimpanzés, les corbeaux, les pandas roux, les gorilles, les bonobos, les bernard-l'ermite, ou les éléphants de savane d'Afrique ! On peut aussi retenir que les outils ont été inventés bien avant l'arrivée des humains et que, même si notre main est extrêmement habile, il ne faut pas oublier que bon nombre d'oiseaux en utilisent et n'ont pas de mains…

Quant à ma petite Lucy, de toute évidence, elle a pu utiliser des outils. Tout dans mes travaux va dans ce sens. Le fait qu'elle grimpe encore dans les arbres n'est pas un obstacle. Les espèces arboricoles manipulent très bien, en témoignent les chimpanzés qui sont les plus grands utilisateurs d'outils des primates. Ensuite, un pouce court n'a jamais empêché les manipulations complexes. Nos expériences d'extraction de nourriture à Beauval avec les gorilles puis avec d'autres grands singes en utilisant le labyrinthe le montrent bien. Ces résultats vont dans le même sens que les expérimentations conduites aux États-Unis depuis les années 1990 avec Kanzi le bonobo (*Pan paniscus*, grand singe proche du chimpanzé). Il est capable de fabriquer toute une variété d'outils en pierre malgré son pouce très court. Enfin, tous les modèles biomécaniques complexes que nous avons développés montrent qu'avec les dimensions des mains des grands singes, certaines postures manuelles sont difficiles mais absolument pas incompatibles avec des utilisations d'outils.

Bref, s'il n'est pas indispensable de posséder certains caractères anatomiques comme un pouce long et large pour utiliser un outil, alors les humains ne sont pas les premiers à avoir eu le potentiel de le faire ! J'y reviens donc avec certitude : ma petite Lucy – et celle du Professeur avant tout – avait le potentiel de les utiliser. Et je suis convaincue qu'elle l'a fait. On n'en aura sans doute jamais la preuve, pour la simple raison que bon nombre d'outils sont en matière périssables et qu'on ne retrouve pas toujours les outils en pierre associés aux fossiles découverts. Mais on ne peut plus, contrairement à l'époque de Louis Leakey, attribuer systématiquement aux humains les outils en pierre qu'on retrouve. Il faut absolument, comme le pensent également certains préhistoriens, ouvrir le champ des possibles : les australopithèques et autres paranthropes avaient la capacité de les utiliser. Rien n'a donc pu empêcher Lucy de le faire, c'est une certitude !

Mais on peut aller bien plus loin. Compte tenu du fait que les pieuvres utilisent des outils et que leurs ancêtres étaient présents il y a cinq cent cinquante millions d'années, on peut parfaitement émettre l'hypothèse que les premiers outils ont été inventés il y a plus de cinq cents millions d'années. Vertigineux ! Cela n'annule en rien les spécificités de cette évolution technologique humaine hallucinante. Mais tout existe, à des degrés de complexité différents et avec une diversité colossale de morphologies et de fonctions associées. Et n'oublions jamais que chaque individu est unique, avec sa diversité d'intelligences et de performances et ce, quelle que soit l'espèce. Évidemment, cela vaut aussi pour la nôtre ! Enfin, l'évolution des capacités de préhension et de manipulation reste à comprendre, à élucider, tant chez les primates[51] que chez les tétrapodes (animaux à quatre membres : mammifères, oiseaux, reptiles, amphibiens) en général[52], voire tous les animaux puisqu'elles sont présentes chez les invertébrés. Ces études ont encore un bel avenir devant elles !

CHAPITRE 3

Mes rencontres avec des voleurs, des pêcheurs et des chasseurs

Introduction
Une efficacité redoutable pour survivre

Dans le monde animal, humains comme non-humains volent, chassent et pêchent. Et parmi toutes les idées reçues sur les prétendues spécificités humaines, en voici une qui a la dent dure : l'utilisation d'armes. Pourtant, bon nombre d'animaux utilisent des objets comme projectiles pour faire fuir intrus et prédateurs, pour détecter des proies, voire les capturer directement. Non, la chasse avec une arme indirecte ou directe n'est pas le propre des humains, pas même des vertébrés !

Par exemple, certaines araignées sont tout à fait capables d'utiliser des moyens très élaborés pour chasser. L'araignée bolas (*Mastophora cornigera*) vit en Amérique du Nord. Pour chasser un mâle mite, elle commence par tisser un fil de soie entre deux branches puis se positionne au milieu de ce fil. Elle en tisse ensuite un nouveau vers le bas auquel elle se suspend. Elle sécrète alors un autre fil de soie pourvu d'une large partie collante en son extrémité. Elle libère alors des phéromones (substances chimiques) proches de celles émises par les mites femelles pour attirer les mâles… Une fois le mâle alerté par l'odeur, il s'approche. L'araignée bolas fait alors tournoyer le fil de soie et lance son lasso sur le mâle mite qui finit englué. Il suffit alors à l'araignée de tirer sur le fil pour ramener sa proie, la tuer en lui injectant du venin et l'envelopper dans un cocon de soie pour la consommer ultérieurement. Certains de mes collègues pensent que des mécanismes d'apprentissage sont ici en jeu et qu'il ne s'agit pas uniquement d'une affaire d'instinct[1].

Une autre espèce d'araignées, l'araignée *Ariadna*, vit en Namibie et creuse des terriers d'environ treize centimètres de long. Certains l'appellent l'araignée mathématicienne[2]. Autour de l'entrée de ces terriers, elle positionne entre cinq et neuf pierres de manière très uniforme. Les pierres semblent sélectionnées pour leur matière (le quartz est préféré). En effet, elles sont parfois connectées entre elles par du fil de soie prolongé à l'intérieur du terrier. Or, si une proie franchit la ligne de soie extérieure, l'araignée est alertée par vibrations. Le quartz serait un très bon amplificateur… Ce dispositif permettrait donc à l'araignée de détecter l'arrivée d'une proie à l'entrée extérieure de son terrier[3].

Outre ces exemples d'utilisation d'outils pour chasser, on voit certaines espèces se servir de lances. En effet, on savait déjà depuis longtemps que les chimpanzés, omnivores, mangeaient parfois d'autres singes en plus des fruits, des feuilles et des insectes. Ils les chassent d'ailleurs en groupe avec des techniques parfois complexes de rabattage. Mais, ce que l'on sait moins, c'est qu'ils peuvent se fabriquer de véritables lances pour chasser. C'est le cas des chimpanzés vivant dans la région de Fongoli, au sud-est du Sénégal, qui chassent un petit singe, le galago. Ce dernier se repose souvent dans des troncs d'arbres creux. Une fois le galago repéré, les chimpanzés choisissent une branche et affûtent la pointe avec leurs dents. Ils passent ensuite la lance dans la cavité, puis reniflent la pointe afin de vérifier que le petit singe est bien présent[4]… Fait intéressant, ce sont visiblement les femelles qui chassent de cette manière et dans cette zone spécifique où, comme par hasard, les colobes, dont les chimpanzés sont friands, sont absents…

Dans l'eau, de nombreuses stratégies sont également mises en place pour pêcher. Par des singes comme par des animaux marins. Eh oui, certains singes pêchent très bien ! C'est le cas des macaques crabiers d'Asie du Sud-Est qui savent nager sous l'eau, en apnée, pendant plus de trente secondes. Leur but ? Récupérer les coquillages qu'ils apprécient particulièrement. Une fois sur le rivage, ils utilisent des pierres en guise de marteau pour casser la coquille[5], et choisissent des pierres différentes selon le coquillage à casser (huître, moule, palourde, etc.)[6]. De plus, ils savent très bien utiliser les marées pour récupérer à la fois la matière première et la nourriture. De bons pêcheurs qui n'ont rien à envier aux animaux marins, même si certains sont vraiment impressionnants !

C'est le cas des orques et des requins, qui possèdent des techniques hors pair. Dans les océans, les orques (*Orcinus orca*) créent des vagues pour submerger la banquise et faire tomber les phoques dans l'eau. Ils peuvent même aller jusqu'à briser la banquise et les capturer directement[7]. Chez les requins, le grand requin blanc (*Carcharodon carcharias*) s'associe à d'autres congénères pour s'attaquer à de grosses proies comme des carcasses de baleine[8]. Les requins plat-nez (*Notorynchus cepedianus*) chassent également en meute : l'un d'eux occupe la proie pendant que les autres l'attaquent[9]. Chez les baleines à bosse (*Megaptera novaeangliae*), la solution est à la hauteur du défi : consommer environ une tonne de harengs par jour ! Pour y arriver, la collaboration s'impose. Des baleines rabattent les poissons puis d'autres vont expirer des bulles de manière circulaire pour créer des cylindres de filets verticaux de bulles qui encerclent et concentrent les proies. Les baleines se glissent alors sous les poissons pour les faire remonter à la surface où les proies sont englouties par des baleines qui partagent leur festin[10]. Non, le partage de nourriture n'est pas une spécificité humaine… Une variante existe chez le grand dauphin (*Tursiops truncatus*) de Floride qui utilise une technique connue sous le nom d'« écran de boue ». Le dauphin frotte sa nageoire caudale contre le fond marin, en traçant un cercle. Ce mouvement fait s'élever un écran cylindrique de vase au sein duquel les poissons sont pris au piège. C'est quand ils tentent de sauter par-dessus que les dauphins les capturent[11] !

Ainsi, l'utilisation de toutes sortes de stratégies existe, sur terre comme dans l'eau, pour chasser et pêcher. Et c'est toujours fascinant d'observer de tels comportements aussi vitaux. Cela permet de comprendre tout ce qui est mis en œuvre pour se nourrir, faire fuir les intrus, bref, survivre ! Fascinant et parfois, dangereux… J'en ai moi-même fait les frais. Je vous le raconte.

Ma rencontre avec les macaques du zoo de Thoiry : au voleur !

J'ai 22 ans, je suis étudiante, et je rêve d'une expérience professionnelle en parc zoologique. Dans ce but, j'envoie des candidatures spontanées un peu partout. Et un parc me répond : le zoo de Thoiry. Je suis convoquée pour un entretien, au terme duquel la vétérinaire me propose deux missions : comprendre par où les macaques de Tonkean s'évadent, puis être soigneur animalier dans le parc. Car, oui, ces macaques s'échappent de leur enclos, volant des tétines, des gourdes, des appareils photo, etc. Or c'est le plus grand groupe au monde de Tonkean captifs : ils sont cinquante-quatre ! J'accepte évidemment avec un grand bonheur non dissimulé.

Dès mon premier jour d'observations j'essaie de les reconnaître. Ils sont très nombreux, ce n'est pas simple. Les heures passent. Une dizaine de macaques se présente à quelques mètres de moi, arrivant sur le côté. Ils montrent les dents, semblent vouloir m'agresser. C'est très intimidant. Je me souviens de mes lectures. Ne pas bouger… Mon regard est fixé sur eux. Pendant ce temps, sans aucun bruit, une petite poignée d'autres individus vient par-derrière me dérober le peu de matériel que j'ai alors : les jumelles de mon grand-père, mon calepin, ma trousse… Belle coopération vécue en direct ! Le but de la manœuvre n'était pas de me faire mal mais de me voler mon matériel en faisant diversion… Je retrouve plus tard les jumelles de mon grand-père Antoine. Elles vont marcher beaucoup moins bien, forcément ! Au fil des jours, j'observe qu'ils s'évadent en traversant à la nage le petit ruisseau qui les sépare du public, qu'ils creusent des tunnels sous le grillage… Mais quand j'en parle, personne ne me croit ! À l'époque (il y a presque trente ans…), il est très peu connu que certains singes savent nager. Jusqu'au jour où, enfin, je parviens à montrer la scène en direct à des collègues. La décision est prise d'améliorer les infrastructures. Belle découverte de la nage chez des singes donc. Mais je suis loin de me douter à ce moment-là que certains pêchent en apnée à l'autre bout du monde !

Ma rencontre avec l'incroyable Fetnat : chasse et pêche chez les capucins !

Quelques années après mes aventures de Thoiry, toujours étudiante, me voilà à la Vallée des Singes, non loin de Poitiers. Si on aime les primates, on est servi ! Quand on y arrive très tôt le matin, on profite de l'accueil extraordinaire du chant des gibbons. Ceux-là ont le pouvoir de me faire voyager instantanément. Je ferme les yeux et me voilà propulsée en Asie du Sud-Est. Une merveille…

Après un premier tour d'horizon si j'ose dire, je suis très vite attirée par le territoire des singes capucins. Tout d'abord, parce qu'il y a quelque chose de magique à déambuler parmi eux. Ensuite, parce qu'ils semblent en permanence en activité, courant dans tous les sens, observant beaucoup et utilisant en permanence leurs mains. Intriguée par ces singes intrépides, je décide donc que mes six mois à la Vallée leur seront consacrés. Dès les premiers jours, je sais que mon intuition est bonne : je ne vais pas m'ennuyer. Ils touchent et manipulent tout ce qui tombe entre leurs mains, passent leur temps à farfouiller, à la recherche de vers, limaces, escargots, grenouilles, souris, canards… et sont toujours en quête d'interactions avec leurs congénères. Ils tentent aussi souvent de subtiliser la nourriture des adorables singes sakis à face blanche qui partagent une partie de leur territoire et qui se rebellent – en vain – en gonflant leur fourrure pour intimider – en vain – leurs assaillants ! Soyons honnêtes, un saki qui cherche à vous intimider donne surtout envie de lui faire un gros câlin !

L'un de ces capucins va particulièrement attirer mon attention. Ou plutôt l'une d'entre eux. Car il s'agit d'une jeune

femelle du nom de Fetnat, nommée ainsi car elle est née le jour de la fête nationale du Brésil, pays d'origine de ces singes capucins. Elle porte bien son nom car elle est une fête à elle toute seule ! En six mois, elle aura tout fait : placer une noix sous mon pied et sauter dessus pour qu'elle se brise sous ma chaussure, tremper les bogues des châtaignes longtemps dans l'eau pour en ramollir les piquants et faciliter leur ouverture sans se faire mal, se poster systématiquement devant la femelle dominante qui ouvrait les noix de coco pour bien observer et mimer ses mouvements pour les casser tout en récupérant le lait, rabattre des canards du parc vers les femelles adultes dominantes pour les chasser, capturer toute sorte de proies (souris, grenouilles, etc.).

Ces comportements ne sont d'ailleurs pas spécifiques aux capucins de la Vallée des Singes puisqu'en milieu naturel ils chassent également, ainsi que dans d'autres parcs. La dernière fois que je suis allée au zoo de Beauval pour mon projet éléphants, en prenant le téléphérique, j'ai pu observer en direct une femelle capucin chasser un pigeon. Cela m'a d'ailleurs rappelé que les mandrills du zoo de La Palmyre avaient quant à eux capturé un des malheureux perroquets du spectacle pour le dévorer… Les zoos constituent parfois des milieux hostiles pour les oiseaux. Revenons à la Vallée…

Une après-midi, je vois la petite Fetnat penchée sur l'eau pour observer les poissons et tenter de les attraper. Les roseaux qui poussent sur la berge ploient sous son poids de sorte qu'elle se retrouve au-dessus de l'eau. Je n'en crois pas mes yeux. Elle pêche ? Quelques jours plus tard, un matin, j'arrive sur le site des capucins et j'y découvre une souche d'arbre recouverte d'écailles. Nul doute qu'un poisson a été pêché et consommé. Les capucins pêchent ! Sans outil, ils parviennent à capturer toutes sortes de proies et font preuve d'une dextérité sans faille, malgré leur pouce pas complètement opposable (pseudo-opposable : ils mettent en contact le pouce et l'index par les bords mais pas par les pulpes). Un autre point m'interpelle : Fetnat est une excellente chasseuse et semble bouillonner d'idées. Elle est très créative. Le coup des roseaux est quand même génial ! Il fallait y penser. Un seul mystère : pourquoi ses inventions ne se transmettent-elles pas au sein du groupe ? Personne ne l'observe parce qu'elle serait trop jeune ? La manière dont se transmet une innovation est quelque chose de formidablement compliqué et de fascinant à étudier. À suivre…

Ma rencontre avec les singes écureuils : plus rapides que l'éclair !

Dans la Vallée des Singes, lors de la casse des noix ou la capture de petites proies comme les souris ou les grenouilles, les capucins ne semblent pas utiliser la même main que lorsqu'ils attrapent les divers fruits de leur enclos ou de leur gamelle. Le fait de devoir agir très rapidement ne les pousse-t-il pas, en quelque sorte, à choisir une main, plus efficace, plutôt que l'autre ? Pour répondre à cette question, je décide d'étudier précisément ces préférences manuelles en fonction des comportements et de comparer les capucins avec un autre petit singe de la même famille, également connu pour être efficace en termes de capture : les singes écureuils (ou saïmiris). Et cela tombe plutôt bien car au moment où me vient cette idée, je me trouve au zoo de La Londe-les-Maures où évolue un grand groupe de singes écureuils. Je suis alors maître de conférences à l'université de Toulon et, chaque fois que j'ai un peu de temps, je pars quantifier quelle main les singes écureuils utilisent pour attraper des fruits et des proies rapides comme les insectes volants.

Une fois l'étude terminée, le résultat est sans appel. Que ce soient les singes capucins ou les singes écureuils, quand il s'agit d'attraper très rapidement, ils utilisent la main gauche[12]. Et je peux vous dire que le mouvement est très rapide : parfois indétectable à l'œil nu ! Il faut, pour le discerner, utiliser la fonction « ralenti » du film effectué à vitesse rapide... Dans le cadre d'autres projets portant sur la manipulation, j'ai quantifié, avec de nombreux étudiants, ces préférences manuelles ou d'orientation de saisie. Les résultats sont vraiment intéressants. Plus la tâche est complexe, plus l'animal fait un choix pour une main préférentielle. Comme s'il choisissait celle qui lui permet d'être le plus précis, le plus efficace. J'ai même retrouvé ces résultats chez des grenouilles, les xénopes, qui préfèrent une main pour attraper en ciseaux, entre deux doigts, des proies mobiles, et également chez les éléphants qui optent davantage pour des saisies vers la droite quand la tâche se complexifie[13]. Avec l'un de mes derniers doctorants, Grégoire, et sa jeune collègue Juliette, nous avons écrit un long article qui tente de retracer tout ce qui est connu sur l'émergence de la préférence manuelle, de la latéralité dans le monde animal et sur ce que cela peut apporter à la compréhension de l'émergence de la latéralité humaine qui est très prononcée[14]. Tout un programme, complexe mais passionnant !

Ma rencontre avec les microcèbes : de redoutables petits amours !

Après ma thèse, j'ai la chance de pouvoir étudier les microcèbes de mon laboratoire. Je suis la plus heureuse des jeunes chercheuses ! En effet, ces lémuriens, les plus petits primates du monde, ont une bouille absolument adorable. Je rêvais de les approcher. Ce jour arrive, avec ma toute première doctorante, Élodie. Bien que ces petites bestioles n'aient pas de pouce opposable, elles semblent très adroites pour attraper toute sorte de nourriture. Je veux comprendre comment les microcèbes font pour être aussi efficaces. Pendant des années, je vais effectuer un grand nombre d'expériences, très importantes selon moi, puisque les microcèbes sont considérés comme étant un très bon modèle de compréhension des premiers primates, apparus il y a environ soixante-cinq millions d'années, dans un milieu de fines branches. Je dois comprendre ce qui caractérise les tout premiers primates, et comprendre leurs origines. Qu'est-ce qui a pu favoriser l'émergence des capacités de préhension chez nos premiers ancêtres ?

Les premières expériences visent à expliquer comment les propriétés de la nourriture et des branches sur lesquelles les microcèbes se déplacent influent sur leurs techniques et leurs succès de captures de nourriture. Eh oui ! Attraper un fruit ou un insecte en vol, ce n'est pas la même chose, et si vous êtes sur une grosse branche, une petite, une verticale ou une horizontale, la contrainte n'est pas la même non plus ! Je vais donc, avec de nombreux étudiants de nouveau et Élodie en premier, tester tous les cas de figure : petites, moyennes et grosses branches, petites et grandes nourritures, proies statiques, semi-mobiles et très mobiles. Pour cela, il faut capturer des individus et les positionner dans notre dispositif. Tout un programme… Ils sont bien plus rapides que moi. Un jour d'expérience, un microcèbe s'évade du dispositif. Nous mettons un long moment avant de le récupérer. Je prends conscience de leur capacité à fuir un prédateur et mesure dans ma chair à quel point les dents des microcèbes sont efficaces ! J'ai d'ailleurs longtemps gardé la trace de ses dents pointues et de sa petite mâchoire triangulaire : de multiples petits trous, qui font comme un joli « V » tatoué sur mon doigt…

Quantifier les données va donc prendre du temps, mais les résultats finissent par arriver et ils sont très intéressants. Cela valait bien une petite morsure ! Pour simplifier, plus les microcèbes sont positionnés sur des branches fines, plus ils utilisent leurs mains et s'en servent pour attraper la nourriture. En outre, plus la nourriture est mobile, plus ils utilisent leurs mains au détriment de leur bouche[15]. Pour simplifier, ils utilisent la bouche pour les fruits, les mains pour les proies. Et s'ils sont positionnés sur de fines branches, ils sont plus agiles pour attraper, que ce soit les fruits ou les proies[16]. Comment cela se fait-il ?

Eh bien quand les microcèbes sont positionnés sur des branches fines, ils stabilisent leur corps parfaitement en enroulant fermement la branche avec leurs pieds. Cela les maintient dans une position équilibrée qui leur permet d'utiliser le plus efficacement possible leurs mains pour attraper la nourriture[17]. Assurément, le milieu de fines branches dans lequel les premiers primates ont évolué a été très stimulant pour l'utilisation des mains dans la capture des proies et notamment des insectes[18]. Il faut voir comment les microcèbes attrapent des grillons, ils sont redoutables ! Dans la droite ligne de ces travaux, nous essayons de comprendre comment ces capacités évoluent avec l'âge des microcèbes et nous nous rendons compte, avec Grégoire de nouveau, que les microcèbes sont très forts, très tôt. Ils apprennent très précocement les bonnes techniques de préhension pour se déplacer efficacement en milieu arboricole[19] et, dès l'âge de trois mois, ils ont des forces de préhension identiques à celles des adultes[20]. Stupéfiant ! Dès les premiers primates, le milieu arboricole a assurément joué un rôle fondamental dans l'acquisition de capacités de préhension importantes et c'est bien avant les origines de la bipédie que les mains ont été libérées pour manipuler. S'accrocher aux fines branches avec les pieds libère également les mains !

En comparant les capacités de préhension des microcèbes avec celles des autres lémuriens, on se rend compte que tous changent leurs techniques de préhension selon les propriétés de la nourriture[21] et que les proies mobiles ont assurément joué un rôle majeur dans l'émergence de capacités élevées de capture de proies chez les premiers primates[22]. Sans compter les caractéristiques morphologiques, comme notamment la longueur de l'avant-bras[23], et sensorielles comme le guidage visuel de la main, qui semblent fortement liées à ces succès de capture de proies[24]. J'ai passé, avec mes étudiants et certains collègues, beaucoup de temps en compagnie des microcèbes et ce n'est certainement pas terminé. Ils peuvent nous apprendre tant de choses ! Au passage, je n'oublierai jamais notre petit Jerry, qui est parti il y a peu, à l'âge de 13 ans, rejoindre mes Fifi et autres petits cœurs qui m'ont tant apporté. Je garderai toujours avec moi la sensation de cet adorable petit bonhomme perché sur ma tête ou caché bien au chaud sous mon tee-shirt. Merci Jerry de m'avoir aidé à comprendre les origines préhensiles des primates !

Crédit : Mecadev/E. Pouydebat.

Ma rencontre avec les grenouilles : comme un carnivore !

Outre les microcèbes, au laboratoire, nous avons la chance d'avoir des grenouilles. Plusieurs espèces même, dont les xénopes (*Xenopus laevis*) ou encore les *Phylomedusa*, magnifiques petites grenouilles arboricoles. Cela constitue pour moi une chance inouïe car, comme ces animaux-là sont très éloignés, sur le plan évolutif, des primates, si j'arrive à montrer des points communs, entre ces espèces, cela voudra dire que le milieu ou le contexte a joué un rôle fondamental dans l'acquisition des capacités de préhension et de manipulation.

Avec un étudiant et mon collègue Anthony, spécialiste des amphibiens, nous commençons par nos petites grenouilles arboricoles. En comparant leurs techniques de préhension de

branches, nous nous rendons compte que, comme les microcèbes, elles adaptent leurs postures de pattes selon la taille et l'orientation de la branche[25]. Autrement dit, le milieu arboricole contraint à certaines préhensions, que l'on soit une grenouille ou un primate ! Nous vivons en direct l'importance du milieu dans les adaptations…

Mais nous n'allons pas en rester là. Avec une autre étudiante, toujours en bonne compagnie d'Anthony, nous allons tester les effets des propriétés de la nourriture sur les techniques de préhension des xénopes. Nous partons de loin car personne ne pense que les grenouilles attrapent avec les mains… Eh bien si ! Non seulement elles capturent des proies avec les mains, mais elles le font avec différentes techniques de préhension selon la nourriture, dont la technique dite en ciseaux, qui implique une saisie entre deux doigts[26]. Comme certains singes et un carnivore, le raton laveur. Il a par ailleurs été frappant de constater que, comme chez les capucins et les singes écureuils, plus la proie était mobile, plus les xénopes favorisaient l'utilisation d'une main plutôt que l'autre… Quand on attrape une proie, on fait des choix d'efficacité, qu'on soit une grenouille ou un singe. C'est formidablement intéressant !

Le milieu et le régime alimentaire conduisent des espèces très différentes, sur le plan anatomique comme évolutif, à effectuer les mêmes actions, pour survivre. Et cela donne lieu, dans ce cas précisément, à de bonnes capacités de préhension et de capture manuelle de proies. Quand on arrive à mettre en évidence des points communs entre des espèces éloignées sur le plan phylogénétique, évolutif, on peut parler de convergences évolutives. Ces espèces ont subi des contraintes écologiques proches, elles partagent donc des adaptations communes[27]. Fascinant !

Mes rencontres avec les chimpanzés et les colobes : bien visé !

Je n'ai jamais travaillé sur les comportements d'attaques impliquant des armes pour se nourrir. Les comportements de prédation que j'observe et analyse impliquent des captures directes avec la bouche et/ou les mains, ce qui n'enlève en rien au caractère incroyablement performant de la chose. Quand un singe écureuil capture d'une seule main un petit insecte volant que vous-même avez du mal à voir, la prouesse est bien là, outil ou pas outil ! Je n'ai jamais étudié l'utilisation d'armes donc. En revanche, je l'ai vécue en direct, toute jeune déjà.

Nous sommes au mois de juillet 1988, j'ai 15 ans. Il fait beau et chaud. Nous allons au zoo de La Flèche avec ma mère, pas loin de chez ma grand-mère. Comme chaque fois que nous nous rendons au zoo, je suis dans un état d'excitation absolue. Je vais voir des animaux sauvages… Nous arrivons les premières. Dès l'ouverture du zoo, je fonce, les yeux grands ouverts et, bientôt, nous approchons de l'enclos des chimpanzés. J'ai tellement hâte ! J'arrive en sautillant, un grand sourire aux lèvres ; je vais pouvoir observer mes cousins… Et là, patatras, maman et moi recevons deux grosses crottes de chimpanzé ! Un grand mâle nous signifie clairement que nous ne sommes pas les bienvenues. Il a préparé son coup, comme le chimpanzé Santino du zoo Furuvik en Suède qui rassemblait ses pierres pour l'arrivée des visiteurs… Il nous faut bien plus qu'une crotte pour nous faire fuir. Mais le message est passé !

Une fois dans le métier, si j'ai le bonheur de vivre des moments de douceur et de magie, je suis également parfois considérée comme une intruse à éliminer ou tout du moins à éloigner. Ainsi, je ne compte plus les crachats, les crottes, les gifles, les branches, les pailles, les cailloux, qui sont passés juste à côté de moi pour certains, ou qui m'ont touchée en pleine tête pour d'autres ! Heureusement, toujours sans gravité. Même lorsque ce jeune chimpanzé de La Palmyre a bien failli me crever un œil. Côté coulisse, ce jeune mâle vient me voir derrière la grille et se rapproche, un petit bâton à la main. Sur le coup, je pense qu'il veut jouer… Il me le tend à travers le grillage, je m'approche et, au moment où j'essaie de le lui prendre, il tire dessus pour m'en empêcher. Pas de doute, il veut jouer. Il refait ce comportement plusieurs fois, jusqu'à presque m'habituer à son petit jeu. Sauf qu'à un moment, au lieu de retirer le bâton vers lui comme chaque fois, il allonge brusquement le bras tout en visant mon œil… Mes réflexes de sportive m'évitent le pire : je fais un léger mouvement de côté, suffisant pour qu'il manque sa cible. Mais son intention était bel et bien de me blesser à l'œil. J'apprends plus tard que les bonobos captifs, pas aussi pacifiques qu'en milieu naturel visiblement, jouent beaucoup à ce jeu avec certains soigneurs…

Outre les chimpanzés, je pense aussi à ce jeune colobe armé de longues mains, au zoo de La Palmyre. Tous les matins, je passe devant son groupe, intéressée par ces singes dont le pouce est atrophié. C'est passionnant d'observer comment ils se débrouillent pour manipuler aussi efficacement avec seulement quatre doigts et un minuscule ergot en guise de pouce. L'un d'entre eux, le plus jeune, m'a très nettement repérée. Et moi je n'ai pas repéré qu'il m'a repérée ! Résultat ? Un matin, j'arrive paisiblement sur le territoire des colobes, et le jeune mâle m'attend en embuscade dans le couloir grillagé au-dessus de ma tête. Me voilà qui passe tranquillement dessous, sans me douter de rien, quand tout à coup… Paf ! Je reçois une bonne claque ! Cela surprend de bon matin. Et, malgré ma vigilance, les jours suivants, il a réussi à m'en administrer d'autres… Preuve que ces colobes sont extrêmement performants pour surprendre ou que je suis absolument nulle pour détecter un prédateur. Ou les deux. À moins que, j'aime à le croire, ces claques n'aient été un appel au jeu…

Ma rencontre avec les iguanes verts du Mexique : impitoyable boa constrictor !

En 2012, j'organise un symposium, c'est-à-dire un petit congrès dans un gros congrès, sur la préhension et la manipulation chez les primates. Il a lieu à Cancún, au Mexique, dans le cadre du Congrès international de primatologie. Entre deux conférences, j'en profite pour me promener. Et quand on se promène au Mexique, on peut assister à des scènes tropicales tout à fait surprenantes.

Une après-midi, je fais un tour dans un lieu touristique où on peut visiter un magnifique cénote, sorte de piscine naturelle d'eau douce et fraîche alimentée par un réseau de rivières souterraines. J'en profite pour me baigner dans la mangrove adjacente et admirer la nature. En sortant de l'eau, je poursuis mon chemin. Tandis que je marche tout en remettant mon sac à dos, je me retrouve à un mètre d'un boa constrictor imperator… et ce dernier vient de capturer un iguane vert ! Je m'arrête net, recule même un peu, car le spectacle est impressionnant. De toute évidence, le serpent est en phase d'étranglement de sa proie. Déroulé, il doit bien mesurer deux mètres. Le pauvre iguane n'a aucune chance. J'ai beaucoup d'empathie pour lui mais ne peux m'empêcher d'admirer les capacités extraordinaires du magnifique prédateur.

Comme son nom l'indique, ce serpent est un constricteur. Il utilise son corps musclé pour enserrer ses proies jusqu'à leur couper la circulation et/ou les étouffer. Je le vois serrer ce pauvre iguane très lentement et je me demande comment il fait pour l'avaler sans s'étouffer lui-même. Car, en l'enserrant, il pourrait très bien bloquer sa propre respiration. Ces questions, des collègues se les sont posées et ils ont fait des découvertes étonnantes. Tout d'abord, les serpents constricteurs sont uniques dans leur capacité à immobiliser et tuer leurs proies par ce fameux processus de constriction. Pourtant, la façon dont ils immobilisent et finalement tuent la proie reste très peu connue. Une première étude a montré que la constriction du serpent induit une mort rapide des proies due à un arrêt circulatoire[28].

Plus récemment encore, d'autres chercheurs ont compris, à l'aide de scanners à rayons X, comment les os bougeaient selon les compressions exercées sur les parties du corps du boa[29]. En fait, le boa constrictor peut moduler les segments de sa cage thoracique qu'il utilise pour respirer. Avec certains muscles attachés à chacune de ses côtes, il peut faire varier le volume de sa cage thoracique. Cela permet à ses poumons de continuer à respirer pendant que d'autres muscles enserrent la proie. Dit autrement, ces boas sont capables de contrôler les mouvements des côtes des différentes portions de leur cage thoracique de manière indépendante. Si la proie se trouve dans le premier tiers de son corps, le boa peut respirer en utilisant les côtes situées au-delà ! Et lorsque la proie est située plus bas, compressant le corps, eh bien le boa respire en utilisant ses côtes situées plus près de sa tête. Finalement, ce travail montre que même pour un animal très connu, il reste encore beaucoup à découvrir !

Ma rencontre avec les éléphants d'Afrique : magie et danger !

Les premiers éléphants, il y a plus de cinquante millions d'années, n'avaient pas de trompe, puis elle s'est semble-t-il allongée, tout comme les défenses qui se sont diversifiées, dans leur orientation, leur taille et leur forme. Pourquoi ? Comment ? Je veux comprendre. Comme je le raconte un peu plus loin dans ce livre (chapitre 4), j'envoie mon équipe en Namibie et en Afrique du Sud pour les étudier. En parallèle, il faut que je décortique les capacités de cette trompe en captivité. C'est tout naturellement que je me tourne vers le zoo de Beauval. Ils hébergent six éléphantes et le responsable scientifique de Beauval Nature, Baptiste Mulot, est intéressé par le projet et on ne peut plus aidant. Me voilà donc toute guillerette à l'approche du jour où nous devons commencer. Auparavant, j'observais les éléphants pour le plaisir, désormais je les étudie et j'en suis follement heureuse.

Sur place, Yohan, le responsable animalier des éléphants, nous attend. Je connais déjà les éléphantes du zoo, mais il veut les présenter aussi à Céline et Raphaël, qui participent à l'étude.

Nous nous approchons de Marge, l'une des femelles. Yohan lui tend la main et elle lui tend sa trompe… Magnifique. Il me propose de m'avancer. J'accepte évidemment. Elle agit de même avec moi. Ma main est tout proche de l'extrémité de sa trompe et bientôt je peux la toucher. Moment magique ! Jamais je ne pourrai l'oublier…

Mais la magie peut laisser place au danger. En effet, comme le font de nombreuses espèces animales, les éléphants d'Asie comme d'Afrique utilisent des branches ou autres objets qu'ils lancent pour intimider et/ou agresser d'autres individus, ou pour chasser les mouches qu'ils ont sur le corps. De plus, ils peuvent modifier leur outil en le cassant en deux lorsque celui-ci est trop long ou en enlevant des feuilles des branches lorsqu'elles sont trop feuillues. Ces comportements sont transmis des mamans aux petits, par observations. Il s'agit donc d'un apprentissage. Et j'ai été le témoin d'une utilisation d'outil par l'une des femelles éléphantes du zoo de Beauval. Efficace ? Pas totalement, et heureusement pour moi !

Les jours passent et nous accumulons les données sur la grande variabilité des utilisations de la trompe[30]. Un matin, Marge se lève du mauvais pied. Cela arrive… Mais cela tombe mal, car elle est d'une puissance extrême, la plus imposante femelle du groupe ! Et ce jour-là, dans mon malheur, je vais avoir de la chance. Car Marge a décidé que je n'étais pas la bienvenue, et elle me jette à la figure, à travers les barreaux, une énorme branche. Malgré la distance, la branche me frôle. Plus de peur que de mal. Il va falloir redoubler d'attention. Pour le coup, les éléphants sauvages causent plus d'accidents mortels que les captifs, mais ces derniers restent des éléphants et la moindre erreur ne pardonne pas. À chacune de mes venues, j'essaie d'échanger avec Marge, histoire de calmer mon impression qu'elle ne m'aime pas !

Un autre matin, je suis face à elle et, comme on dit, je n'en mène pas large… Je lui parle, j'essaie d'engager la communication. La voilà qui commence à hocher de la tête, doucement. Je ne comprends pas. Elle comprend que je ne comprends pas et poursuit ses mouvements plus rapidement, puis en ouvrant la bouche, comme si elle s'impatientait autant qu'elle me donnait un autre indice. Elle hoche la tête de plus en plus vite, elle s'énerve, je le vois bien. Heureusement, j'aperçois la bassine de pommes à côté de moi et je crois enfin comprendre. Elle veut des pommes ! J'en prends une et lui envoie directement dans la bouche. Elle se calme. C'était ça ! Mais elle réclame à nouveau. Bon sang, je ne suis pas sûre que ce soit une bonne idée de lui donner à manger ! Le responsable animalier n'est pas encore là. Ces pommes doivent servir pour l'entraînement (les soigneurs habituent les éléphants à les laisser s'approcher tout près pour leur nettoyer les pieds, leur faire les vaccins, etc.). Mais Marge s'énerve de nouveau et je lui en lance une autre. Après tout, une pomme pour un éléphant, c'est un grain de raisin pour moi ! me dis-je. Je lui en donne une troisième puis je marque une pause. Trop longue au goût de Marge, visiblement. Car elle tend sa trompe droit vers moi et, à peine ai-je le temps d'avoir peur, qu'elle m'envoie un souffle puissant en plein visage, qui décoiffe mes cheveux en arrière tandis que je fais un pas à reculons. Manifestement, Marge n'aime pas attendre. Yann, le responsable revient enfin. Décidément, entre Marge et moi, la relation ne coule pas de source !

Pour finir sur ce chapitre du danger, quand on est tout près d'un éléphant et qu'on l'entend « grogner » de son petit râle sourd et grave, on se rend compte à quel point cet animal est imposant et à quel point on est minuscule. Une impression magique, qui me rappelle ce que j'éprouvais quand Yangu, le mâle gorille de Beauval, grognait à un mètre de moi pour apaiser la tension de la situation. Des moments impressionnants, qui font accélérer les battements cardiaques, mais qu'on n'oublie jamais…

Ma rencontre avec les araignées : vertigineuse !

Depuis que mes grands-parents ne sont plus là, c'est dans le jardin de mes parents que je passe désormais mes vacances. Il n'est pas aussi grand que celui de ma grand-mère quand j'étais petite, mais il y a largement de quoi observer. Entre les chouettes qui me réveillent la nuit, le barrissement des éléphants du zoo que nous entendons parfois selon l'orientation du vent, les écureuils qui traversent la résidence d'arbre en arbre, les rouges-gorges, toujours très courageux, qui viennent manger

les petites graines que leur donne maman sur la terrasse, les écrevisses qui sortent des marécages non loin de la maison, les phasmes, les libellules et autres demoiselles, les escargots, les lézards gris de mon enfance, les énormes lézards verts, et j'en passe, je fais le plein de nature et m'imagine au bout du monde… Le rêve absolu !

Là-bas, dès le printemps, j'ai des missions. Je les accomplissais seule ou avec papa avant la naissance de mon fils et, depuis qu'il a débarqué il y a huit ans, nous les partageons avec autant d'amour que d'énergie. Première mission du matin : sauver les crapauds ! En effet, pendant la nuit, il leur arrive de tomber dans la piscine et ils ne parviennent pas à remonter sur le bord. La plupart du temps, papa arrive à temps le matin pour les sauver de la noyade.

Deuxième mission, observer le passage des écureuils dont le trajet précis a été identifié par maman. Là il faut s'armer de

patience. Quand le grand moment arrive, je ressens toujours un pincement au cœur, comme une enfant… de 50 ans maintenant ! Ils passent toujours par deux. Un petit couple… d'amis ou d'amoureux, je ne le sais pas. Mais c'est toujours si réjouissant !

Troisième mission, détecter des insectes. Ça, j'adore ! Et il y en a plein, dès le printemps. L'été c'est l'apothéose… Certes, moins que lorsque j'étais petite, mais quand on prend le temps de se poster, on en voit encore beaucoup. Et cela a le don de me remonter aussitôt le moral. Me voilà donc en quête d'insectes. Et celui qui revient sans cesse, tant devant mes yeux que dans ma mémoire, c'est la libellule. Cette même libellule qui me faisait tant rêver enfant dans le jardin tourangeau de ma grand-mère. Elle est là, passant de fleur en fleur, de feuille d'agave en feuille d'agave... Je ne compte plus les heures consacrées à la regarder, à la photographier. Entre les couleurs des plantes, leurs formes, les rayons du soleil jouant dans la transparence des ailes aérées de l'insecte, et ce corps sublime que la nature lui a donné, le spectacle est exceptionnel. La voilà changeant de direction, avec une facilité semble-t-il déconcertante. Et elle se pose de nouveau sur une des feuilles géantes. Je la contemple. Encore et encore. Songeant aux millions d'années qui la séparent de ses ancêtres et aux nombreux collègues qui l'étudient pour fabriquer de nouveaux nanodrones !

Tant qu'il y aura des libellules, je croirai à la beauté de ce monde et en son avenir. Toujours pas rassasiée, je la suis des yeux, tant qu'elle me laisse la contempler. La voilà qui s'envole vers le buisson de lavande. D'une beauté et d'un parfum déconcertants, cette plante favorise des rencontres inattendues. Ma libellule est donc posée sur une fleur de lavande : un spectacle simple mais extraordinaire à mes yeux et qui m'absorbe totalement quand un bruit de battements d'ailes m'interpelle. Mes yeux se portent dans cette direction et je découvre alors un insecte inconnu. On dirait un bourdon, mais il est plutôt marron et il est pourvu d'une trompe qui s'enroule et se déroule à vitesse grand V. À vue de nez, ce serait donc un papillon sauf qu'il ne ressemble pas à l'idée que je me fais des papillons. Il n'a pas de grandes ailes mais plutôt des petites qui battent très rapidement. Il se positionne face aux fleurs, déroule sa trompe, aspire pour se nourrir et repart. Il est craquant ! Je passe de longs moments à l'observer puis me résigne à poursuivre la découverte faunistique du jardin.

Je me dirige de l'autre côté de la pelouse, vers les grands arbres, pour me retrouver devant l'immense hortensia. Les fleurs sont de couleurs claires. Les terres étant sableuses, elles tirent vers le bleu et le blanc. Je trouve ces fleurs superbes, énormes. Quand on les regarde de loin, puis de près, on se rend compte de la beauté de cet arbuste. Nez collé à la fleur, pour en comprendre les subtils détails, je suis surprise par un pétale. Il n'est pas comme les autres. Je me rapproche encore un peu et là je comprends ! Il y a quelque chose sur ce pétale. Ou plutôt quelqu'un. Oh, qu'elle est mignonne ! Il s'agit d'une petite araignée toute blanche. Elle est cachée là, bien camouflée. C'est une araignée crabe : petit corps blanc dodu et pattes blanches, pour ne pas se faire repérer. Seule une observatrice assidue pouvait la débusquer…

Pour certains, les araignées sont écœurantes, dangereuses, voire mortelles, etc. Pourtant, les araignées sont passionnantes et dotées de tant de capacités ! Elles sont indiscutablement une source inépuisable d'émerveillement. Pour ma précieuse collègue Christine Rollard, arachnologue au Muséum national d'histoire naturelle, les araignées sont de véritables surdouées de l'adaptation. Et, en effet, elles sont les animaux terrestres les plus abondants sur la Terre. Jugez-en : quarante-deux mille espèces dont seize mille rien qu'en France ! Pour ma part, même si je n'aime pas m'endormir avec une énorme araignée collée au plafond de ma chambre, je les trouve fascinantes. Et c'est pendant les vacances que j'ai la chance de les observer, soit elles directement, soit les nombreuses toiles qu'elles confectionnent, toutes plus belles et plus complexes les unes que les autres. Comme lors de cette randonnée dans les gorges du Gardon, où je me suis trouvée nez à nez avec une magnifique épeire fasciée dont la toile en zigzag était tout simplement somptueuse. Une merveille de la nature ! Et quand je tombe sur une araignée morte, je la dépose dans un petit récipient et je la garde pour Christine, comme cette jolie petite mygale trouvée en Charente-Maritime, l'été dernier, chez mes parents également.

Bref, face à la découverte de cette si jolie araignée crabe, je décide de me poster pour l'observer. Peut-être se passera-t-il quelque chose ? Les petits miracles arrivent souvent quand on est patient. Et parfois, il faut être très, très patient ! J'ai appris cela avec le métier. Les minutes se suivent, puis les heures… elle reste immobile. Je reviendrai demain.

Demain arrive vite. Je me lève, je sauve les crapauds, j'observe inlassablement le passage des écureuils, je ne passe pas par la case libellules et papillons et vais directement aux hortensias. Ma petite araignée crabe n'est plus là. Quelle déception ! Je me lance à sa recherche, délicatement, fouillant dans l'immense hortensia. Je ne la trouve pas. Sans doute est-elle sur un autre hortensia du jardin ? Peut-être est-elle elle-même allée chez le voisin. Quelle horreur ! Je ne perds pas espoir et continue de la chercher des yeux. La persévérance, ça paie, souvent. Plus je cherche, plus je me dis que cette petite bête a vraiment une excellente stratégie pour se protéger des prédateurs. Le moment arrive… J'y suis presque, je le sens. Et bingo ! Petit corps blanc et pattes blanches sont là, devant moi. Cette fois, il est tôt dans la journée et je ne vais pas la lâcher d'une seconde. Je me positionne donc, bien décidée à en découdre, face au petit arachnide. Les minutes passent, les heures aussi… Maman m'appelle pour le repas. Je lui demande encore de m'accorder dix minutes… Cela doit lui rappeler mon enfance, et moi cela me fait penser à mon fils… Merci maman de m'avoir accordé ces dix minutes supplémentaires. Car c'est le moment que choisit une petite mouche pour venir rôder autour de l'hortensia.

Petite mouche pollinisatrice sans doute, elle aussi mal aimée alors qu'elle est importante pour la biodiversité. J'avoue que, sur le moment, je la vois davantage comme un bon goûter pour ma petite araignée crabe. Ce serait fantastique si je pouvais assister en direct à une prédation de mouche par une araignée ! Car l'araignée crabe n'a pas de toile. Elle chasse à l'affût. C'est pour cela qu'elle est positionnée, immobile, silencieuse, sur les pétales, bien enfouie. Je ne pousserai pas le vice jusqu'à attraper la mouche pour la lui mettre sous le nez, mais j'avoue que l'idée m'a traversé l'esprit. Je n'ai pas besoin de le faire. La mouche est sur le point de vivre sa dernière minute, s'approchant de plus en plus, sans s'en rendre compte, de la petite prédatrice blanche… Le moment fatidique arrive. La mouche s'approche. Encore. Je fixe l'araignée, immobile. On se croirait dans un duel. La mouche se rapproche une dernière fois. J'ai à peine le temps de voir l'araignée lever une patte qu'elle a disparu. En un clignement d'œil, la mouche s'est retrouvée entre les chélicères (les crochets) de l'araignée. Je n'ai rien vu : trop rapide ! Et mon téléphone ne filme pas à une vitesse suffisamment rapide pour que j'y voie davantage au ralenti. Il faudra recommencer avec une caméra à haute vitesse. Quand on sait que cette même araignée est capable de capturer de gros papillons, il me faut vraiment comprendre comment elle s'y prend. Encore une merveille de l'évolution. Enfin, pas pour les proies…

Et une fois, la proie, ce fut moi ! Enfin, trop grosse proie et je l'avais cherché ! Pourtant, Christine me l'a dit mille fois : « N'essaie pas de toucher les araignées, ça les dérange et ça les stresse » ! CQFD… Toujours dans ce même jardin mais cette fois près du sous-sol, me voilà face à une magnifique araignée tégénaire. J'ai tellement envie de l'attraper pour mieux l'observer... Il ne faut pas mais la tentation est trop forte : je me lance ! L'araignée se défend en me pinçant de ses chélicères. J'étais prévenue ! En tout cas, j'ai de ce fait pu constater la puissance de ces organes. Ça pince très bien, une tégénaire !

Conclusion
Toute une panoplie de solutions

Le plus important dans ces rencontres avec les voleurs, les pêcheurs et les chasseurs, c'est que de nouveau il existe une grande diversité, toute une panoplie de solutions en lien avec les problèmes à résoudre. Ce qui me frappe aussi, c'est que les invertébrés me surprennent toujours autant et qu'il est grand temps de les mettre en lumière. Je n'aurai évidemment pas assez d'une vie pour les étudier, mais je ferai ce que je peux et mes collègues aussi. D'ailleurs, grâce à eux, on sait que des fourmis lancent de petites pierres sur des compétiteurs potentiels[31] et que le fourmilion commun (*Myrmeleon formicarius*), qui ressemble superficiellement à une libellule, lance du sable sur ses proies. Certains réduviidés (hémiptères) utilisent les nids de carton des termites comme matériel de camouflage, et des larves de cassides (coléoptères) emploient des boucliers de fèces et exosquelettes (après la mue) secs pour repousser les fourmis[32] !

Outre les invertébrés, c'est dans l'eau qu'il va falloir continuer de chercher. À cela aussi, j'aimerais bien m'atteler. On sait par exemple que de nombreux poissons comme les toxotes (ou poissons archers), les poissons-globes, les balistes et les raies emploient des jets d'eau pour localiser et capturer des proies[33] et nous avons déjà évoqué les crocodiles et alligators qui utilisent des appâts pour attirer et chasser les aigrettes[34]. Et, en dehors des vertébrés aquatiques, les invertébrés aquatiques comme les céphalopodes (huit pieds, communément nommés pieuvres) utilisent par exemple des objets pour bloquer les bivalves en position ouverte afin de consommer tranquillement la proie logée à l'intérieur[35].

Pour finir, il faut observer ! Voilà comment on peut rêver et découvrir, même en tant que professionnelle si j'ose dire, de nouvelles espèces et de nouveaux comportements, dans un simple jardin. Ouvrez vos yeux, ceux de vos enfants, de vos petits-enfants… Ouvrez vos yeux et vos cœurs !

CHAPITRE 4

Mes rencontres avec des performeurs en tous genres

Introduction
Que de prouesses pour survivre et inspirer…

Depuis environ quatre milliards d'années, le vivant résout des problèmes, innove et optimise. Quatre milliards d'années de recherche et développement qui ont donné lieu, et donnent encore lieu, à un nombre infini d'adaptations comportementales et physiques. Ce sont ces adaptations, ces innovations comportementales et ces performances qui peuvent nous inspirer, nous les humains, dans tous les domaines[1]. De plus, si l'on se réfère au fait que sur plus de huit millions d'espèces animales supposées (peut-être vingt !), seulement dix mille sont bien décrites, on comprend que tout reste à découvrir, pour notre plaisir et pour nous aider à nous améliorer tout en protégeant les animaux !

La bio-inspiration, c'est cela : nous inspirer des animaux et de ce qu'ils sont capables de faire pour progresser dans tous les domaines de notre existence et les protéger. On ne recopie pas la nature, on ne la mime pas, elle est trop complexe : on s'en inspire. C'est pour cette raison que je préfère bio-inspiration à biomimétisme. Comme le disait Pierre-Gilles de Gennes : « On est très loin de la complexité du vivant, il faut beaucoup d'humilité. » Cela étant, il s'agit bien de ce dont parlait la chercheuse américaine Janine Beynius, qui a réinventé le biomimétisme et qui écrivait en 1997 qu'il s'agit d'une « démarche d'innovation, faisant appel au transfert et à l'adaptation des principes et stratégies élaborés par les organismes vivants et les écosystèmes, afin de produire des biens et des services de manière durable, et rendre les sociétés humaines compatibles avec la biosphère[2] ». Observons la nature, comprenons-la, elle et son génie, et inspirons-nous-en, comme certains l'ont déjà fait dans de nombreux secteurs.

Dans le domaine des transports, on ne compte plus les innovations technologiques impliquant l'amélioration des avions[3], des trains[4] et même des drones[5] grâce aux oiseaux et aux insectes. Ils sont pour certains plus rapides, plus furtifs (plus difficiles à déceler au radar), plus écologiques (moins de pollution sonore et de consommation de carburant), grâce aux martins-pêcheurs, aux colibris, aux libellules[6] ou aux abeilles. En architecture, les avancées sont prometteuses et peuvent concerner la structure dans son entier, mais aussi les systèmes de climatisation mécanique ou encore les matériaux pour l'isolation. L'animal dans sa globalité peut être intéressant tout comme peuvent l'être sa physiologie, son anatomie, etc. Par exemple, les termitières ont inspiré la réalisation d'un bâtiment à climatisation mécanique ouvrant et fermant des conduits souterrains pour faire varier la température interne sans climatisation électrique et favoriser des économies d'énergie[7].

Dans le domaine de l'écologie, l'étonnante structure des ailes des superbes papillons morpho permet de développer la photonique et d'envisager des panneaux solaires plus efficaces à haute température[8]. La médecine est également concernée puisque certaines espèces abritent des molécules susceptibles de nous soigner pendant que d'autres ont trouvé des solutions qui nous sont encore inconnues. Ainsi, le mamba noir, serpent aussi beau que dangereux, abrite-t-il dans son venin de puissants analgésiques[9], pendant que certains animaux comme les koalas résistent au virus du sida[10], d'autres comme les requins-marteaux[11] ou les rats-taupes nus vieillissent sans cancer[12], ou même rajeunissent, comme la méduse *Turritopsis*[13] !

Il existe donc un nombre incalculable de prouesses inhérentes au monde animal, qu'il s'agisse des capacités intellectuelles ou des performances physiques. Et sans même envisager des applications bio-inspirées, il faut bien avoir en tête que les performances physiques en elles-mêmes sont fascinantes à étudier car elles représentent des cibles directes de la sélection. Autrement dit, un animal rapide ou puissant a de meilleures chances de survie que son congénère lent et faible. Et quand les forts et rapides sont repérés, encore faut-il les étudier, quantifier ces performances pour comprendre les adaptations, l'évolution et pourquoi pas s'en inspirer ! Se servir de la nature, tout en la respectant, et ne plus se servir dans la nature. C'est urgent. Et croyez-moi, les inventions et adaptations du vivant constituent une source inépuisable pour les innovations humaines. Les chapitres précédents vous en ont déjà donné un aperçu, en voilà d'autres, en lien avec mes expériences des performances animales, qui m'ont parfois conduite vers des projets bio-inspirés, tout comme bon nombre de mes collègues.

Mes rencontres avec les lézards et les axolotls : en route pour les greffes !

Été 1980. J'ai 7 ans. Comme toujours, je passe mon temps à observer les animaux dans le jardin de ma grand-mère… Mon défi de cet été ? Me rapprocher le plus possible des lézards pour comprendre comment ils occupent leurs journées et tenter d'en attraper un. Je constate en écrivant ces mots que mes petits défis n'ont pas changé puisque quarante ans après, en Corse, je tentais encore d'attraper les sublimes lézards ocellés bleus dans les collines. Cela faisait beaucoup rire mon entourage qui avait du mal à croire en mes chances de réussite, tant enfant qu'adulte d'ailleurs ! Mais revenons à ce fameux été 1980 ; au bout de plusieurs jours, l'entraînement et la patience finissent par payer. Je suis à l'affût dans la cour séparant la maison de mes grands-parents de celle de mes parents et un lézard est en train de la traverser. Je réunis toutes mes forces de chasseuse, je fonce et je l'attrape ! Mais, stupeur totale, sa queue reste dans ma main ! Je me revois courir partout en hurlant : « Maman, j'ai fait du mal à un lézard ! Maman, il va mourir ! » Ma mère me rassure aussitôt en m'expliquant que c'est une technique de lézard pour fuir les prédateurs : moi, en l'occurrence. Le temps de comprendre, le petit farceur s'était échappé. Bien joué ! Je suis admirative. Mais je ne suis pas au bout de mes surprises, car maman m'apprend encore un tour de génie : sa queue va repousser… Quoi ?! Moi, si on me coupe le doigt, il ne repousse pas ! Comment est-ce possible ?

Je ne savais pas que d'autres se posaient les mêmes questions et travaillaient sur les formidables capacités de régénération des membres, des organes et même des cellules de certains animaux. Il y a quelques années, dans le laboratoire Mecadev (Mécanismes adaptatifs et évolution, Muséum national d'histoire naturelle et CNRS), où je travaille, nous avons eu la chance d'avoir des axolotls, des salamandres aquatiques. Chez cet animal, si un membre est endommagé ou détruit, un nouveau, identique au précédent, se reforme en seulement trois semaines. L'axolotl est même capable de reconstituer une queue, un œil, voire certaines parties de son cerveau en quelques mois. Sans compter que ces animaux sont connus pour leur aptitude à recevoir la greffe d'un membre à un stade de développement précoce, mais aussi celle de leurs tissus (peau, cartilage) à tous les stades du cycle de vie : larvaire, juvénile et adulte[14]. Il ne semble pas y avoir de rejet d'un individu à l'autre, contrairement à ce qui se passe chez les mammifères. Évidemment, il serait formidable de percer à jour les processus de ces greffes pour en faire bénéficier l'espèce humaine. Enfin, comprendre la prolifération cellulaire, c'est aussi comprendre les mécanismes du cancer qui implique une prolifération incontrôlée. En voilà un beau défi scientifique à relever !

Ma rencontre avec les libellules : vers les nanodrones !

1981. J'ai 8 ans. Nous sommes un an après l'affaire des lézards. Comme toujours pendant les vacances, je passe une grande partie de mon temps dans l'immense jardin de mes grands-parents à jouer, à observer les animaux nombreux qui s'y trouvent, et en particulier les insectes : abeilles, coccinelles et libellules. À l'époque, ça foisonne… Me voilà nez à nez avec une magnifique libellule bleue. La beauté des libellules me fascine et cela ne me quittera jamais. Et celle-là est trop belle ! Je suis impressionnée par ses gros yeux, ses pattes pleines de piquants et ses ailes transparentes avec leurs magnifiques rainures. Je décide de la suivre des yeux le plus longtemps possible. Pas simple. La voilà qui décolle. Puis se met à aller dans tous les sens, vers le haut, le bas, l'avant, l'arrière, sur le dos et même à faire du surplace ! Je me dis qu'elle doit être une excellente chasseuse. Elle se déplace comme un hélicoptère ! Comme pour le lézard, je suis loin de me douter que la biomécanique de la libellule va inspirer, pour de vrai, les créateurs de robots miniatures à la manœuvrabilité incroyable.

Me voici quarante et un ans plus tard et je prends encore d'innombrables photos de libellules partout où j'en vois lors de mes vacances : bleues, jaunes, rouges… Elles sont sublimes. Quarante et un ans plus tard à désormais comprendre que les mécanismes à l'origine de ces déplacements ahurissants ont conduit à de nouvelles générations de microdrones, utilisés dans le cadre de la recherche et assistance aux victimes lors d'éboulements ou tremblements de terre, de la surveillance, de la détection d'agents chimiques ou biologiques, etc. Ma fascination d'enfant est partagée. C'est formidable ! Le vol à ailes battantes des libellules, comme des oiseaux d'ailleurs, est très longtemps resté un exploit technologique inimitable, même pour des génies comme Léonard de Vinci[15]. Des siècles de tentatives inabouties. Mais pas pour rien.

Ces dernières années ont enfin vu des avancées considérables[16]. Le minuscule robot DelFly est une libellule de vingt grammes qui évite les obstacles et bénéficie d'une vision 3D. Le robot libellule ultraléger REMANTA, de seulement quinze centimètres, vise quant à lui à reproduire la déformation vibratoire du thorax de la libellule, celle qui fait battre ses ailes à haute fréquence avec un minimum d'énergie[17]. Mieux comprendre comment la libellule maîtrise sa vitesse, s'équilibre, contrôle sa trajectoire, son altitude et évite les obstacles grâce également à un système visuel complexe, est encore un défi à résoudre pour inventer les capteurs du futur. Autant vous dire que même si je continue d'admirer les libellules, ce n'est plus avec le même regard ! Il va désormais bien au-delà de leur beauté et s'intéresse différemment à leurs prouesses, que j'avais moi-même sous-estimées malgré ma déjà bien grande admiration.

Ma rencontre avec les microcèbes : petits mais costauds !

Les microcèbes… Quand on travaille au laboratoire Mecadev, une des premières rencontres extraordinaires que l'on fait, c'est celle des microcèbes. Je les ai déjà évoqués plus haut pour leurs magnifiques capacités de chasseurs et leur locomotion arboricole. À présent, laissez-moi partager avec vous leurs stupéfiantes performances. Car ces adorables petits lémuriens, que j'étudie avec bon nombre d'étudiants depuis des années*, sont capables de véritables prouesses, comme tirer dix à quinze fois leur masse corporelle, quand rats et souris tirent à peine sept à vingt-deux pour cent de leurs masses respectives[18] ! De plus, grâce à Grégoire, nous savons qu'ils acquièrent en quelques mois de vie seulement ces performances[19], qui sont même extrêmement élevées dès la naissance[20]. En cause ? Des mains aux proportions adaptées pour bien s'accrocher à la maman, proportions qui changent en grandissant. Il a été d'ailleurs intéressant de montrer que les performances de préhension chez les babouins étaient également liées aux changements morphologiques de leurs membres pendant la croissance[21]. Dame nature est bien faite… Si petits mais si puissants !

Ces forces de préhension élevées, en lien avec l'arboricolie, bien sûr, ne vont pas sans rappeler les forces de morsures très importantes que nous avons quantifiées[22]. Ce point

* Banty Tia, Élodie Reghem, Séverine Toussaint, Marie Le Brazidec, Pauline Thomas, Grégoire Boulinguez-Ambroise, Eugénie Mortessagne, Camille Nozière…

est essentiel, car on sait que les forces de morsure sont un bon indicateur du succès évolutif d'une espèce. En effet, les bons mordeurs accèdent plus facilement aux ressources alimentaires, voire aux partenaires sexuels, en gagnant les combats entre mâles concurrents. D'ailleurs, il a été particulièrement fascinant de constater, avec Pauline Thomas, l'une de mes doctorantes, que les microcèbes bruns du parc national de Ranomafana à Madagascar mordaient moins fort que les microcèbes gris de notre laboratoire. La différence pourrait s'expliquer par les dimensions de la tête, qui divergent, tout comme les niches écologiques : les microcèbes bruns mangent principalement des fruits mous et les microcèbes gris des insectes durs.

Fait marquant également, sachez que les femelles mordent plus fort que les mâles[23] ! Peut-être parce qu'elles doivent consommer davantage de ressources difficiles à ingérer comme davantage d'insectes au moment des périodes de reproduction. Enfin, avec Pauline, nous avons clairement démontré, par des analyses génétiques, les effets de l'environnement maternel sur l'expression des performances[24]. Si on veut comprendre l'héritabilité des performances et des caractères morphologiques associés (taille de la tête par exemple, qui est liée aux forces de morsure), il est indispensable de tenir compte au moins de l'identité de la maman.

Ainsi, entre les forces de préhension et les forces de morsure, nous pouvons espérer que ces petits lémuriens ont encore un bel avenir devant eux, si la déforestation n'emporte pas tout sur son passage… En revanche, les microcèbes ne sont pas épargnés par le temps qui passe. En effet, ils sont affectés par le vieillissement puisque leur force de préhension décroît avec le grand âge[25] et qu'ils sont moins performants dans leurs captures de proies lorsqu'ils sont âgés[26]. En vieillissant, ils sont moins efficaces et échouent davantage. Comme nous cela étant, ce qui fait d'eux de bons modèles pour comprendre le vieillissement, largement étudié dans notre laboratoire. Ah là là, ma pauvre dame, c'est pas beau de vieillir !

Ma rencontre avec les écrevisses : des pinces destructrices !

Quand j'étais jeune, avec ma mère et mon frère de onze ans mon cadet, nous allions au lac de Marçon, dans la Sarthe, pas loin de chez ma grand-mère. C'était l'occasion de se baigner comme à la mer. Mon frère était fasciné par les petites écrevisses locales, « blanches ». Il les attrapait, les mettait dans un bac et les observait. Aujourd'hui, il ne pourrait plus le faire, car on n'en trouve quasiment plus. Elles ont été supplantées par l'écrevisse américaine et l'écrevisse de Louisiane. Et je vais en être le témoin une fois encore pendant les vacances…

Été 2017. Je suis chez mes parents en Charente-Maritime pour mettre en repos mon cerveau de chercheuse. En repos… vraiment ? D'autant qu'un événement stupéfiant à mes yeux va se produire : une invasion d'écrevisses de Louisiane. Ces écrevisses, introduites par les humains dans les années 1970 en France, sont désormais invasives, prolifèrent et terrassent l'espèce locale. Mais, cette année-là, cela dépasse mon entendement. Car elles sortent des mares ! Il y en a partout autour de chez mes parents, dans les mares presque à sec, et surtout sur les chemins et routes environnants. Il fait très sec, trop, et elles cherchent de l'eau. C'est impressionnant, les chemins sont rouges ! Comment expliquer le succès de cette espèce ? Quelles capacités cachent-elles ?

Dès lors, je me lance dans un projet visant à comprendre leurs performances. Mon collègue et ami Raphaël Cornette nous apprend, à mon fils et à moi, à capturer des sauterelles pour ensuite capturer les écrevisses afin de quantifier ensuite les forces de préhension de leurs pinces et la morphologie des pattes de ces incroyables arthropodes. Raphaël se fait d'ailleurs pincer le doigt, et l'une d'entre elles est bien accrochée ! Après des semaines de travail, les résultats tombent : les capacités de préhension de l'écrevisse américaine sont hors normes. Pour aller au bout du projet, je suis censée tuer les écrevisses étudiées, les rapporter au laboratoire et entreprendre les analyses morphologiques. Elles sont invasives. C'est presque conseillé… Je les regarde. Je n'y arrive pas. Tant pis pour l'étude ! C'était vraiment intéressant de comprendre pourquoi cette écrevisse rencontre un tel succès, même si mon frère n'est pas près d'observer de nouveau les écrevisses de son enfance… Maintenant, on sait pourquoi : à cause des pinces destructrices des écrevisses invasives !

Mais découvrir ces performances pourrait nous entraîner plus loin encore. Car les formidables capacités de préhension des pinces de ces espèces et leurs exosquelettes intéressent un roboticien de talent, Nathanaël Jarrassé, qui travaille à l'élaboration de prothèses à deux doigts fonctionnels pour les handicapés. Pourquoi ne pas se lancer dans un projet visant à créer de nouvelles prothèses en étudiant le fonctionnement des pinces des écrevisses ? Voilà comment un beau projet scientifique peut germer à partir d'une invasion d'écrevisses en Charente-Maritime… Vive les vacances !

Ma rencontre avec un chimpanzé de Côte d'Ivoire : une boussole intégrée

Pendant mes études, avant même de commencer ma thèse de doctorat, j'ai la chance de partir en Côte d'Ivoire pour réaliser un rêve : observer des chimpanzés dans leur forêt. J'allais pouvoir me rendre compte, de mes propres yeux, des difficultés affrontées par nos ancêtres primates en forêt primaire. Entre deux coups d'État, je suis sur le départ pour Abidjan. Mon père me conduit à l'aéroport et je lis sur son visage qu'il est partagé entre l'envie de me dire : « Fonce ! » et celle de clamer : « Rentre à la maison ! » Je mesure aujourd'hui à quel point cela a dû être difficile de me laisser partir. Heureusement, mes parents ne sont pas de ceux qui empêchent les rêves (je tâcherai de m'en souvenir quand mon fils sera très grand !). Je monte donc dans l'avion pour Abidjan. Quand j'en sors, la chaleur et l'humidité me prennent à la gorge. C'est irrespirable. Et ce n'est rien en comparaison de ce qui m'attend en forêt.

Après une nuit sur place où je découvre les araignées sauteuses locales, nous traversons le pays pour nous rendre à l'ouest. Me voilà donc, après une journée de route, au sud de la forêt de Tai. Nous y faisons une étape de nuit, occasion de découvrir de nouvelles espèces d'araignées, avant de repartir en bonne compagnie avec un guide local nommé Willy. C'est lui qui va me montrer les chimpanzés. Le taux d'humidité est de quatre-vingt-dix pour cent, la chaleur étouffante. Mais tout va bien, je vais réaliser mon rêve. Nous dormons en forêt dans des cabanes rudimentaires ouvertes sur pilotis. Dormons, c'est vite dit tant les bruits sont multiples autour de nous. Au menu ? De l'eau et des sardines en boîte ! En forêt, je découvre de superbes araignées, dont ces magnifiques mygales qui se redressent parfois comme pour nous menacer. Je ne connais pas encore Christine Rollard, sinon j'aurais eu de quoi lui poser des questions ! Le matin, nous partons en forêt. Et, au bout de trois heures de marche, mon rêve se concrétise… Willy me chuchote qu'il y a un mâle chimpanzé non loin de nous… Je le vois. Je suis bouleversée. Les larmes coulent sur mon visage et m'empêchent au début de bien le discerner. J'ai l'impression de voir la Lucy que j'imaginais enfant, telle qu'elle était alors représentée dans les livres. D'ailleurs, je me souviens d'avoir nommé ce chimpanzé Lucien…

La réalité me rattrape car il se déplace très vite. Je me concentre donc pour éviter qu'il nous sème. Nous parvenons à le suivre pendant un temps mais la forêt est très dense. Par endroits, on n'y voit rien à trois mètres ! Je remarque sur ma boussole qu'il se dirige toujours vers le nord tout en zigzaguant dans cette densité forestière. Il sait exactement où il va, tandis que moi je suis totalement perdue. Comment fait-il ? Je prends conscience de la complexité du milieu arboricole et de la forêt dense. Cette petite aventure me permet de comprendre que les capacités de navigation des chimpanzés sont hors norme. Effectivement, ils sont dotés d'une fantastique mémoire spatiale grâce à laquelle ils mémorisent, entre autres, les emplacements des plus grands arbres à fruits et qui plus est, selon les saisons[27]. Ils enregistrent la topographie de leur territoire de manière très précise et savent exactement où aller et quand selon les périodes de fructification. Une vraie boussole dans la tête[28] !

D'autres animaux que les chimpanzés ont une boussole dans la tête. Et ils ont inspiré les humains[29]. C'est le cas des fourmis qui ont permis d'améliorer le GPS. En effet, ces insectes optimisent collectivement les trajets, voire prennent des raccourcis[30].

Les informaticiens et mathématiciens ont donc cherché à en déduire des algorithmes qui fonctionnent sur une imitation de la navigation de ces fourmis[31]. Ainsi, dans le domaine de la collecte des déchets, qui doit tenir compte de la distance du trajet, de sa durée ou encore des temps de vidage du camion, l'utilisation de cet algorithme constitue une économie non négligeable en permettant d'éviter le travail inutile de dix à vingt camions ! L'économie générée, de consommation de carburant et d'émissions de gaz à effet de serre, offre un intérêt écologique évident. Bref, vous l'aurez compris, quand les animaux savent optimiser leurs trajets, nous avons tout intérêt à comprendre comment ils font. Pour bon nombre d'entre eux, le mystère n'est pas résolu. Quand je vous dis que tout reste à découvrir !

Mes rencontres avec un chien aveugle et des chimpanzés mutilés : la leçon des handicapés…

À différentes périodes de ma vie, j'ai été amenée à côtoyer des animaux handicapés. Le premier s'appelait Pupuce, tant il en était recouvert quand ma tante l'a vu débarquer chez elle. C'était un petit chien tout blanc, un bâtard de campagne comme on dit. Quand ma tante l'a récupéré, Tuture était mort. À la suite de cela, Code son compagnon de vie était parti se laisser mourir quelque part. Et voici ce petit Pupuce qui débarque chez ma tante, entre la vie et la mort… Jeannette qui a déjà sauvé un nombre incalculable de petits oiseaux et recueilli toutes sortes de bêtes à plumes et à poils, s'en occupe, en bonne sauveteuse d'à peu près tous les animaux en détresse ! En peu de temps, elle le remet sur pattes. Le voilà tout fringant au milieu des oiseaux mandarins et des serins de ma tante. Enfin, tout fringant… Oui mais, à pas de loup ! Car Pupuce est aveugle et se déplace très lentement, avec une grande prudence.

Chez ma grand-mère, il arrive à se balader entre les trois maisons de campagne qui communiquent par une cour et le jardin : celles de ma tante, de ma grand-mère et de ma mère. Le tout sans se perdre et sans jamais manquer les caresses et la poêle à lécher, placée au bon endroit de la cour après le repas. Un jour, il va tous nous épater ! Pupuce déambule tranquillement, comme à son habitude, dans les parterres de fleurs recouverts du lierre des murs de nos maisons. Il fait sa promenade. Mes grands-parents Antoine et Antoinette, mon arrière-grand-mère Geneviève, ma tante Jeannette, ma mère et moi buvons notre café dans la cour. Quand tout à coup, à notre grande stupéfaction, nous voyons Pupuce avec une musaraigne entre les crocs. Nous n'en revenons pas !

Je me souviens de m'être dit à l'époque qu'il était donc possible d'attraper une proie sans la voir, tout comme cette vipère qui avait capturé un crapaud dans le jardin du voisin de mes grands-parents, grâce essentiellement à son odorat et des détections thermiques. Cela m'avait sensibilisée aux sens que les animaux utilisent, qui ne sont pas nécessairement les mêmes que les nôtres à nous, les humains, qui employons le plus souvent la vision en priorité. Pupuce, aveugle, avait donc fait appel à d'autres sens, probablement l'ouïe et l'odorat. Nous le félicitons pour sa prouesse et relâchons l'adorable musaraigne. Pupuce se voit récompensé d'un magnifique bout de fromage et je le revois encore monter tête haute les nombreuses marches de la maison pour retourner faire la sieste chez ma tante. Un grand moment familial !

Beaucoup plus tard, et cette fois-ci dans ma vie professionnelle, j'ai eu la chance de côtoyer Skippy, ce bébé wallaby du zoo de Thoiry, rendu presque aveugle par une cataracte. Pourtant, il parvenait très bien à se débrouiller, même s'il lui arrivait de se cogner, comme Pupuce… Ce petit wallaby avait retenu toute mon attention et je vous en reparlerai un peu plus loin dans le livre. Mais c'est une autre rencontre, celle des chimpanzés mutilés d'Ouganda, qui va vraiment m'époustoufler. Rencontre indirecte grâce à ma superbe collaboration avec Sabrina Krief qui les étudie depuis près de vingt ans. Ces chimpanzés de Sébitoli souffrent de divers handicaps plus ou moins lourds après avoir été victimes de braconnage involontaire. En effet, ils se prennent parfois dans les pièges destinés à la faune chassée et peuvent souffrir de divers traumatismes, comme de doigts amputés, voire de mains ou de pieds entiers.

Or ils parviennent tout de même à se nourrir en y passant davantage de temps et en utilisant des substrats plus grands pour s'agripper et s'asseoir[32]. Ainsi, ils trouvent autant de nourriture que les individus valides grâce à une excellente maîtrise de la répartition des ressources alimentaires[33]. C'est Marie Cibot, notre doctorante, qui a fait ces découvertes, après une thèse de doctorat passionnante. Sans aller aussi loin qu'en Afrique, un chien amputé est la plupart du temps tout à fait capable de continuer à courir et à sauter. La blessure plus ou moins grave conduit l'animal à tester divers mouvements et déplacements puis à sélectionner ceux qui sont possibles malgré la blessure et le handicap. Évidemment, tous ces ajustements se réalisent si la lésion ne s'infecte pas ou n'entraîne pas la mort.

Cette capacité de certains animaux à s'adapter et à se déplacer malgré une blessure a donné l'idée à des chercheurs de créer un robot capable de réapprendre automatiquement à marcher après avoir subi un dommage à une patte robotisée[34] ! Une fois blessé, le robot génère un algorithme d'apprentissage pour trouver un comportement de compensation. C'est comme s'il piochait dans la carte créée à cet effet et qu'il testait différentes actions susceptibles de compenser son handicap. Si une action ne fonctionne pas, l'algorithme l'élimine et en génère une autre, jusqu'à ce que la solution soit trouvée. Figurez-vous qu'il ne faut que deux minutes au robot pour trouver une manière efficace de se déplacer après qu'il a eu sa patte robotisée coupée en deux… Un véritable exploit ! Ces robots pourraient tout à fait partir en quête de victimes ensevelies malgré un choc ou une mutilation dus à la situation. Voilà comment, grâce aux animaux handicapés, on gagne de nouveau en humilité et admiration et, surtout, on garde un moral d'acier !

Ma rencontre avec les chimpanzés d'Ouganda : vers un antimoustique !

Printemps 2017. Cela fait deux ans que Marie a soutenu sa thèse sur les chimpanzés mutilés d'Ouganda. Deux ans déjà, et Sabrina me fait l'honneur de venir partager de nouveau avec moi ses dernières expériences de terrain. Elle est tout simplement merveilleuse. C'est un bonheur inouï de pouvoir profiter de son savoir et de partager ses découvertes. Cette fois-ci, elle me parle des nids des chimpanzés. Car comme les autres grands singes, les chimpanzés confectionnent des nids, tous les soirs, au moment du coucher. Ils les fabriquent parfois à plus de quarante mètres de hauteur. Autant vous dire que, en plus d'être confortables (ce sont des couchettes quand même !), ils ont intérêt à être solides. Mais ce que me raconte Sabrina, c'est que les chimpanzés les fabriquent dans une zone où les moustiques sont beaucoup moins présents. Simple coïncidence ?

Au cours de la discussion, les questions pleuvent. Choisissent-ils les arbres dont les branches sont souples et flexibles pour le confort, ou rigides pour la sécurité, ou pour faire fuir les moustiques ? Car, ne l'oublions pas, les chimpanzés sont les rois de l'automédication. Il est fort possible qu'ils n'aiment pas être piqués par les moustiques ! Il faut répondre à toutes ces questions. C'est tellement excitant ! Nous devons mettre un doctorant sur ce sujet. Oui, mais il faut un financement… Et, à ce moment-là, nous n'en avons pas.

Un an plus tard, je vais au zoo de Thoiry faire une conférence sur l'intelligence animale dans le cadre des « Journées mondiales de l'intelligence animale », organisées par la passionnée Yolaine de La Bigne. À la fin de ma conférence, un monsieur vient me voir et me parle tout d'abord de sa fille qui a des questions concernant son parcours universitaire. Je lui réponds et lui propose de venir discuter au laboratoire pour plus de précisions. Ensuite, le monsieur me demande quel projet j'aimerais financer en priorité. Un peu étonnée par sa question, je pense d'abord à une boutade… Dans le doute, je réfléchis rapidement et lui réponds : « Le projet sur les nids des chimpanzés. » Il me dit qu'il faut qu'on en discute, qu'il est intéressé. Je n'en reviens pas et ne peux m'empêcher de penser que c'est une erreur ! En partant, il me laisse sa carte. Je la range dans ma poche et poursuis mes discussions avec les autres personnes présentes.

Une fois sur le départ, dans ma voiture, je regarde la carte, par curiosité : il s'agit d'Éric Renard, le PDG de La Phocéenne de cosmétique (Lovea, Le Petit Olivier). Je n'arrive pas à y croire ! Je le recontacte et, quelques semaines plus tard, nous nous revoyons, en présence de Sabrina. Ce monsieur est une belle personne, très attachante. Je l'admire beaucoup. Il veut nous aider, ainsi que les chimpanzés et les populations locales. Nous montons un projet de thèse qui sera financé par La Phocéenne de cosmétiques. Je suis si fière de pouvoir contribuer à l'étude des chimpanzés d'Ouganda et d'aider Sabrina. Tellement heureuse !

Une nouvelle doctorante, Camille Lacroux, démarre le travail en 2019. Elle soutient sa thèse en novembre 2022 et montre que, dans les nids des chimpanzés, on trouve des plantes répulsives pour les moustiques[35] ! Il semble qu'ils sélectionnent les arbres dont les branches sont les plus solides mais aussi dont les feuilles sont répulsives[36]. Quel choix pertinent ! De plus, on peut en extraire de l'huile essentielle. Nous allons donc, à l'avenir, tenter de développer une huile essentielle répulsive naturelle. De bon augure pour La Phocéenne de cosmétiques donc, surtout quand on sait que le paludisme touche deux cent quarante millions de personnes par an et en tue plus de six cent mille… Sans compter que la thèse de Camille apporte aussi son lot de questions et de débuts de réponses concernant les tiques des chimpanzés, un autre fléau sanitaire[37].

Voilà tout ce que j'aime et qui m'intéresse dans les projets bio-inspirés : la stratégie gagnant-gagnant ! Les chimpanzés sont gagnants car, avec le financement de l'entreprise, Sabrina peut continuer à les étudier et les protéger ; les humains sont également gagnants car l'argent est aussi utilisé pour les populations locales (éducation, prévention) et nous allons pouvoir nous protéger des moustiques, naturellement. Merci les chimpanzés ! Merci Éric ! Merci Sabrina !

Ma rencontre avec les éléphants d'Afrique : une trompe à tout faire !

Mon projet sur la trompe des éléphants est né de la fusion de deux rencontres : l'une avec un éléphant, l'autre avec un roboticien. Dix ans séparent l'émergence du projet et le début de sa réalisation. Nous sommes en été 2009. Je pars retrouver ma première doctorante, Élodie, et mon ami, Ronald, le soigneur animalier, pour mener nos expériences sur les grands singes du zoo de La Palmyre. Pour aller sur leur territoire, je passe devant les éléphants. Chaque fois, c'est la même fascination et je ne peux m'empêcher de m'arrêter pour les observer. Un jour, l'un d'entre eux attrape un pop-corn qui avait été lancé par un visiteur et le coince dans la partie inférieure de l'extrémité (son doigt du bas) de sa trompe. Il en saisit alors un deuxième avec la partie supérieure de sa trompe (son doigt du haut). Je suis stupéfaite. Mais comment s'y prend-il ? Sa trompe n'est quand même pas une main ! Je sais déjà qu'un jour je travaillerai avec les éléphants pour élucider les mystères de cette extraordinaire trompe.

Je garde dans un coin de ma tête ces histoires de trompe d'éléphants quand j'invite au laboratoire, trois ans plus tard, un roboticien de la célèbre Université Yale qui conçoit des mains robotisées extrêmement perfectionnées. Aaron Dollar vient pour m'aider à inventer de nouveaux modèles biomécaniques et mathématiques sur la base de la morphométrie des mains de fossiles pour mieux les interpréter. Je suis encore en pleine obsession de Lucy et je me demande comment démontrer définitivement que les australopithèques étaient précis et pouvaient utiliser des outils. En discutant, je lui demande : « Pour toi, c'est quoi une main performante ? Que faut-il pour qu'une main soit efficace ? » La réponse tombe : deux doigts ! « Avec deux doigts, tu peux tout faire », me répond-il. Et moi qui me creuse la tête depuis des années pour comprendre la coordination de nos cinq doigts et en déduire l'émergence de l'outil… J'ai tout faux. Il faut se concentrer sur la pince : le pouce et l'index. Avec Thomas, son étudiant, nous montrons clairement que les australopithèques pouvaient être précis en utilisant les extrémités de leurs pouce et index[38]. Quelle fierté de démontrer cela pour mon Professeur et notre Lucy. Mais cela va m'inspirer un tout autre projet…

Les connaissances d'Aaron révolutionnent ma manière de voir l'évolution de la main et de son efficacité. Or il y a un animal qui utilise cette pince pour faire des choses étonnantes en matière de manipulation : l'éléphant bien sûr ! L'éléphant de savane d'Afrique possède deux doigts, comme on les appelle, à l'extrémité de sa trompe. Et avec ses deux doigts, il peut saisir un petit fruit avec précision et le manipuler tout comme utiliser des outils. Comment fait-il ? Pourquoi les premiers éléphants n'avaient-ils pas de trompe et pourquoi s'est-elle allongée ? L'idée du projet se fait jour. Reste à résoudre un problème de taille : trouver des financements, car les collaborateurs, je les ai déjà identifiés.

Après beaucoup de démarches effectuées, l'argent arrive enfin et le projet démarre quelques années plus tard avec ses merveilleuses énigmes à résoudre : 1) La trompe est la fusion du nez et de la lèvre supérieure pendant le développement du fœtus. Comment est-ce possible ? 2) Les trompes des premiers éléphants il y a environ cinquante-cinq millions d'années étaient quasi inexistantes puis se sont allongées et diversifiées de manière considérable au cours de l'évolution, en même temps que les défenses. Comment ? Pourquoi ? En lien avec des milieux écologiques différents ? 3) La trompe sait tout faire : saisir de tout petits fruits, en aspirer de plus gros et déraciner des arbres ! Ne pourrait-elle pas nous servir à inventer de nouveaux robots industriels précis, puissants et sécurisés à la fois ? Le projet est né. Il faut comparer des populations d'éléphants d'Afrique vivant dans des milieux différents pour comprendre comment leur environnement (végétation différente, aliments différents…) a pu jouer un rôle dans les adaptations de leur trompe. Et il faut concevoir un modèle biomécanique de la trompe pour envisager un transfert vers la robotique.

Pour répondre à ces différentes questions, direction le zoo de Beauval et l'Afrique ! Le zoo de Beauval pour commencer, afin de quantifier tous les comportements des six éléphants impliquant la trompe. Maëlle, mon étudiante de master, se rend compte rapidement qu'il s'agit d'une trompe à tout faire[39]. Les éléphants ont des sens préférentiels d'enroulement, en l'occurrence des saisies vers la droite quand la tâche se complexifie[40], et la variabilité des implications de la trompe dans le quotidien des éléphants est énorme : la trompe sert à boire, à jouer, à établir des contacts, à se déplacer en repoussant des obstacles, à utiliser des outils, à sortir des éléphanteaux piégés dans la boue, à manger, communiquer, sentir… De plus, chaque individu utilise sa trompe différemment des autres. Cette variabilité comportementale entre les individus est-elle liée à une variabilité morphologique de la trompe ? Pour tester cette hypothèse, nous mettons en place avec les collègues et Julie, qui prépare un doctorat sur les éléphants, un protocole visant à leur faire attraper de la nourriture placée sur une boîte en Plexiglas équipée à l'intérieur d'une caméra. De cette manière, on peut filmer la conformation de l'extrémité de la trompe au moment de la saisie et analyser les vidéos avec les techniques de morphométrie. Résultat ? Chaque individu a sa propre morphologie d'extrémité de trompe et adapte la conformation, la forme de l'ouverture, au type de nourriture à saisir (long ou rond, petit ou grand, etc.)[41]. Exactement comme une main ! Quelle découverte !

Mais pour aller plus loin dans nos questionnements évolutifs, et comprendre pourquoi cette trompe s'est allongée et les défenses diversifiées, il faut étudier les éléphants sauvages et dans différents milieux. Nous commençons par la Namibie et l'Afrique du Sud où deux populations d'éléphants vivent dans des milieux différents : l'une, en milieu très sec et très ouvert, et l'autre davantage en forêt galerie. À l'heure où j'écris, les analyses sont toujours en cours. Suspense ! Mais nous allons bientôt pouvoir comprendre comment la trompe a évolué et comment l'environnement a pu jouer un rôle dans cette évolution. Ce que l'on sait déjà, c'est qu'en Namibie les défenses sont davantage cassées, probablement du fait de carences minérales, et que la taille et la forme des défenses ont un lien avec les techniques utilisées par les éléphants pour attraper les nourritures avec leur trompe[42]. Évidemment, nous souhaitons comparer davantage de populations vivant dans des milieux différents, comprendre comment les petits apprennent à utiliser leurs trompes et étudier les autres espèces comme les éléphants de forêt d'Afrique et les éléphants d'Asie. Tout cela est prévu, mais il faut des financements. Je cherche…

En parallèle de cette étude comportementale et fonctionnelle visant à répondre à nos questions évolutives, une autre approche me tient particulièrement à cœur : le transfert de connaissances ou bio-inspiration. C'est un moyen fantastique pour mettre un coup de projecteur sur l'espèce étudiée et donc pour mieux la protéger. Quand vous avez la chance de travailler sur un organe souple, précis, puissant et délicat à la fois et sans articulation à proprement parler (il n'y a pas d'os dans une trompe, on parle d'hydrostat…), alors vous disposez d'un magnifique outil pour intéresser des chercheurs que je connais bien : les biomécaniciens et les roboticiens avec qui nous partons parfois dans des résolutions de questions existentielles[43] ! D'abord par intérêt pour les mécanismes complexes que la trompe arrive à mettre en place, ensuite pour les applications industrielles qui peuvent en découler. Pourquoi ?

L'industrie (automobile, navale…) manque cruellement de robots préhenseurs polyvalents, c'est-à-dire capables d'être précis et puissants à la fois pour déplacer des charges de toutes formes, tailles et poids. De plus, aucun robot ne sait à la fois attraper avec précision par l'extrémité (pince des deux doigts), puissance par le corps (enroulement) et par aspiration. Que de potentiel donc avec notre trompe d'éléphant ! Mais pour intéresser des roboticiens, voire des industriels, il faut des résultats préliminaires. Et je sais très bien que les premières données qui vont les intéresser pour les transférer, ce sont les données biomécaniques…

Il va donc falloir trouver le moyen de quantifier la biomécanique de la trompe pendant la préhension, c'est-à-dire les mouvements précis, les trajectoires, les vitesses et les forces que cette trompe exerce au moment de la saisie. Le tout bien sûr en sachant qu'on ne pourra pas mettre de marqueur sur la trompe. Je sais que c'est possible sans marqueur puisque nous l'avons déjà fait sur des singes avec l'une de mes anciennes doctorantes, Élodie. Mais je me souviens aussi que c'est extrêmement long et j'ai peur que ces anciennes techniques soient désormais un peu datées. Tout va si vite en technologie ! J'en parle à différents collègues, je regarde dans la littérature scientifique et je vois que désormais, grâce à l'intelligence artificielle, il existe des techniques d'analyse de mouvements sans marqueur. Cela ne sera pas simple mais c'est faisable ! J'implique de nouveau mon collègue Raphaël et… « On fonce ! » Cela tombe bien, car je viens d'obtenir un petit financement pour développer le projet éléphant. C'est formidablement excitant !

Avec Raphaël, Céline et Arnaud, qui intègrent le projet, nous préparons deux dispositifs : l'un pour quantifier les mouvements et l'autre pour quantifier les forces de saisie. Pour analyser les mouvements, le dispositif consiste en une grande cage sur laquelle nous fixons plein de petites caméras GoPro. Comme pour les singes, il y a tout un protocole de calibration de la zone où l'animal va saisir et nous savons que l'analyse postfilms sera longue… Mais le jeu en vaut la chandelle ! Aucun robot-trompe actuel n'est basé sur les vraies données biologiques de la trompe. Après beaucoup de travail, le dispositif est prêt. Il n'y a plus qu'à aller à Beauval pour le tester !

Nous sommes excités comme des gamins. Les éléphants vont-ils avoir peur ? Vont-ils oser passer la trompe dans la cage pour attraper la pomme ? Vont-ils attraper les caméras ? faire voler la cage ? Tout est possible… Nous obtenons enfin les autorisations pour aller à Beauval… En arrivant, nous discutons avec le responsable de Beauval Nature, Baptiste Mulot, puis nous allons voir les éléphants. Sur place, Yohan, le responsable animalier des éléphants, nous attend. Je vis mon grand moment avec Marge, comme décrit dans le chapitre précédent. Nous préparons ensuite le matériel. Il faut remonter la cage et installer les caméras, puis nous plaçons le dispositif tout contre l'enclos des éléphants. Enfin, nous calibrons la zone, ce qui permet ensuite d'avoir les bonnes distances et cordonnées dans l'espace.

Le moment tant attendu arrive. Amaury, un autre soigneur, ouvre la porte à Juba, l'une des femelles. Elle arrive au niveau de la zone. Il faut qu'elle passe la trompe par l'ouverture pour ensuite accéder à la pomme placée au milieu de la cage. Clairement, Juba est craintive. Elle a bien détecté un nouvel objet. C'est inhabituel. Grâce à Amaury qui la rassure, elle passe enfin la trompe à l'extérieur et commence à tapoter la cage. Elle l'explore, par en haut, par en bas, sur les côtés ! Nous avons peur pour nos caméras mais non, elle fait juste connaissance avec le dispositif. Au terme de vingt minutes de patience, ce qui est très peu – certains animaux mettent plusieurs jours, voire n'y parviennent jamais –, Juba s'approche de la pomme, petit à petit, la touche, comprend qu'elle ne risque rien et finit par l'attraper. *Eurêka !* Elle le fait même plusieurs fois. La suite ? Accomplir plusieurs fois cette expérimentation en variant la nourriture pour chaque individu et comparer ainsi les six éléphantes. Nous avons tout ce qu'il faut pour faire notre analyse biomécanique *via* l'intelligence artificielle. Cela va juste prendre du temps !

Savoir que ce dispositif fonctionne me permet de démarcher des roboticiens, ceux de Nantes en particulier, passionnés par la bio-inspiration. Je dépose alors une demande pour un gros financement afin de permettre au projet d'aller jusqu'au prototype de robot, en quatre ans. Je réitère la démarche l'année suivante. Échec, malgré des expertises pourtant excellentes. Je ne lâcherai pas, et nous ferons ce que nous pourrons, avec les moyens du bord.

Avec la même équipe dynamique et créative, nous recrutons Pauline Costes, doctorante, sur un de mes financements[44] et créons un autre dispositif permettant de quantifier les forces de saisie du bout de la trompe de l'éléphant[45]. Pour faire simple, l'éléphant doit saisir et serrer fort deux tiges en métal – les capteurs de force – fixées sur une boîte, s'il veut récupérer une pomme. Quand il serre les capteurs, nous enregistrons en direct la force appliquée sur l'ordinateur relié à la boîte pendant qu'une trappe s'ouvre et libère une pomme pour récompenser l'éléphant. Lors des premiers essais, les résultats sont sans appel : la boîte, pas assez solide, a été balancée à cinq mètres de distance ! Mais lors des suivants, avec une boîte très renforcée, cela fonctionne. Les éléphants comprennent très vite. Avec les collègues et surtout Pauline, nous allons récolter les données nécessaires pour comprendre tous les secrets de la trompe des éléphants et de son évolution, d'un reliquat vers une vraie trompe ! Sans compter que, je l'espère, nous allons pouvoir créer un nouveau robot trompe qui constituera une avancée considérable dans l'industrie. En ce moment, nous mettons en place un dispositif permettant de quantifier leurs capacités d'aspiration. Encore une perspective pour le futur robot !

Ma rencontre avec les rats-taupes nus : drôles de petits rongeurs !

Les rats-taupes nus… Si un jour on m'avait dit que j'allais rencontrer un tel animal je ne l'aurais jamais cru ! Quel étonnant petit mammifère qui peut vivre une trentaine d'années quand ses cousins les souris et les rats n'en vivent qu'une ou deux[46]… Quand j'ai appris que la ménagerie du Jardin des Plantes allait en héberger, j'étais tout excitée à l'idée d'aller les voir. Et, le jour J, je n'ai pas été déçue. Me voilà qui retrouve Aude, la vétérinaire et directrice de la ménagerie avec qui j'ai déjà travaillé, notamment sur les ouvertures de boîtes. Elle m'emmène vers l'hébergement ponctuel de ces rongeurs, avant qu'ils ne soient présentés au public.

Nous entrons dans la pièce. Il fait très chaud. Je découvre sur ma gauche des espaces transparents dans lesquels je peux distinguer ces petites bestioles imberbes aux incisives redoutables. Certains montent dans les tubes en Plexiglas, en marche arrière, profitant de leur situation pour évacuer des déchets avec des mouvements rapides des pattes postérieures. D'autres descendent. Ils se marchent un peu dessus mais cela ne semble pas les traumatiser. Certains sont bien regroupés et dorment, d'autres mangent en tenant leur nourriture dans les mains. Et la reine se repose. Oui, vous avez bien lu, il y a une reine !

En fait, les rats-taupes nus sont des rongeurs eusociaux. Comme les termites ou les fourmis, les rôles sont très définis, et, semble-t-il, changent avec l'âge. Certains nettoient, d'autres se reproduisent, certains vont chercher la nourriture, d'autres creusent. Et la reine est la seule à faire des bébés. Une bien lourde tâche… En regardant ces petits rongeurs je me dis qu'il y a quelque chose à faire. D'abord pour mieux les comprendre et ensuite pour favoriser au maximum leurs conditions de vie à la ménagerie. Aude est évidemment partante et deux étudiantes se joignent à nous : Alma et Myriam. Dans un premier temps, nous nous fixons comme objectif de comprendre pourquoi ils rencontrent un tel succès évolutif. Rien de mieux dans ces cas-là que de quantifier leurs performances et, vu la taille de leurs incisives, nous supposons que leurs forces de morsure doivent être assez intenses ! Gare aux doigts… Car ils peuvent creuser dans la terre dure, voire dans le béton ! Dès lors, je me dis que ce serait très intéressant de tester si les plus grands mordeurs sont les creuseurs ou les plus explorateurs, c'est-à-dire ceux qui sont les plus courageux et qui s'aventurent dans les zones inconnues.

Alma se concentrera sur les forces de morsure et la morphologie des individus de la colonie pendant que Myriam testera les comportements exploratoires en quantifiant qui fait quoi lorsqu'on ajoute un nouveau territoire potentiel à la colonie. Qui va y aller ? Sont-ce les plus mordeurs ? Au bout de combien de temps ? Quelques mesures préliminaires confirment qu'ils mordent très fort et que des données morphologiques sont corrélées à certains comportements. Réponses précises dans quelques mois… mais nous savons déjà que les plus forts explorent davantage et que les comportements exploratoires changent selon les classes d'âges. À suivre !

Ce travail est aussi l'occasion de trouver le moyen de montrer au public à quel point ils sont extraordinaires. Cela ne devrait pas être trop difficile si l'on en croit la force de leur mâchoire, leurs comportements hors normes et toutes les qualités physiologiques qu'ils possèdent à eux seuls. Car n'oublions pas que ces petits mammifères possèdent de nombreuses adaptations uniques qui sont susceptibles d'être extrêmement précieuses pour comprendre la sénescence et développer de nouvelles thérapies[47]. Voilà pourquoi cet étrange animal est beaucoup étudié, même s'il semblerait que ses prouesses aient été surestimées[48]. Notre rôle à nous va être de mieux comprendre son comportement en lien avec ses performances et sa morphologie, et d'approfondir son adaptabilité et son succès évolutif, espérons-le. Nous mettrons un point d'honneur, comme pour bien d'autres espèces, à améliorer son quotidien à la ménagerie, notamment en jouant avec les substrats si différents qu'il peut creuser, à la fois pour s'occuper comme en milieu naturel et améliorer ses performances de morsures, vitales notamment pour manger les durs tubercules !

Conclusion
Sauver le potentiel évolutif du vivant

Les intelligences et performances des animaux sauvages pour s'adapter à leur milieu de vie sont des sources de compréhension de leur survie et succès évolutif (ou pas !) et d'inspiration pour nous les humains. Pouvoir quantifier leurs performances, leurs vitesses, leurs forces de préhension, de morsure, est fondamental pour comprendre pourquoi une espèce a survécu et si elle a encore toutes ses chances dans le contexte actuel si hostile pour le vivant. Car nous mettons en péril à une vitesse vertigineuse le potentiel évolutif du vivant ! Nous, petits humains arrivés il y a seulement six millions d'années quand la vie est là depuis quatre milliards d'années, nous sommes en train de porter atteinte à l'évolution biologique. Mais quelle sorte d'espèce sommes-nous ?

Alors oui, l'enjeu est de sauvegarder le potentiel évolutif du vivant. Je vous épargnerai les chiffres que nous recevons régulièrement au Muséum, mais la situation est d'autant plus triste et révoltante qu'il reste encore tellement d'espèces à découvrir et à étudier, chez les vertébrés, les invertébrés, dans l'air, dans l'eau douce, dans les océans… Tellement de comportements encore à analyser, de performances à quantifier, pour mieux comprendre cette évolution, mieux protéger les animaux et cette planète. Oui ! Assurément, tous les espoirs sont permis en termes de découvertes et d'inspiration[49] !

À l'heure où les chiens sont de puissants alliés pour diagnostiquer des cancers ou le Covid et pour extraire des victimes de catastrophes, il est grand temps de respecter les animaux et de tout mettre en œuvre pour les sauver. C'est le minimum que nous puissions faire. Les protéger pour les comprendre et nous en inspirer… C'est cynique ! Mais puisqu'il faut une raison égoïste aux humains pour tenter de les préserver, je m'enfonce dans cette brèche. Je ferai de mon mieux, à ma petite échelle… Il est de notre devoir de préserver la biodiversité et n'oublions jamais que de très nombreuses découvertes humaines, comme les avions, bon nombre de médicaments, sont le fruit d'observations et de compréhension des animaux. Nous avons besoin des animaux, au-delà des merveilles qu'ils représentent. Sans compter les végétaux… La nature parle, écoutons-la !

CHAPITRE 5

Mes rencontres avec des parents protecteurs et des personnalités

Introduction
Oiseaux, primates, poissons, serpents, même combat !

Chez les animaux, certains parents sont prêts à tout pour protéger leur progéniture, que ce soit chez les reptiles[1], les amphibiens[2], les poissons[3], les oiseaux[4], les invertébrés[5] et les mammifères[6]. Il existe d'ailleurs des comportements impressionnants dans la littérature scientifique, comme par exemple ces mamans éléphants qui gardent près d'elles leurs petits mâles jusqu'à 12 ans et leurs petites femelles jusqu'à l'âge adulte, ces mamans crocodiles[7] qui protègent leurs bébés dans leur gueule ou encore ces mamans dauphins qui créent des aspirations d'eau pour maintenir leurs petits près d'elles[8] et qui les sifflent pour qu'ils puissent les retrouver[9]. Sans être témoin de comportements époustouflants, j'ai vécu des moments profondément touchants : comportements de protection des œufs ou des petits, transports des bébés… Sans compter que chaque individu est unique et peut révéler une personnalité différente de ses camarades de la même espèce !

En effet, de nombreux travaux ont montré que le concept de personnalité, qui représente les différences comportementales individuelles constantes dans le temps et selon les situations, trouve toute sa pertinence chez les animaux[10]. Ainsi, chez les humains et de nombreuses autres espèces animales, les individus réagissent différemment aux situations nouvelles et difficiles.

Ces différences sont importantes car elles affectent l'acquisition des ressources, les interactions sociales, la survie et la reproduction. Plus encore puisque les différences individuelles informent sur le potentiel évolutif d'une population !

Enfin, chaque individu étant unique et certains présentant une personnalité, cela nous conduit à nous interroger sur le bien-être animal[11]. En effet, celui-ci est souvent défini comme « un état de complète santé mentale et physique, où l'animal est en harmonie avec son environnement[12] ». Comme il est très difficile de détecter et quantifier finement les émotions chez certaines espèces, il est indispensable d'identifier des indicateurs comportementaux fiables du bien-être[13]. D'abord pour être sûr que les animaux vont bien. Ensuite, pour améliorer encore ce bien-être s'il existe déjà ! L'enjeu est de taille mais accessible. Il nous faut analyser les réponses de l'animal aux procédures expérimentales qu'on lui propose, sachant qu'elles peuvent dépendre aussi bien du type de perturbations environnementales que des traits individuels comme la personnalité de l'animal. Un changement de température ou l'introduction d'un nouvel objet dans l'espace de l'animal affectera peut-être davantage les individus dont la personnalité est dite timide que ceux définis comme explorateurs.

Il est donc nécessaire d'évaluer les réponses des individus aux changements environnementaux proposés afin de conclure sur leur impact potentiel sur le bien-être animal. Voilà un chapitre qui va vous initier à certains comportements parentaux et vous montrer que chaque individu est unique et mérite d'être protégé. Un chapitre où j'évoque aussi le bien-être animal, sujet ô combien complexe qui doit s'appliquer à toutes les espèces, y compris les serpents captifs ! Laissez-vous de nouveau porter par ces rencontres merveilleuses que j'ai eu la chance de vivre, tendrement et passionnément.

Ma rencontre avec une maman merle : Charlotte ne passera pas !

Été 1998. Me voilà de nouveau chez mes grands-parents, à la campagne, en vacances. Nous sommes champions du monde de football… Et 1, et 2, et 3-0 ! Je suis encore étudiante mais comme toujours, j'observe ! En l'occurrence, j'observe Charlotte, notre petite chatte que j'ai sauvée encore chaton à Thoiry. En effet, elle revient de loin. Elle faisait partie d'une portée née dans les jardins de Thoiry et condamnée à être sacrifiée. Je m'étais alors donné pour mission de placer chaque chaton dans une famille près du zoo, où je travaillais à l'époque. Après des semaines de porte à porte, seul restait ce petit amour mal en point de deux mois qui passait ses journées dans ma poche. Après l'avoir fait soigner, ne lui trouvant pas de famille, je décide de l'emmener en vacances chez ma grand-mère. Je pars donc pour Saint-Christophe-sur-le-Nais, avec mon père, dans sa voiture. Le chaton est caché dans ma poche. Il fallait s'y attendre, un premier « miaou » retentit. Mon père réagit un peu, mais comme il ne peut pas imaginer la présence de cette petite boule de poils, il ne comprend pas immédiatement. Je passe la main dans ma poche pour tenter d'endormir la coquine mais ce qui devait arriver arriva : un deuxième « miaou » survient. Et, bien sûr, c'est le « miaou » de trop : mon père me demande ce que j'ai encore ramené ! Je lui montre la merveille et, évidemment, il craque. Quand nous arrivons chez ma grand-mère, tout le monde tombe en amour pour elle, mon petit frère le premier. Il a 11 ans à l'époque. Je lui explique que nous la gardons de manière temporaire. Mais la séparation est impossible, mon frère est fou d'elle.

Il la nomme Charlotte et reste collé à elle. Le dernier chaton a trouvé sa famille d'accueil : la mienne…

Comme chaque jour de sa vie chez ma grand-mère, Charlotte se promène. Elle fait des va-et-vient entre la cour et le jardin, essaie en vain d'attraper des musaraignes, fait sa sieste au pied des pommiers… Bref, une vie difficile de chat ! Je crois que le seul animal qu'elle a réussi à nous ramener était un bébé taupe… Si les chats sont responsables de la chute de trente pour cent des effectifs d'oiseaux en France, ce n'est pas à cause de Charlotte !

Cette après-midi-là, Madame se décide à rentrer du jardin plus tôt que prévu, sans doute pour casser la croûte. Tout à coup, ma mère, mon frère et moi entendons des piaillements aigus dans l'allée. Nous sortons de la cour pour aller voir ce qu'il se passe, et là, nous voyons Charlotte figée au milieu de l'allée, n'osant plus avancer d'un pas, tapie au sol, le poil dressé, les oreilles à plat. Elle est pétrifiée. Nous levons les yeux vers l'origine des braillements, et nous découvrons une maman merle qui lui hurle dessus. Nous ne comprenons pas immédiatement et nous nous mettons à explorer du regard les alentours… Et découvrons le fin mot de l'histoire : tout près de cette maman, à l'entrée de la cour, se trouve un nid avec des oisillons…

La maman merle ne veut pas que Charlotte s'en approche et tente de l'empêcher d'accéder à notre cour. J'appelle Charlotte pour qu'elle vienne me rejoindre. Elle fait un pas en avant, mais la merlette fonce en piqué sur elle ! Il est clair qu'elle veut éloigner notre prédateur de ses petits qu'elle protège. C'est tout à son honneur ! Charlotte remonte dans l'allée vers le jardin et fait plusieurs tentatives, mais rien n'y fait. La maman merle continue de faire ses piqués de protection et de crier. C'est tout juste si j'ose aller la chercher de peur de me faire attaquer. Du pur Hitchcock ! Finalement je parviens jusqu'à elle,

la prends dans mes bras, la rassure et la ramène dans la cour. Pendant des jours, Charlotte n'en sortira pas. Elle fixe la merlette du rebord de notre fenêtre, essaie de temps à autre d'accéder à l'allée pour se rendre dans le jardin, mais la maman s'interpose entre Charlotte et ses bébés et fait des piqués sur elle jusque dans la cour pour l'empêcher d'en sortir ! Charlotte attend patiemment que la maman s'en aille pour aller dans le jardin mais, à chaque retour, c'est le même cirque !

Finalement, la petite chatte apeurée attendra de pouvoir sortir de la cour plus de quinze jours après le premier incident. Assurément, la maman merle a joué son rôle protecteur de manière exemplaire, éloignant notre prédateur pendant la phase la plus cruciale de croissance de ses petits, très fragiles au début. Ce n'est pas une vie d'chat !

Ma rencontre avec les bébés mésanges bleues : merci Lily !

Lors de mes dernières vacances d'été chez mes parents, en 2022, j'ai découvert le pot aux roses si j'ose dire, dans l'immense pot de fleurs trônant devant l'entrée principale de leur maison. Qu'est-ce encore que cette histoire ? Presque à chaque sortie puis retour de la maison, nous entendions des oisillons piailler. Nous y prêtions peu d'attention au début. Un jour, les piaillements se font plus pressants et attirent ma curiosité. J'arrive à cibler à peu près la zone mais je ne trouve pas les oisillons. Mystère. Désireuse de voir les bébés, je me dis que je finirai bien par le résoudre. Mais ce n'est pas moi qui vais trouver ce trésor-là…

Un matin, je sors promener Lily, notre petite chienne bichon. Après un tour rapide, je la vois qui se dirige directement vers le grand pot de fleurs rose qui se trouve juste devant la porte d'entrée de la maison de mes parents. Il s'agit d'une sorte de jarre, recouverte d'un dessous de pot sur lequel repose un autre pot de fleurs, plus petit. Il semble donc à première vue que le dessous de pot posé sur la jarre la recouvre totalement, comme un couvercle. Pourtant, Lily renifle le pot. Intriguée, je m'approche. Le couvercle, ou plutôt le dessous du pot supérieur, ne recouvre pas totalement la jarre et laisse voir une petite ouverture… Mais alors qu'y a-t-il là-dedans pour que Lily aille renifler ? Et si c'étaient des oisillons ? J'ai un doute car je n'entends rien. Je décide de pousser tout doucement et légèrement le fameux dessous de pot pour avoir la place suffisante de passer mon téléphone et prendre une photo. Clic !

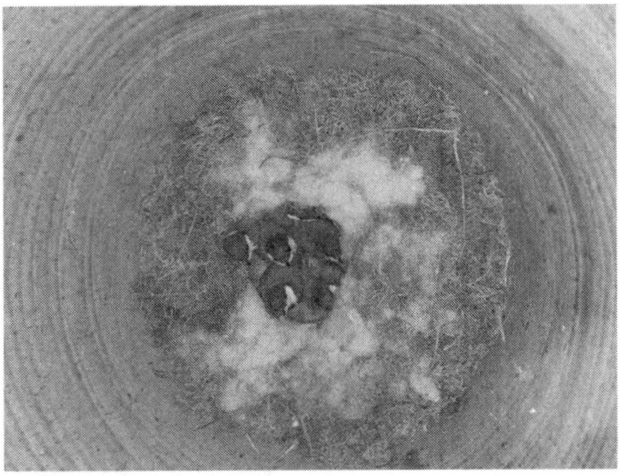

Crédit : E. Pouydebat.

Je repositionne délicatement et le plus silencieusement possible le « couvercle » et regarde ma photo. Et là, stupéfaction ! Je vois un nid confectionné de mousse, brindilles et coton au milieu duquel sont collés les uns contre les autres six merveilleux oisillons ! Six bébés mésanges plus mignons les uns que les autres… J'appelle mon fils et mes parents, leur criant que j'ai trouvé où étaient les oisillons. Enfin… Lily a trouvé. Merci Lily !

Les jours qui suivent, j'observe beaucoup la zone et les va-et-vient incessants de la maman mésange bleue entre le nid et le petit bois où elle va chercher la nourriture pour ses petits. Cette maman protectrice a déniché un endroit cocasse pour fabriquer le nid et surtout un emplacement solide, en dur, pour protéger sa progéniture. Un choix pas simple, car il fallait trouver l'ouverture du pot, mais judicieux. Cinq jours après, je n'entends plus rien. Inquiète, je jette de nouveau un œil. Les bébés ne sont plus là… J'aurais tellement aimé assister à leur départ. Soit la maman les a changés de nid, soit les petits se sont envolés pour vivre leur vie… Quelle que soit la fin de l'histoire, cette maman a fait ce qu'il fallait et j'ai eu l'honneur de connaître, un peu, ses charmants oisillons.

Une dernière surprise m'attend après le départ des oisillons : le nid en lui-même ! La maman a utilisé les éléments décoratifs de l'immense maquette de train de mon père pour le confectionner : petits arbres, mousse, coton… Elle les a volés dans le garage, à quelques mètres de la jarre… Opportuniste, la maman ! La nourriture à proximité, les matériaux pour un bon couchage et un nid sécurisé… Que demander de plus ? C'est ce que j'appelle optimiser son environnement, pour protéger ses bébés !

Mes rencontres avec les mamans lémuriens et babouins : les porteuses de bébés

Les microcèbes, plus petits primates au monde avec les ouistitis pygmées, sont craquants ! Au laboratoire, j'ai pu les observer dans de multiples contextes ces quinze dernières années et quelque chose m'intrigue depuis bien longtemps. Au moment des naissances, les mamans portent les bébés dans la bouche pour les transporter. Or je sais très bien, *via* mes multiples observations de primates, que de nombreux bébés s'accrochent à leur maman, sur la nuque, le dos, le ventre ou même le bras (gorilles). Cela fait vingt ans que je cherche à comprendre comment le milieu (terrestre *vs* arboricole) et la nourriture (fruit *vs* proies, par exemple) influencent les capacités de préhension et de manipulation, mais jamais je n'ai analysé les paramètres sociaux. Pourtant, il est flagrant que le portage des bébés varie chez les primates. Je me demande si cela influence les capacités de préhension du bébé et du futur enfant puis de l'adulte qu'il va devenir.

Ce n'est effectivement pas pareil d'avoir les mains « passives » en étant transporté dans la bouche de maman, et de les avoir « actives » en devant s'accrocher fermement à elle dès la naissance. L'une de mes étudiantes de master (Louise) se focalise sur le sujet en travaillant sur vingt et une espèces de lémuriens hébergées au Duke Lemur Center, en Caroline du Nord, aux États-Unis. Le résultat tombe six mois après : les bébés portés par la bouche développent moins de capacités de préhension en grandissant que ceux qui s'accrochent à la fourrure, aux poils[14] ! Voilà une superbe découverte, mais je ne me doutais pas de ce qui se profilait. Quelques années plus tard, Grégoire est en thèse sous ma supervision et celle de mon collègue de Marseille, Adrien Meguerditchian. Après avoir montré l'importance du portage du bébé chez les lémuriens, je souhaite comprendre ce qui se passe chez d'autres primates : les singes. Comment les bébés utilisent-ils leurs mains et comment les mamans singes portent-elles leurs bébés ? Grégoire, spécialisé en primatologie, veut comprendre aussi. C'est décidé, il part observer les babouins à la station de primatologie de Rousset, en Provence, où Adrien travaille.

Il observe des mois durant plusieurs groupes de babouins à une période où des femelles accouchent. Outre le fait qu'il profite d'observer les petits et de démontrer que la manière dont les mamans portent leur bébé influe sur leur main préférentielle[15], Grégoire remarque un phénomène auquel je n'avais jusque-là pas du tout prêté attention : la plupart des femelles semblent porter leur bébé à gauche et peu d'entre elles le portent à droite. Nous en discutons et notre intuition nous dit que ce n'est sans doute pas un hasard. Grégoire part fouiller dans la littérature scientifique pour vérifier si ce phénomène a déjà été observé.

Le résultat dépasse notre imagination. Figurez-vous que, chez les humains, la plupart des mères portent le bébé à gauche dans 70 % des cas. Et, bien sûr, y compris quand elles sont droitières. Tout cela n'a en effet rien à voir avec le fait d'être droitier ou gaucher, mais plutôt avec le cerveau et les émotions. Quand la maman porte son bébé du côté gauche, c'est son œil gauche qui le regarde. Or cet œil gauche est directement lié à l'hémisphère droit du cerveau, chargé de décoder bon nombre d'émotions chez les primates. Or, quand l'état psychologique de la mère est altéré, ce lien entre le regard et les émotions est perturbé. Ainsi, les mères stressées ou dépressives après l'accouchement portent plus souvent que les autres leur bébé à droite !

Avec Grégoire, nous n'en revenons pas. Il va falloir vérifier si l'explication est la même chez les femelles babouins, et donc quantifier comment les mamans portent leur bébé selon leur état. Mais comment faire pour le connaître ? Un indice : les groupes observés par Grégoire ne vivent pas dans les mêmes conditions. En effet, certaines femelles vivent dans un environnement plus stressant que les autres, en particulier dans des espaces plus petits à forte densité en grands mâles dominants. Grégoire se lance donc dans l'étude de trois groupes vivant dans ces contextes différents et, après des mois d'observations, revient avec la réponse. Tenez-vous bien ! Les femelles du groupe aux conditions plus stressantes portent moins leur bébé à gauche que celles des groupes paisibles. Comme chez les humains[16] !

Ainsi, quand tout va bien pour la maman, elle veille sur les émotions de son bébé en le surveillant plutôt avec l'œil gauche. Mais quand elle est stressée ou dépressive, l'analyse de ces émotions est altérée : le bébé se retrouve plus souvent du côté droit. Ce qui me plaît éperdument dans cet exemple, c'est que parfois, dans la recherche scientifique, on découvre quelque chose auquel on ne pensait pas. Les plus belles hypothèses viennent souvent de l'observation. On observe, on propose des théories, on cherche si elles tiennent la route, puis on voit si on peut les tester et les vérifier. Et parfois on découvre des choses inattendues. Cela peut prendre des années… ou simplement quelques mois ! Reste à comprendre l'origine de ce comportement. Est-ce une spécificité des primates ?

Ma rencontre avec les singes titis : cette maman qui n'en était pas une…

Étudiante, je passe beaucoup de temps à la Vallée des Singes. Depuis, j'envoie d'ailleurs beaucoup de mes étudiants y travailler, tant le site est exceptionnel. De mon temps, si j'ose dire, lorsque j'observe les singes capucins inventer toutes sortes de solutions pour trouver de la nourriture, je les vois passer du temps parfois à voler celle de leurs voisins : les adorables singes sakis et également les petits singes titis roux. Un singe titi, en particulier, m'intrigue. Il semble avoir une bosse sur la nuque et cela m'inquiète. Je me dis que je vais tenter de l'approcher pour mieux l'observer et signaler le problème s'il se confirme. Après quelques rapides minutes de patience, me voilà tout près. Il n'a pas peur de moi. À moins d'un mètre de distance, je découvre que ladite bosse n'est autre qu'un bébé ! Cette maman porte ainsi ses deux minuscules bébés sur la nuque tout en s'efforçant d'impressionner les singes capucins pour qu'ils renoncent à leurs infractions. Alerté par ses cris, voilà un autre titi qui débarque, probablement pour apporter son renfort à la femelle.

Heureuse de partager ces scènes attachantes, je cours raconter mes observations à Cathy, la soigneuse des platyrhiniens (singes d'Amérique du Sud, dont font partie les capucins et les titis). Elle me raconte la vie de couple monogame des singes titis roux. J'ai tout faux ! Cette maman n'en est pas une. Il s'agit du papa ! Chez ces petits singes, comme chez leurs cousins ouistitis d'ailleurs, ce sont les papas qui portent les bébés puis les entourent de leur queue pour les rassurer et les protéger en grandissant. Les papas ne les laissent à la maman que pour l'allaitement et transportent les bébés jusqu'à leur maturité, qui survient vers l'âge de 1 an. Ils les transportent sur leur nuque… C'était donc la maman qui était venue apporter son renfort au papa. Quel joli couple ! Je me souviens d'avoir pensé que le bébé devait être bien accroché à la fourrure du papa pour ne pas tomber malgré les mouvements parfois brusques qu'il effectuait de temps en temps. Cette observation allait plus tard être le départ d'un projet portant sur le développement des capacités de préhension des bébés, en lien avec leur morphologie.

Ma rencontre avec Mandi l'orang-outan : un bébé dans une main de maman !

Je suis en thèse de doctorat. Nous sommes donc il y a environ vingt-deux ans… Mes premières observations sont menées au zoo de Vincennes, sur les babouins et les macaques. Ensuite, je pars m'installer à côté du zoo de Beauval, qui m'a donné son accord pour observer et étudier leurs grands singes : gorilles, orangs-outans et chimpanzés. Je crois pouvoir dire que, avec le zoo de Thoiry de mes tout débuts, ce sont vraiment mes plus belles années d'observations. Et les orangs-outans vont largement y contribuer, de plusieurs manières. Voyons-en une immédiatement !

Après avoir étudié les gorilles et montré leurs capacités à saisir avec précision et utiliser des outils, je rejoins les orangs-outans. La tâche est importante car, de tous les grands singes, ce sont eux qui ont le pouce le plus court et qui sont les plus arboricoles. En montrant qu'ils sont très précis et qu'ils peuvent attraper de toutes petites graines entre l'extrémité du pouce et de l'index, je fais coup double : pouce long et vie terrestre sont tout sauf indispensables à la dextérité ! Je démarre donc mes observations liées aux capacités de manipulation et, comme tout vient à point pour qui sait attendre, ma démonstration est faite rapidement.

Tous les jours, je commence très tôt et, outre mon enquête scientifique qui me passionne, un autre événement me tient en haleine : Manis, une des femelles adultes du groupe, est enceinte et sur le point d'accoucher. C'est une question de jour… Tous les matins, en arrivant bien avant les visiteurs, je songe que l'accouchement est peut-être survenu dans la nuit, que c'est peut-être le jour J ! Les jours passent… Dans moins d'une semaine, j'aurais fini avec les orangs-outans et ce sera le tour des chimpanzés. J'espère qu'entre-temps j'aurais pu contempler le tout nouveau-né. J'y crois en tout cas. Tous les matins, j'y crois ! Et ce matin-là va se révéler encore plus extraordinaire que ce que j'avais imaginé.

J'entre dans le parc à 8 heures du matin, heureuse de saluer toutes les bestioles qui jalonnent mon parcours jusqu'aux grands singes. Je pénètre dans l'espace intérieur des orangs-outans et, comme à mon habitude, pose mes affaires sur le banc, face à la volière du milieu. Je fais ensuite, comme à mon habitude, mon petit tour des espaces de ces sublimes grands singes roux, repérant Christina, dont nous reparlerons bientôt, et Janah, en hauteur. Je vois que Manis est déjà dehors, mais dos à la baie vitrée qui, donne sur l'extérieur. Je m'assieds et la regarde, collée à la vitre qui nous sépare. Elle est belle, Manis ! Je me dis : « Allez, je la regarde encore quelques minutes et je pars installer mes caméras sur Christina et Janah. » Les fameuses quelques minutes qu'il ne fallait pas rater ! Car, en une fraction de seconde, Manis décide de se tourner de seulement quarante-cinq degrés vers moi. Est-ce volontaire ? J'aime à le croire. Volontaire ou pas, je découvre alors sa main gauche et dans celle-ci… son bébé ! Son minuscule bébé qu'elle enveloppe de sa longue main en fléchissant les doigts pour mieux l'entourer.

La petite Mandi vient donc de naître et elle est parfaitement protégée, tenant tout juste dans la main aux doigts repliés de sa maman qu'elle regarde fixement. Je crois n'avoir jamais vu une telle attention réciproque entre une maman et son bébé. C'est magnifique ! Leurs regards fixés l'un sur l'autre sont incroyablement émouvants ; ils se découvrent et s'observent mutuellement de manière tout à fait impressionnante. Cette image reste comme un instantané dans ma tête, avec ce sentiment que la petite Mandi ne peut pas être mieux protégée. Je reste plus longtemps que prévu contre la vitre et une douceur délicieuse m'envahit, pour un bien long moment.

Crédit : Beauval/Pouydebat.

Ma rencontre avec Ybana la gorille : qu'il est beau ton bébé !

Juillet 2012. La Palmyre. En vacances, je projette d'aller rendre visite aux grands singes et passer le bonjour à mon ami Ronald, le soigneur des grands singes, et à Lily, femelle chimpanzé, qui m'a manqué. J'entre dans le parc, je passe devant les éléphants et me retrouve au niveau des chimpanzés. Je m'approche de l'enclos où se trouve Lily et lui donne des nouvelles. Mon ami Ronald, fidèle au poste, s'amuse de me voir discuter avec sa femelle chimpanzé. Une fois les retrouvailles terminées, Ronald me propose d'aller voir les gorilles. Apparemment, il a une surprise pour moi. Arrivée dans la zone des gorilles, je m'approche des grilles, mais je peine à distinguer Ybana. Elle se trouve à l'autre bout de l'enclos et semble protéger quelque chose dans ses bras. Mon Dieu, me dis-je, ne serait-ce pas un bébé ? Ronald l'appelle. Ybana nous jette furtivement un œil, se lève, son petit bien caché dans les bras, et s'approche.

Arrivée à un mètre à peine, elle s'assoit tout contre la grille, de dos. Terriblement intriguée, je me demande ce qu'elle fait. Serait-elle en train de bouder ? Mais quelques longues secondes plus tard, Ybana se retourne, entrouvre doucement ses bras, et me présente son bébé. Ronald me glisse que la petite nouvelle s'appelle Miley. Mon cœur s'emballe, mes yeux s'humidifient. Quelle douceur, pour un animal si puissant ! Je reste plantée là, devant cette grande femelle et son si petit bébé. Je me sens fière de partager avec elle ce moment magnifique et m'adresse à elle : « Comme il est beau ton bébé, mon Ybana, comme il est beau ! » Je la remercie pour cette confiance accordée en s'approchant si près de moi. Miley me regarde de ses yeux grands ouverts. Je lui dis que sa maman est formidable et que je mesure la chance et l'honneur qu'elle me fait.

Je sais qu'en temps normal une maman ne laisserait pas une étrangère s'approcher de sa progéniture. Peut-être qu'au fils des mois et des années Ybana a cessé de me considérer comme comme telle ? Autant j'ai un doute sur le mouvement de Manis et son bébé orang-outan, autant là, j'en suis convaincue : Ybana est venue me le présenter volontairement ! Jamais je n'oublierai ce si joli cadeau…

Ma rencontre avec un poisson baliste : respect monsieur !

Une fois n'est pas coutume, je suis en vacances et j'observe… des animaux ! Mais cette fois-ci, les animaux sont un peu exotiques puisque je me trouve à l'île Maurice. Sublime île Maurice et adorables Mauriciens ! À chaque tombée de la nuit, je me délecte d'observer les nombreuses et magnifiques chauves-souris (*Pteropus* sp.) commençant leurs repas fruités dans les arbres au-dessus de ma tête et les tangues ou hérissons malgaches (*Tenrec ecaudatus*) qui se promènent au sol à la queue leu leu juste devant mes yeux éblouis ! Ces petits mammifères insectivores ressemblant à des hérissons font des va-et-vient à moins de deux mètres de moi et je suis aux anges. Que je lève les yeux ou les baisse, je me régale ! Sans compter les nombreux oiseaux tous plus beaux les uns que les autres que je peux admirer dès le lever du soleil. Me voilà comblée, sur terre, comme dans l'eau ! Car, dans l'eau, il va m'arriver bien des aventures, dont une petite qui me fait encore sourire, des années plus tard…

Me voici donc sur la plage, avec mes outils indispensables de vacancière : mon masque et mon tuba. J'ai trouvé un emplacement idéal. Je nage droit devant pendant une dizaine de mètres puis je n'ai plus qu'à me laisser porter par les courants marins qui m'entraînent à la pointe du lagon. Une fois arrivée, je sors de l'eau, je remonte la plage à pied puis je recommence, me laissant guider par l'océan. Bref, des vacances difficiles ! Ces allées et venues me permettent de contempler, sans le moindre effort, toutes sortes d'espèces sous-marines plus belles les unes que les autres. Imaginez que plus de mille deux cents espèces de poissons et cent soixante espèces de coraux évoluent dans les tombants des récifs et les lagons. Et beaucoup sont au rendez-vous malgré les faibles distance et profondeur auxquelles je me trouve : sergent-major (surnommé le poisson Adidas !), poisson-perroquet, poisson-clown, poisson-papillon, poissons-demoiselles, chirurgiens, labres, poissons-ballons, poissons-anges, gobies et… un sublime baliste Picasso*. Mais pas n'importe quel baliste Picasso. *Mon* baliste Picasso !

À chaque passage, soit environ une bonne trentaine par jour, pendant cinq jours, soit cent cinquante passages, au même endroit, ce sublime poisson, d'environ vingt centimètres pour celui-là, va me charger ! Moi qui suis plutôt habituée à me faire attaquer par des autruches, des éléphants ou des primates en tous genres, ce petit poisson combatif me fait sourire. Certes, je suis dans l'eau et armée d'un tuba, mais tout de même ! À chacun de mes passages, il fait des allers-retours très rapides vers moi. En langage d'éthologue : il me charge ! Épine dorsale redressée, le voilà qui cherche même à me mordre, pour que je m'éloigne. Visiblement, je ne passe pas où il voudrait. Et, évidemment, son comportement me donne furieusement envie de comprendre et donc de revenir pour le voir de plus près. Tout en esquissant un minidétour pour moins le gêner, j'essaie de trouver ce qu'il protège. Car il est manifeste qu'il protège quelque chose. Est-ce juste son territoire ? Mais, malgré mon effort, il ne renonce pas et ne me lâche pas jusqu'à mon tout dernier passage où je lui ai dit au revoir !

De retour au pays et faisant ma petite recherche, j'apprends que le baliste Picasso peut s'avérer très agressif pour protéger son territoire, surtout quand il y a… ses petits ! Au point qu'il peut effectivement mordre au sang les petites curieuses comme

---

* De son vrai nom *Rhinecanthus aculeatus*, mais nommé baliste Picasso, car on le dit peint par Picasso !

moi ! Sa mâchoire, dotée de grosses dents orientées vers l'avant, peut éclater les coquillages, les crabes, le squelette des étoiles de mer ou même les piquants des oursins. Je l'ai donc échappé belle tout en gardant un souvenir ému et plein d'admiration pour ce petit poisson téméraire osant s'attaquer à une grande andouille inculte comme moi. Un seul regret tout de même : j'ai raté ses bébés !

Ma rencontre avec les microcèbes : quelle personnalité !

Depuis que j'ai rejoint le laboratoire Mecadev en 2011, je vais régulièrement rendre visite à nos microcèbes, sur le site de Brunoy. Il faut dire qu'ils sont plus de quatre cents et qu'ils sont tous plus adorables les uns que les autres. Facile, dans un tel contexte, de monter des projets de recherche ! Je profite régulièrement des soigneurs animaliers, comme Sandrine ou Aude, qui les connaissent par cœur pour apprendre à mieux les identifier et les approcher plus facilement. Je ne compte plus le nombre de fois où je me suis fait mordre en les attrapant au cours de mon travail avec eux. Il faut dire que je n'aime pas mettre des gants car mes sensations tactiles sont alors moins fines et j'ai peur de leur faire mal en serrant trop fort. Ils peuvent donc me croquer les doigts et, comme je les embête, ils ont bien raison ! Jamais je ne pourrai leur en vouloir.

Ce qui m'a le plus frappé à chaque rencontre – et il y en a eu tellement ! –, c'est leur comportement très différent selon les individus. Certains luttent de toutes leurs forces pour ne pas se faire attraper, d'autres bataillent un peu, et les plus calmes se laissent faire, allant même se réfugier sous mon tee-shirt, bien au chaud contre moi, acceptant avec plaisir, il me semble, les petits câlins. Dès lors, je me dis que je tiens là une formidable occasion de démontrer à tous ceux qui en doutent encore (si, si, ça existe !), que les animaux ont une personnalité, y compris les lémuriens, ces primates très éloignés de l'espèce humaine. Et je vais partager cette jolie aventure avec une autre doctorante, Pauline Thomas, qui s'intéresse de très près à la personnalité des microcèbes en lien avec leur morphologie et leurs performances.

Pour résumer, voici les questions que nous nous posons : chaque microcèbe a-t-il sa propre personnalité ? Est-ce que les plus costauds sont les plus explorateurs, les plus courageux ? Formulé autrement : est-ce que les moins puissants physiquement sont les plus timides, les plus stressés ? Et les plus forts sont-ils aussi les plus courageux ? Après trois ans de travail acharné, colossal et exemplaire à mesurer les comportements exploratoires (leur capacité à explorer des lieux inconnus ou au contraire à rester prostrés), toutes les parties du corps (morphométrie complète) et les forces exercées pour attraper (mains et pieds) et mordre (mâchoire) de plus de quatre cents microcèbes, la réponse est sans ambiguïté : toutes les personnalités existent !

Pour simplifier, souvent, les plus courageux et les plus grands sont les plus forts, mais ce n'est pas systématique[17]. Chaque individu est unique et il va falloir continuer à chercher à comprendre pourquoi. Question de génétique[18] ? d'environnement familial ? d'histoires vécues depuis la naissance ? Fascinant sujet qui va encore nous occuper longtemps, assurément. Car rapidement, avec Pauline, nous montrons également que la personnalité et la performance sont affectées par l'âge et les débuts dans la vie[19]. Par exemple, le poids à la naissance est directement lié aux comportements exploratoires et aux forces de morsure à l'âge adulte. Sans compter qu'une autre étude nous permet de mettre en évidence que les réactions comportementales des mâles face à un miroir diffèrent de celles des femelles et qu'il nous reste à comprendre pourquoi[20] ! Autrement dit, le tout début de la vie influence la personnalité et les performances à l'âge adulte. Une découverte fascinante, qui fait presque peur !

Ma rencontre avec les boas du désert : et leur bien-être alors !

Les microcèbes ont une personnalité. Comme d'autres primates, d'ailleurs. Mais je me demande si des espèces, souvent sous-estimées pour leur intelligence, leurs émotions et ô combien mal aimées, en seraient pourvues. Au-delà de cette question motivante car rien ne me fait plus plaisir que de lutter contre les idées reçues, explorer le sujet de la personnalité me plaît beaucoup ; mieux la comprendre devrait nous aider à améliorer le bien-être des animaux captifs. En effet, pour optimiser leurs enclos, leurs terrariums, aquariums ou volières, encore nous faut-il savoir à qui nous avons affaire. Un individu préférera peut-être disposer de cachettes quand un autre sera dans de bonnes conditions avec du sable ou des branchages, etc. Vous l'avez compris, explorer les personnalités animales peut nous aider à améliorer leur quotidien. Et toutes les espèces doivent être concernées. Éthique pour tous…

Ce projet tombe à point nommé, car, au sein de mon laboratoire, je suis depuis quelque temps responsable du bien-être animal sur le site de Paris, où nous hébergeons diverses espèces comme des grenouilles, des lézards et des serpents. Cette responsabilité va de pair avec deux autres que je viens d'accepter : membre de la Commission nationale consultative pour la faune sauvage captive (CNCFSC), au ministère de la Transition écologique et de la Cohésion des territoires, et membre du Comité consultatif d'éthique du Muséum national d'histoire naturelle. Il me devient indispensable de m'impliquer dans le bien-être animal. Et la tâche n'est pas simple. Tout le monde n'est pas motivé – le mot est faible – et, si le bien-être de certaines espèces est relativement (et je dis bien relativement…) facile à évaluer, détecter et donc améliorer le bien-être de bon nombre d'autres, parmi lesquels les grenouilles, les lézards et les serpents, reste un mystère. Je décide donc de commencer par le commencement : leurs besoins fondamentaux sont-ils assurés ? Je me fie à mon collègue Anthony Herrel, éminent spécialiste de ces animaux et je fais venir Olivier Marquis, spécialiste des reptiles et des amphibiens du zoo de Vincennes. Il me donne des conseils pour améliorer leur confort, les températures, etc. En discutant avec lui, je comprends qu'il y a beaucoup à faire et à tester. On ne sait pas grand-chose, scientifiquement parlant, et on se base essentiellement sur des savoirs de terrariophilie issus de l'expérience des amateurs et des professionnels qui maintiennent et reproduisent les serpents en terrariums et en vivariums.

Ensemble, il faut aller plus loin. Est-ce que ces animaux souffrent ? Est-ce qu'ils s'ennuient ? Est-ce qu'ils se sentent bien ? Seraient-ils mieux physiquement et mentalement dans d'autres conditions d'hébergement ? avec des cachettes ? de quel type ? N'en ayant aucune idée, je me plonge dans la littérature scientifique pour voir comment ces questions sont abordées chez ces animaux. Et là, stupeur ! Je ne trouve quasiment rien. Comme si tout le monde se fichait pas mal du bien-être des reptiles et des amphibiens. Ou comme si, finalement, certains les considérant comme bien moins intelligents et dépourvus d'émotions que les mammifères et les oiseaux, on ne s'était jamais posé la question de leur bien-être, tout simplement. Ainsi reptiles et amphibiens ne pourraient pas ressentir d'émotions, de douleurs, de mal-être… Il faut changer cette vision ! C'est décidé, je vais améliorer le bien-être des plus mal aimés d'entre eux, et dont je rêve d'ailleurs, avec ma collègue Marion Segall, d'étudier l'intelligence… J'ai nommé : les serpents ! Mais une fois qu'on a décidé cela on n'a encore rien fait. J'ai clairement besoin d'aide. Et je vais en trouver.

Tout d'abord, j'entraîne avec moi dans ce projet Marion, ma collègue spécialiste et passionnée des serpents, indispensable à sa réussite. Ensuite, je m'entoure de deux étudiantes formidables : Marion (encore une ! Nommons-là ici « petite Marion ») et Alma. Elles sont très motivées et cela tombe bien, car il va falloir redoubler d'idées et de travail. Nous allons dans l'animalerie observer nos petits boas du désert (*Eryx colubrinus*). Ils sont enfouis dans le sable. Jusque-là, tout est normal ! Mais comment savoir s'ils vont bien ? Avant même de nous lancer dans des analyses physiologiques poussées, il me semble que des tests comportementaux simples peuvent déjà nous éclairer dans la mesure où nous partons de pas grand-chose comme petite Marion le confirme, ne trouvant aucune étude scientifique à ce sujet dans la littérature. Marion suggère de commencer par l'un des éléments les plus importants pour ces petits serpents : la température. En effet, nous utilisons une température constante pour eux, mais rien ne nous dit qu'elle est optimale pour leur confort. Il va falloir la tester.

Dans ce but, nous imaginons un protocole dans lequel nous allons séparer, à l'aide de briques, le terrarium en deux parties : une partie remplie de sable à 23 ou 24 °C, la température ambiante que nous leur proposons habituellement, et l'autre partie avec du sable chauffé à 28 °C grâce à un tapis chauffant. Le but ? Mettre un serpent dans le terrarium, sur les briques du milieu, et quantifier l'emplacement qu'il choisit pour s'enfouir. Tout simple ! Nous testons dix individus différents à dix reprises chacun. Résultat ? Après des semaines d'observations menées par Marion et Alma, les analyses sont faites et les résultats sont clairs : nos petits boas ne semblent pas avoir de préférence. Intéressant…

Augmenter la température ne leur offre visiblement pas plus d'intérêt ou de confort. Il faut donc chercher ailleurs pour tenter de percevoir des différences individuelles et ensuite améliorer leur bien-être. Évidemment, il reste beaucoup à faire, notamment tester leur préférence pour certains types de cachettes, de lumière, de taille de terrarium… Et il nous faudra corréler ces préférences avec d'autres indicateurs du bien-être comme l'appétit, les comportements exploratoires, la résolution de problèmes, etc. Et comme pour la cognition, il faut absolument étudier les mal aimés ou supposés simplistes, voire idiots, comme c'est souvent le cas, malheureusement et à tort, pour les reptiles… Aucune espèce ne doit avoir de privilège : le droit au bien-être, c'est pour tous ! Sans oublier les invertébrés, pour qui il y a encore presque tout à faire…

Conclusion
Ouvrir le champ des possibles

S'il y a bien quelque chose que je défends depuis longtemps et qui me tient à cœur, c'est la diversité et l'universalité. Il est indispensable de s'intéresser à toutes les espèces animales, toutes ! Il n'est ni juste moralement ni valable scientifiquement de mettre le projecteur sur certaines espèces plutôt que d'autres, sous le prétexte qu'elles sont plus proches de nous les humains sur le plan évolutif. Cela n'a aucun sens. Si je comprends tout à fait que l'on puisse avoir une sensibilité particulière, que je partage, pour les grands singes, nos plus proches parents, je n'arrive pas à saisir pourquoi cela impliquerait qu'on néglige les espèces plus éloignées. Toutes sont importantes, toutes méritent notre respect tant elles ont traversé des âges auxquels, nous les humains, n'étions même pas présents !

Quand on s'intéresse aux soins parentaux, à la personnalité animale et au bien-être qui doit naturellement en découler, aucune espèce ne peut être mise de côté. Tellement d'idées reçues existent encore dans ce domaine. Pourtant, tous les animaux sont concernés par ces thématiques de soin parental, de personnalité et de bien-être. Les soins parentaux existent tout autant chez les reptiles, les amphibiens, les oiseaux, les mammifères… Et même chez les invertébrés[21] ! Certes, les soins maternels sont plus courants chez les mammifères, les reptiles[22]… mais on les trouve aussi chez les invertébrés[23], comme les perce-oreilles par exemple ! En revanche, les soins prodigués par les mâles sont tout aussi fréquents que ceux prodigués par les femelles chez les amphibiens et sont plus fréquents chez les poissons[24]. Chez les espèces où il existe des soins parentaux à la fois féminins et masculins, comme certains coléoptères enfouisseurs (*Nicrophorus vespilloides*), les soins exclusivement masculins peuvent être tout aussi efficaces que les soins exclusivement féminins en termes de santé de la progéniture[25] ! Il faut donc laisser de côté les idées reçues et chercher, continuer d'observer, d'étudier, et de trouver.

Pour finir, la recherche sur la personnalité animale s'est bien développée au cours des vingt dernières années. Pourtant, peu d'études ont porté sur les personnalités des invertébrés. Or elles représentent quatre-vingt-dix-huit pour cent de l'ensemble des espèces animales ! Ce manque d'études sur les invertébrés est probablement dû à la croyance selon laquelle les invertébrés ne sont que des « minirobots[26] » et que tout est génétique. J'exagère sans doute un peu… Mais il est grand temps de faire évoluer les mentalités et d'ouvrir le champ des possibles. Il faut oser ! Je rêvais petite et aujourd'hui je rêve encore. Aujourd'hui, je rêve de mettre en lumière des animaux mal aimés et sous-estimés par tous, scientifiques inclus parfois, comme les serpents, les araignées. Je rêve de travailler dans les fonds marins. Je rêve de démontrer que certaines espèces sont bien plus intelligentes qu'on ne le croit et que les individus de ces espèces ont leur personnalité. La jeunesse doit s'emparer de ces sujets-là. Mais je suis parfois inquiète. Cela fait par exemple des années que je cherche un ou une étudiante pour travailler sur les araignées et leurs comportements. Je ne trouve pas… Quand je pense que notre collègue Christine Rollard, notre encyclopédiste des araignées, part dans quelques années à la retraite, cela me rend triste autant que malade. Attention parentale, personnalité, bien-être… Aucune espèce ne doit être mise de côté. Et même pour les émotions… Ouvrons le champ des possibles !

CHAPITRE 6

Mes rencontres les plus bouleversantes avec des bébés et autres petits curieux

Introduction
Les Fifi de tous les Fifi

Ce livre s'ouvrait sur mes rencontres les plus bouleversantes avec Yves Coppens. Le voilà qui se clôt sur mes rencontres les plus bouleversantes avec des animaux, qu'ils soient terrestres, volants ou aquatiques. C'est le moment de lâcher prise et de vous laisser gagner, je l'espère, par des émotions qui ont tant compté pour moi et m'accompagnent à chaque instant.

Vous l'avez compris, ce chapitre porte sur les émotions animales, celles de ceux qui ont croisé ma route, ainsi que sur mes propres émotions. Après tout, moi aussi je suis un animal ! Il est fascinant de constater que les émotions sont omniprésentes dans le langage employé par les étudiants et chercheurs en comportement animal. Pourtant, elles ont été soigneusement évitées en tant que sujet explicite dans le discours scientifique, comme si leur étude constituait une sorte de tabou[1]. Dans les années 1970, elles étaient tout simplement considérées comme inutiles[2].

Heureusement, je constate depuis quelques années un intérêt scientifique croissant pour les émotions animales et l'étude de leurs mécanismes. C'est heureux, si je puis dire, car les émotions animales, bien que difficiles à définir et à détecter, sont autant d'états mentaux et physiques fondamentaux, que ce soit pour la compréhension des comportements eux-mêmes que pour celle de l'évolution des espèces et de leur survie. Pour ma part, je n'ai jamais douté que les animaux étaient dotés d'émotions. Cela n'était d'ailleurs même pas un sujet ! Il me semble qu'une partie des scientifiques a nié l'évidence et oublié les comparaisons pionnières des émotions humaines et animales faites par Darwin lui-même[3] ! Il faut souvent s'en remettre aux anciens… Parfois, bien plus modernes que nous à qui il arrive de régresser.

Passé la difficulté complexe de définir ce qu'est une émotion[4] (pour simplifier : trouble causé par un sentiment de peur, de joie, de surprise… provoqué par une stimulation de l'environnement), on sait désormais que de nombreux animaux domestiques ont des émotions, qu'ils jouent un rôle dans le développement des émotions des enfants[5] et que les relations émotionnelles entre ces animaux et leurs « propriétaires » sont complexes[6]. Il en est de même pour les animaux de la ferme[7]. Ces contacts, plus ou moins étroits, relèvent parfois de l'entraide, parfois de la curiosité mutuelle, de l'intérêt… Mais il est plus difficile d'imaginer que les animaux sauvages ont des émotions.

Quelques études en milieu naturel montrent la complexité de l'expression de ces émotions[8], de leurs communications comme chez les éléphants par exemple[9], ou encore le lien existant entre ces émotions et la capacité à faire preuve d'empathie, comme chez les rats[10]. Et quand ces animaux sont dans des zoos, ils manifestent parfois de la tendresse ou de l'affection envers les humains. À l'inverse, les émotions humaines peuvent aussi influencer la conservation de la biodiversité[11]. Encore une fois, tout existe !

Mes débuts en émotions animales commencent très tôt. Après mes six Fifi à poils et à plumes suivent donc, dans une grande maturité puisque je romps avec la tradition des Fifi de mon enfance, Charlotte la chatte, Gustave le lapin, Savonnette la rate et Lily la petite chienne bichon. Charlotte a suivi la route de mon frère pendant que la mienne me conduit à un lapereau noir, replié en boule dans la cage d'une animalerie. Adopté bien facilement, Gustave le lapin, que je suis incapable de mettre en cage, n'est pas un rongeur mais un lagomorphe. Eh bien je puis vous affirmer que ça ronge très bien un lagomorphe ! En quelques jours, Gustave grignote absolument tous les câbles de mon appartement. Au point qu'à tour de rôle toutes les machines ont cessé de fonctionner chez moi.

Gustave a connu une vie de voyageur, prenant sagement le train de nuit comme de jour quand j'allais à Toulon. À la maison, il s'évadait chaque fois qu'il le pouvait, m'obligeant à courir en tous sens dans le parc de la résidence pour le rattraper, jouant avec tout ce qu'il trouvait et s'allongeant chaque soir de tout son long sur mon lit pour se délecter indéfiniment de câlins. Outre les diverses émotions qu'il a éveillées en moi, je suis convaincue qu'il en a ressenti aussi beaucoup : de la peur, quand il s'est fait poursuivre par un chat dans un champ après son évasion de son petit enclos, à la tendresse lorsqu'il venait chercher lui-même des caresses, en passant par l'empathie quand il venait se coller à moi et me faire des léchouilles lors de mes nombreuses périodes de stress.

Des souvenirs magnifiques conclus comme toujours par une triste fin. Gustave est mort dans mes bras d'une crise cardiaque alors qu'il sortait de chez le vétérinaire. Il avait 10 ans. Je me console à l'idée qu'il est enterré au Mont des Oiseaux, avec vue sur la presqu'île de Giens ! Son enterrement, en pleine nuit car illégal, aura été pour le moins comique : Sandrine, mon amie de toujours, et moi-même avons creusé un trou avant de l'emplir de chaux comme deux criminelles, pour lui offrir une inhumation correcte. Nous avions eu peur, au Bricomarché, de nous faire arrêter pour suspicion de meurtre avec notre pelle et notre chaux dans le chariot !

Maturité donc, mais toute relative et officielle, tant le bonheur et le malheur sont toujours présents, comme dans mon enfance. Car, même si je grandis, la douleur reste la même. J'ai compris bien jeune qu'il faut profiter de chaque seconde et que chaque animal est finalement un mystère. Le temps passe et c'est désormais mon fils qui apprend aussi… Notre maître mot à tous les deux ? « Profite ! » Il apprend donc, comme moi, le bonheur et la tristesse de partager la vie d'un animal. Son premier petit poilu à lui, c'est Savonnette, que nous sommes allés chercher pour ses 4 ans. Il a nommé ainsi cette adorable petite rate car elle nous glissait entre les mains ! Deux années magiques passées avec elle, à échanger des câlins, à l'observer dans tous ses comportements de nettoyage, ses déplacements dans les parcours complexes avec cachettes que nous lui avions confectionnées, ses résolutions des petits problèmes que je lui proposais pour trouver sa nourriture cachée, etc. Nous observions également ses émotions, ses peurs, ses joies, et même ses colères !

De vraies aventures tant pour moi que pour Alexandre. Nous l'adorions, quand bien même elle avait rongé le câble de ma machine à laver en plein confinement et piquait parfois nos friandises ! Un jour, la cherchant partout, je la retrouve plongée dans un paquet de Schoko-Bons ! La liste des bonheurs partagés est longue jusqu'à ce triste jour de rentrée en CE1, où je dois demander à mon fils, à la sortie de l'école, de dire adieu à Savonnette. Vieille et brutalement très malade, elle souffre. Je dois impérativement la faire euthanasier le soir même. Alexandre a un gros chagrin. Il apprend, comme moi avant lui, le bonheur de l'arrivée et la douleur du départ. Je me revois seule avec Savonnette dans les mains chez le vétérinaire, lui disant adieu et la remerciant pour tout ce bonheur. Il fait son travail. Elle me regarde. Que ressent-elle ? De la peur ? de la tristesse ? Je ne sais pas exactement. Mais, de toute évidence, elle ressent.

En aucun cas, je ne comparerais la mort de mes animaux à celles de mes proches, qui me laisse inconsolable. Reste qu'il y a quelque chose d'insupportable dans la perte d'un animal qu'on a connu bébé, puis vu grandir et vieillir… Mais la vie continue. Les mois passent, et c'est Lily qui entre dans notre famille. Notre petite chienne bichonne poursuit le cycle. Avoir un chien m'a toujours semblé inaccessible. Voilà un autre rêve que je réalise grâce au souhait de mon fils unique à qui j'ai bien du mal à dire non. D'ailleurs, il m'appelle « Maman oui »… Sans commentaire ! Quoi qu'il en soit, Lily partage notre vie depuis presque deux ans et nous apporte une chaleur et une jovialité permanentes. Je n'oublierai jamais le jour où je suis allée chercher cette minuscule boule de poils et la surprise d'Alexandre en la voyant dans l'entrée de la maison. « C'est le plus beau jour de ma vie, maman ! », s'est-il exclamé. Il est évident que, comme toujours, nous faisons tout ce qui est en notre pouvoir pour lui apporter ce qu'elle mérite : le bonheur ! Et elle nous le rend bien. Merci mon fils ! Quant à ses émotions, elles sont flagrantes. La peur, la joie, la tristesse… Le grand défi est d'entrer dans la subtilité des émotions, mais les plus fondamentales sont évidemment ressenties par cette petite chienne.

Je ne suis pas dans la tête des animaux, mais j'essaie à chaque fois de les comprendre au mieux. À aujourd'hui 50 ans, cette obsession est toujours là. Je passe mon temps à observer, à tenter de comprendre et à prendre l'amour autant que je peux en donner, à ces petites bestioles domestiques comme sauvages, qui passent dans ma vie privée comme professionnelle. Elles me ramènent toutes à mon enfance et au bonheur, chaque fois renouvelé, de rencontrer ces êtres si attachants qui ont décidé de mon métier. Et il me semble, avec le recul, que ce qui m'a conduite là, et me pousse en permanence, ce sont les émotions procurées et l'affection éprouvée en lien direct avec ces émotions. Alors à votre tour, laissez-vous gagner par l'émotion générée par mes rencontres animales plus marquantes et émouvantes les unes que les autres, avec singes, oiseaux, girafons ou encore dauphins… Tous mes Fifi, finalement !

Ma rencontre avec Aldo le macaque magot : mon sauveur !

Quand je suis embauchée au zoo de Thoiry, au tout début de mes études, le contrat est clair. Dans un premier temps, je dois étudier les macaques de Tonkean pour comprendre par où ils s'évadent (ce que nous avons déjà vu !), puis enchaîner sur un contrat de soigneur animalier. En gros, je dois m'occuper de nettoyer les enclos, ramasser les crottes et donner à manger aux animaux. Pour moi, le rêve absolu ! Or la proximité avec l'ensemble des animaux du parc va être bien plus formatrice que tous les livres et articles que je peux lire. Disons qu'elle va être complémentaire. Avec eux, face à eux, je suis dans leur vraie vie. Et je vais apprendre. Beaucoup apprendre.

En premier lieu, tout en m'occupant d'eux, je les observe énormément. Puis vient le moment où c'est plus fort que moi : j'ai envie d'être plus proche, de les toucher parfois, d'établir un contact. J'en suis excitée et effrayée à la fois mais je veux tenter d'interagir. Je décide donc d'entrer dans certains enclos, une expérience qui va rester gravée dans ma mémoire. Cela fait un moment que j'évolue dans le secteur des primates et ma hiérarchie m'a bien précisé de ne pas m'occuper des macaques magots, fraîchement arrivés au parc : seul un de mes collègues, un grand costaud, peut entrer dans leur volière. Comme je passe devant tous les matins, le jour où je craque arrive bien vite. Je décide donc de tenter l'expérience avec ces macaques et d'entrer dans leur volière. Après tout, il n'y a que deux femelles et un mâle et j'ai déjà survécu à bien d'autres animaux, beaucoup plus gros : oryx, autruches, hippopotames et même des ours ! Donc j'entre dans la volière, non sans une petite appréhension tout de même, mais pas terrifiée non plus.

J'ouvre la porte, la referme derrière moi puis vais m'asseoir dans un coin. Je reste discrète. Pour cette première, je veux juste les observer de près et voir leur réaction. Rapidement, les deux femelles viennent à ma rencontre et commencent à me toucher avec de petits mouvements furtifs. Je ne bouge pas, ne montre aucune réaction, espérant qu'elles vont se rendre compte qu'elles ne risquent rien et qu'elles repartiront vaquer à leurs occupations. Sauf que cela commence à se gâter. Elles enchaînent les expressions faciales de menace et commencent à tirer mon tee-shirt pendant que le mâle reste absorbé dans ses occupations à l'autre bout de la volière. Je ne bouge toujours pas. Mais brusquement la situation m'échappe : les deux femelles montent successivement sur ma tête, crient, me tirent les cheveux à pleines mains et me les arrachent. On m'avait bien dit de ne pas y aller…

Je suis gagnée par une vraie trouille quand, tout à coup, le mâle débarque et s'interpose fermement entre les deux femelles et moi. Il les expulse et elles partent de l'autre côté de la volière. Les pauvres, c'est ma faute ! Voilà pourquoi, entre autres, il ne faut pas se mêler de leurs histoires… Mais ce qui va suivre est tellement beau ! Monsieur, dit Aldo, vient s'accroupir près de moi et me jette des petits regards furtifs. Il commence à inspecter mes cheveux puis mes bras avec ses doigts. Il tire délicatement mes poils un à un et met un « je-ne-sais-quoi » dans sa bouche. Car j'ai la prétention de croire que je n'ai pas de parasite ! Son comportement est clair : il apaise l'atmosphère avec une séance d'épouillage social, comme on appelle ça. Pour lui montrer que je suis, comme lui, paisible, je me mets à fouiller délicatement dans sa fourrure. Pour simplifier : je lui fais un câlin ! Certes avec moins de facilité que lui, car Aldo est bien plus poilu que moi. Et pendant une heure de complicité, nous nous papouillons avec bienveillance…

Ce mâle a donc pris ma défense. C'est vraiment touchant. Les femelles ont repris leurs activités et, quand je m'apprête à partir, elles s'approchent de moi sans aucune agressivité. Peut-être ont-elles eu peur de moi ? Peut-être ont-elles cru que j'étais une rivale pour l'accès au mâle ? Peur ? Jalousie ? Je ne sais pas. Ce qui est certain, c'est que les agressions entre femelles sont assez habituelles dans le cadre de la compétition pour l'accès aux mâles[12]. De plus, les comportements d'épouillages sont fréquents chez cette espèce et ne sont pas aléatoires, ils sont effectués dans des buts précis[13]. Ici, clairement, apaiser la situation ! Quoi qu'il en soit, la situation est calme à mon départ. Elles n'ont plus peur et semblent même désormais curieuses. Tout comme pour moi, la peur a laissé la place à l'apaisement et l'envie d'interagir. Que d'émotions en peu de temps ! J'ai du mal à partir. Je reviendrai…

Ma rencontre avec Skippy le wallaby : un bébé à sauver

C'est comme soigneuse animalière à Thoiry que je vis de nouveau un moment intense. Ce matin-là, Dominique la vétérinaire, notre responsable, nous convoque tous pour préparer la venue de deux petits nouveaux : des wallabies ! Adorables ! Sont prévus une maman et son bébé. Nous sommes tous ravis et impatients de les accueillir. Nous discutons de leur arrivée, comment nous allons les intégrer petit à petit au groupe local, etc. Quelques semaines plus tard, tout est fin prêt et le grand jour arrive, le camion entre dans Thoiry. Malheureusement, l'ouverture des portes qui devait être un grand moment de bonheur, se transforme en cauchemar. La maman n'a pas survécu au voyage et seul reste le bébé de 2 mois, orphelin. Notre tristesse est à son comble mais nous devons nous ressaisir pour le sauver, lui.

Immédiatement, Dominique le prend en charge et vérifie que, malgré ce drame, il est en bon état de santé global. C'est le cas. Seule inquiétude : il semble avoir une forte cataracte et n'y voit pas grand-chose. Nous changeons alors nos plans. Il va falloir s'occuper de ce petit bonhomme et faire en sorte qu'il parvienne à grandir, sans sa maman… C'est décidé, nous allons tous nous relayer pour le garder contre nous et nous en occuper à tour de rôle. Première étape, lui donner un nom. Ce sera Skippy, en référence à ce fameux kangourou, héros de la série télévisée australienne de la fin des années 1960 ! Heureuse de faire du wallaby-sitting malgré la tristesse de l'événement, je vois enfin mon tour arriver.

Je lui parle beaucoup, cherche à interagir avec lui. Et je vois que Skippy tente par tous les moyens de se coller à moi, de passer sous mon pull. Rien de bien étonnant à cela car, oui, les wallabies sont des marsupiaux et possèdent, comme les kangourous, une poche ventrale pour accueillir le bébé ! Skippy, encore tout petit, est censé rester caché dans cette poche et/ou le couvert végétal environnant jusqu'à ce qu'il atteigne 1 an. Si nous lui fournissons une cachette, il devrait pouvoir se sentir sécurisé[14]. J'en discute avec mon collègue Mathieu, et il a une idée géniale : confectionner une poche portable, qu'on pourrait accrocher partout pour que Skippy se sente en sécurité quelle que soit sa nounou. Nous plions alors un pull de sorte que les manches soient accrochées en suspension à une chaise et que ce pull lui fasse comme une poche bien chaude et sécurisante. Dès la première mise en contact entre Skippy et ce pull, cela fonctionne ! Il saute dedans et se met en boule à l'intérieur. Je me colle alors au pull, pour lui apporter encore un peu plus de chaleur et lui faire entendre les battements de mon cœur qui lui rappellent peut-être, j'aime à le croire, ceux de sa maman. Lors des jours de congé, nous nous arrangeons pour qu'il ne reste jamais seul et l'emmenons avec nous. Nous organisons une garde alternée pour Skippy ! Je ne l'ai pas souvent car je dors dans une canadienne, au camping. Mais une fois par mois je rentre chez mes parents. Le moment arrive. Pendant trois jours, je vais m'occuper de Skippy, en appartement…

Bien sûr, je n'ai pas prévenu mes parents… Comme ce jour où j'avais ramené Piou-Piou, un caneton que j'avais voulu sauver et que mes parents avaient découvert prenant un bain dans leur baignoire… Bref, me voilà arrivée chez eux avant leur retour. Mon frère, lui, est là et il n'en croit pas ses yeux. Skippy alterne les moments de repos dans son pull-poche et les bonds partout dans l'appartement ! Il n'est pas du tout effrayé. Au contraire, il explore ! Un vrai petit courageux. Je ne parviens pas à l'arrêter. Surtout ne pas ouvrir les fenêtres… Nous sommes en rez-de-jardin. Il ne manquerait plus qu'il s'échappe dans le parc de la résidence. Il stoppe net sur la pile de magazines de mon père et fait pipi dessus. Il pique ensuite une des très nombreuses peluches de mon frère, puis la lâche. Le tout, en étant quasiment aveugle, ne l'oublions pas. Bref, il s'éclate ! Cela fait seulement une heure que nous sommes là et c'est un bazar sans nom ! Mais, petit à petit, il se calme, sans doute fatigué par tant d'exploration. Cela tombe plutôt bien, car mes parents rentrent. La porte s'ouvre et ils voient une bête poilue sauter dans l'appartement. Évidemment, ce n'est pas commun. « Tu n'as tout de même pas ramené un kangourou à la maison ? ! – Non, c'est un wallaby »... Je n'en mène pas large...

Finalement, mes parents sont tout aussi attendris que stupéfaits. Un wallaby dans l'appartement... En dehors du pipi malencontreux, le séjour se passe sans encombre et je ramène Skippy au zoo. Plus tard, Dominique, la vétérinaire, opère sa cataracte puis le voilà qui finit par intégrer le groupe local des wallabies. Skippy a ainsi survécu à la perte de sa maman grâce à la chaleur que nous lui avons apportée et à l'accueil des autres femelles adultes lorsqu'il a gagné le groupe. La perte d'une maman peut être fatale, assurément, tant elle prive d'affection les petits qui en ont cruellement besoin pour grandir normalement.

Cette aventure rejoint celle que j'ai vécue plus tard, une fois chercheuse, au zoo de La Londe-les-Maures. Certains bébés saïmiris (singe-écureuil que nous avons déjà évoqué) dont les mamans étaient mortes à leur naissance se retrouvaient tristement orphelins. Le responsable du zoo leur mettait alors à disposition une figure d'attachement subsidiaire, une peluche de singe, sur laquelle ils pouvaient se blottir. Il est évident que cette peluche ne remplaçait pas leur maman, mais elle leur permettait tout de même de créer un pseudo-attachement en s'accrochant à elle et en se rassurant, comme ils le font avec leur maman. Sans figure d'attachement, sans peluche ni contact avec nous, les bébés singes orphelins meurent[15]. Quant à Skippy, je crois pouvoir dire que non seulement nous avons réussi à le sauver, mais que, de plus, nous lui avons apporté un chaleureux réconfort, si j'en crois son intégration réussie dans son nouveau groupe social.

Ma rencontre avec un bébé girafon : un bon biberon !

Restons au zoo de Thoiry, où j'ai vécu des rencontres animales tellement émouvantes. Et quoi de plus émouvant qu'un bébé ? De ce côté-là, j'ai été servie ! En peu de temps, j'ai assisté à un nombre incalculable de naissances et à l'arrivée de bébés tous plus mignons et impressionnants les uns que les autres : daims, zébreaux, guépardeaux, panthères noires, panthères des neiges, divers lémuriens, hippopotames, hyènes, lionceaux, louveteaux, loutrons, macaques, oursons baribal, tigrons et… girafon ! Autant vous dire que de la maman hippopotame, dont le comportement protecteur était on ne peut plus agressif[16], au bébé panthère noire, dont la taille des pattes était complètement disproportionnée, en passant par les tigrons qui jouaient avec leur infatigable maman, chaque moment était magique ! Mais c'est sans doute la naissance du girafon qui m'a le plus marquée.

Pourtant, les girafes et moi, à Thoiry, cela a mal commencé. Tout d'abord, un matin, je n'arrive pas à les sortir de leur enclos nocturne. Plus précisément, à sortir le grand mâle. Pendant que les autres sont déjà dans leurs espaces extérieurs, lui reste près de moi et n'a visiblement qu'une seule idée en tête : me botter. Pas les fesses, ses pattes sont trop hautes pour cela, mais la tête… Autant vous dire que s'il réussit son coup je suis fichue. Mon collègue de cent kilos en a fait l'expérience, ce qui lui a valu deux mois de coma… Je passe donc mon temps à faire des allers-retours pour me mettre hors de sa portée dès qu'il vient vers moi, me cachant derrière la porte. Il contourne la porte, je la contourne également et me dis qu'il va bien finir par se lasser. Je reste concentrée pour ne pas faire d'erreur et constate au bout de vingt minutes qu'il ne lâche rien. Je ne comprends pas. Il a peur ? Il ne veut personne sur son territoire ? Avec le talkie-walkie, j'appelle alors mon collègue et ami David pour lui demander de l'aide. Il arrive cinq minutes plus tard avec le tracteur et sort la girafe en usant d'intimidation... Ouf !

Je le remercie, ferme la porte derrière le mâle et pars me mettre au travail dans les enclos. Je dois les nettoyer à fond et disposer la nourriture pour que les girafes la trouvent à leur retour le soir. Je prends ma grande fourche et rassemble la paille souillée qui leur a servi de litière pour l'évacuer et la renouveler. Tout à coup, je m'aperçois que l'alliance de mon arrière-grand-mère Geneviève, décédée quelques mois auparavant, n'est plus à mon cou. Je la portais sur ma chaîne et celle-ci s'est ouverte. Elle me l'avait offerte de son vivant, à 99 ans. C'est la stupeur. Je m'effondre. David accourt, désemparé. Je lui explique ma mésaventure et il commence à fouiller avec moi dans les secteurs où je me suis rendue. Autant chercher une aiguille dans une botte de foin ! David me conseille de me concentrer pour ne pas ajouter un drame dans la journée. Nous travaillons tout de même avec des animaux sauvages. Il faut faire attention.

Je fais de mon mieux pour contenir mes larmes et termine ma journée les yeux bien humides. J'ai honte. J'ai mal. Je pense à la tristesse que je vais générer chez ma mère. Quant à ma grand-mère, elle ne doit pas savoir ! Je téléphone à mon père. Il fait de son mieux pour m'apaiser. Je dois me faire une raison.

Après une nuit horrible dans ma canadienne, je repars au zoo. J'ai beau de nouveau chercher, je ne retrouve pas l'alliance. La seule infime chose qui me console, c'est que Geneviève est un peu à Thoiry, là où mon amour pour les animaux est en train d'exploser ! Je repense aux conseils de David et me concentre. Mes pensées se tournent de nouveau vers le secteur des girafes.

Une maman est enceinte et un bel événement pourrait égayer mes jours à venir et m'aider à relativiser ma peine. Je vais être comblée dans les deux sens. Les girafons naissent en tombant. Jusque-là, tout est normal, même s'ils font une chute d'environ deux mètres de hauteur ! Mais cette naissance va virer au drame. Car cette nuit-là, précisément, aucun personnel n'est présent pour se rendre compte de l'épouvantable tragédie que vit cette maman girafe. Au petit matin, c'est mon collègue David qui la découvre dans un état effroyable. La malheureuse a probablement glissé, s'est gravement blessée aux pattes et s'est débattue de douleur toute la nuit, au point d'en succomber. En pleine journée, nous aurions pu intervenir. Aujourd'hui, dix-huit ans plus tard, avec les caméras, nous pourrions la sauver même en pleine nuit. Je n'oublierai jamais la tristesse qui s'est emparée de tout le personnel. Ces moments sont atroces. On se sent tellement impuissant ! Pauvre maman… Et ce petit orphelin qui reste là, tout seul…

Enfin, petit… Il mesure déjà ma taille, soit un mètre soixante-dix ! Mais il est tout pataud et contrôle encore mal ses jambes, ses mouvements du corps et du cou. Comme Skippy, notre petit orphelin Wallaby, il va falloir que nous nous occupions de lui pour lui donner une chance de survivre et de retrouver sa famille. En revanche, pas question dans son cas de le ramener à la maison ! Nous allons donc nous relayer, sur place, pour l'accompagner au mieux et l'aider à surmonter cette terrible épreuve infligée dès son arrivée, de haut, sur terre. Évidemment, je me porte volontaire pour m'y coller ou plutôt, pour me coller à ce bébé ! Car c'est un amour. Ce petit bonhomme cherche le contact. Il n'a pas peur et demande de l'affection. Je lui donne tout ce que je peux. Et en priorité son biberon ! Sa tête part dans tous les sens et j'essaie de le suivre au mieux sans me prendre un coup de tête. Il est goulu et

semble se régaler. Quel merveilleux privilège… Je donne un biberon à un girafon ! Je me rappelle chaque seconde : de la préparation minutieuse jusqu'à ce que le petit lèche et avale la dernière goutte. Le drame vécu par sa maman et le bonheur éprouvé à son contact me font relativiser ma tristesse, même si je dois affronter, lors de mes congés à la maison, les questions de ma grand-mère : « Tiens, tu ne mets plus l'alliance de Geneviève ? – Non, j'ai peur de la perdre »… Bien que ma mère m'ait gentiment dit que Geneviève ne m'en aurait pas voulu, je ne me le pardonnerai jamais.

Après des semaines passées auprès de cet adorable girafon, à nous relayer pour le nourrir et lui apporter toute notre affection, Monsieur semble prêt à rejoindre sa famille. Nous sommes optimistes car nous savons que, chez les girafes, les femelles jouent parfois le rôle de nourrice[17]. Et, effectivement, petit bonhomme est depuis devenu grand et son intégration se passe parfaitement bien. Aujourd'hui, il mesure environ cinq mètres et se porte à merveille !

Ma rencontre avec Francesca la capucin : pourquoi tant de parade ?

Lors de mes débuts en tant qu'étudiante à la Vallée des Singes, je m'étais fait raccompagner vers la sortie par une bande de singes capucins qui montraient les dents. Je ne sais pas s'ils étaient en colère ou s'ils voulaient seulement m'évincer de leur territoire, ou les deux, mais ils m'avaient bel et bien mise dehors ! Au bout de quelques jours, cependant, le groupe avait accepté ma présence permanente. Leur acceptation est même allée au-delà de mes attentes… Je m'explique. Un matin, me voilà qui arrive au lever du soleil à la Vallée des Singes ; le parc résonne du chant des siamangs. Enchanteur ! L'heure est musicale, paisible, je suis seule avec les capucins.

Ce jour-là, cinq minutes après mon arrivée, l'une des femelles adulte, Francesca, se dirige vers moi, progressant sur une branche et se retrouvant bientôt face à moi au niveau du visage. Je me méfie, ne sachant si elle veut me mettre dehors ou interagir… Je reste immobile et la regarde, bienveillante évidemment malgré ma prudence, pour tenter de comprendre ce qui se passe en elle. Elle se met alors à pencher alternativement la tête vers la droite puis vers la gauche, tout en faisant des mouvements intenses de paupières en alternant les écarquillements et les plissements d'yeux. Elle ajoute à cela des petits mouvements avant-arrière des épaules. J'avoue être dubitative… Que veut-elle me signifier par là ? Est-ce une menace ? un jeu ? Elle ne semble pas avoir peur. Au bout de vingt minutes tout de même, Francesca arrête cette sorte de danse puis retourne dans son groupe.

La journée se passe et, en rentrant, je me précipite sur l'ordinateur pour fouiller dans la littérature scientifique une description de ce comportement. Après trente minutes de recherche, je trouve enfin l'explication et les bras m'en tombent. Il s'agit d'une parade de séduction[18] ! Alors là ! je n'y comprends plus rien. Après m'être fait jeter dehors par des femelles capucins, voilà que je me fais draguer par l'une d'elles ! Loin de moi l'idée d'en être offensée, je suis plutôt flattée, mais j'avoue ne pas comprendre. S'est-elle trompée d'interlocuteur ? Ai-je mal observé ? Est-ce accidentel ? J'ai hâte d'en savoir davantage. Le lendemain matin, je retrouve, toujours sous le chant des siamangs, mon groupe de capucins. Une heure se passe dans la plus grande indifférence, puis Francesca revient vers moi et recommence sa parade. Bon, cette fois, il n'y a pas d'équivoque, c'est bien pour moi ! Mais que ressent-elle ?

Il ne peut pas s'agir d'une danse amoureuse à proprement parler. Elle sait bien que je ne suis ni capucin ni masculin. Non, je suppose qu'il s'agit plutôt d'une danse de séduction pour se rapprocher de moi et sans doute pour créer une alliance, un lien social en tout cas. Les semaines suivantes, Francesca n'a pas agi de la sorte systématiquement, mais elle s'est très fréquemment approchée de moi. J'imagine que ce n'était pas par peur, mais par curiosité, ou bien pour créer du lien et peut-être faire de moi une alliée ou tout simplement échanger.

Ma rencontre avec Christina l'orang-outan : ça chatouille !

Nous sommes en 2001. Début de ma thèse. Premier jour d'observation des orangs-outans du zoo de Beauval et de leurs capacités de manipulation. Mon objectif ? Montrer que même une main dotée d'un pouce extrêmement court comme celui de cette espèce, peut saisir avec précision, entre l'extrémité du pouce et de l'index. Si j'arrive à montrer qu'une main d'orang-outan peut être précise, alors l'argument du pouce court opposé à la précision tombera définitivement, tout comme celui de la savane puisqu'il n'y a pas plus arboricole qu'un orang-outan !

Il est très tôt. J'aime arriver avant les visiteurs et être seule avec les animaux. C'est calme et je me sens tellement privilégiée de les observer ! Installée sur un banc, face aux vitres de leurs enclos, j'attends qu'ils viennent saisir les tout petits morceaux de nourriture que le soigneur animalier a bien voulu leur distribuer pour tester mon hypothèse. Rien ne se passe pour le moment. Il faut être patient quand on travaille avec ces grands singes. Ils prennent leur temps ! J'attends donc, patiemment, face à mes pouces courts, dans cette grande volière chaude et humide.

Régulièrement, mon oreille gauche me chatouille. Je passe la main, pensant faire fuir un moucheron ou autre insecte indésirable et perturbateur. Cela dure une dizaine de minutes. Je me tourne, agacée. Rien à droite, rien à gauche ! Les heures passent, et les orangs-outans n'attrapent pas de nourriture. Ils attendent que je parte ! C'est le soigneur qui me le dira quinze jours plus tard… Mais revenons au cinquième jour… De nouveau très agacée par ces chatouilles qui me déconcentrent, je me lève brusquement quand j'entends un petit bruit venant du dessus. Je lève la tête et découvre Christina, une femelle, discrètement cachée derrière une toile de jute dans le tunnel grillagé surplombant l'enclos, juste au-dessus de moi… Elle tient dans sa main une longue paille… Quelle coquine !

Pendant des jours, j'ai cru qu'il s'agissait d'un moucheron ou tout autre insecte. Et c'était Christina qui jouait comme d'autres orangs-outans le font[19], qui cherchait à interagir avec moi ! Ce comportement devient un petit jeu entre nous pendant ces mois d'observations où je vais montrer que les orangs-outans, même avec un pouce très court, effectuent des saisies de précision… Une fois l'étude terminée, je me permets d'aller la voir pour interagir moi-même avec elle. Je lui montre mes affaires. Elle les observe avec une grande attention et pointe sa main vers moi. C'est incroyablement émouvant. La vitre est vraiment de trop. Lui dire au revoir est extrêmement compliqué. À aucun moment je ne peux imaginer ce qu'il va se produire, dix-huit ans plus tard…

2019. Je retourne à Beauval pour mettre en place mon projet sur les éléphants. J'entre et tant d'émotions refont surface… Le parc s'est encore agrandi. Moi qui l'ai connu enfant, j'avoue être impressionnée. Je me promène, et mes pas me conduisent évidemment vers les grands singes. Je vais directement voir les gorilles. Je ne reconnais pas Yangu dans le groupe. Peut-être a-t-il changé de parc, cela arrive dans les groupes de gorilles. Je continue mon chemin et parviens au niveau des orangs-outans. Je m'assois près de la vitre, pour les observer. Je ne me souviens plus des prénoms des femelles. Je m'en veux terriblement. Tout juste de Mandi mais elle était si petite à l'époque ! Un tout petit bébé. Une femelle adulte vient me voir juste derrière la vitre et effectue des gestes manuels intentionnels vers ma sacoche. Je l'ouvre, je lui montre mes affaires, des photos sur mon téléphone, mes stylos. Elle observe et pointe de son index le petit trou en bas de la vitre, comme pour me faire comprendre que je peux lui faire passer des choses… Mais le trou est trop petit ! Je le lui explique, persuadée qu'elle comprend, et lui dis à plus tard. Je dois rejoindre l'équipe pour le déjeuner.

Je discute alors avec Baptiste Mulot. J'apprends que Yangu est décédé l'année d'avant d'une défaillance cardiaque. Une tristesse intérieure me gagne, ainsi que quelques souvenirs : lorsqu'il a cassé sa noix de coco en la lançant contre le mur ou lorsqu'il a utilisé un outil pour extraire des figues. Puis je poursuis dignement la discussion sur les orangs-outans. J'explique à Baptiste qu'une femelle adulte est venue m'interpeller dans l'enclos latéral gauche des orangs-outans. Baptiste, sûr de lui, me répond que, sur cette zone, il s'agit de Christina. Je n'arrive pas à y croire. Les souvenirs m'envahissent d'un seul coup, et avec eux les émotions. C'était elle, c'était Christina ! Je suis si émue. M'aurait-elle reconnue ? C'est tout à fait possible si j'en crois certaines études qui ont montré qu'une interaction sociale fréquente et intense n'est pas nécessaire pour la discrimination faciale[20]. Autrement dit, il est tout à fait possible que Christina se souvienne de mon visage, de nos interactions, même si nous nous sommes vues il y a bien longtemps. Le déjeuner à peine fini, je me précipite vers elle pour la revoir. Elle dort. Je pars travailler avec les éléphants. Mais je retournerai la voir chaque fois que je le pourrai.

Ma rencontre avec Titi le calopsitte : épouse-moi !

Lors de ma première vie scientifique en tant que chercheuse titulaire, je suis amenée à travailler à l'université de Toulon. Pour ce séjour dans le Sud, je suis partie avec Gustave mon lapin, m'installant dans un minuscule studio situé sur le Mont des Oiseaux, face à la presqu'île de Giens, où Gustave repose désormais paisiblement. Lieu magnifique où je peux observer, dans le parc de la résidence, toutes sortes d'insectes et de lézards ainsi, qu'un jour, toute une famille de hérissons, la maman en tête et les bébés derrière elle, à la queue leu leu. Dans mes moments de liberté, outre le tennis, je profite de la nature magnifique du Var. Je vais également dans les zoos environnants et, comme toujours depuis que je suis petite, dans les animaleries. Or l'une d'entre elles est près de chez moi, donc j'en profite !

Tous les week-ends, je vais dire bonjour aux poissons, aux poules, aux lapins et aux oiseaux, comme je le faisais enfant sur le marché de Gentilly. Un jour, en m'approchant de la zone réservée aux oiseaux, je découvre un nouvel arrivant. Il s'agit de Titi, un mâle, calopsitte élégante comme ce petit perroquet se nomme exactement. Il me rappelle instantanément les perruches de mon enfance. Elles étaient vert et bleu. Lui est blanc sur le ventre et le reste du corps est gris. Sa huppe et une partie de sa tête sont jaunes tandis que deux taches rouge-orange marquent ses joues. Il est tout simplement superbe ! Je lui parle beaucoup. Il semble écouter mais ne s'approche pas. Il est prudent. Ou apeuré. Il est assurément là depuis peu de temps. Je lui dis au revoir et que je reviendrai.

Le week-end suivant, me voilà de retour ! Je vais bien sûr saluer Titi qui poliment continue de m'écouter mais ne s'approche toujours pas. Après une demi-heure de discussion à sens unique, je repars. Mais je sens qu'à force de patience je parviendrai à échanger. À ma quatrième visite, le mur tombe. Et tout change. Titi se met à vocaliser, fort, très fort même ! Cela ressemble à des sifflements, les mêmes que ceux que les calopsittes produisent lorsqu'ils imitent la musique humaine[21]. Il frappe aussi le perchoir de son bec. Je me dis que nous allons perturber l'animalerie ! Mais c'est fantastique de le voir enfin suffisamment en confiance pour interagir avec moi. Et il fait plus encore : il se colle à la cage, tout près de moi.

Et commence à parader ! Il frotte ses ailes et tourne son corps dans tous les sens contre le grillage, collant son cou tout près de moi. Je continue de lui parler et je ne peux résister. En enfant désobéissante que je reste, je lui fais un câlin, lui gratouillant la nuque. Je ne crois pas me tromper en affirmant que cela lui plaît beaucoup. Je dois partir mais je reviendrai. Tous les week-ends, en fait. Il s'en faut même de peu pour que je le ramène à la maison. Sauf que j'ai déjà mon lapin Gustave qui m'attend et que je ne veux pas d'un animal en cage. Je n'arrive donc pas à me décider et espère qu'il sera vite adopté par quelqu'un de bienveillant.

Pendant toute une année, je vais voir Titi presque tous les week-ends. Un jour, je décide d'appeler « Titi » à l'entrée de l'animalerie. Il se trouve à gauche de l'entrée, tout au fond. Il ne répond pas. Peut-être n'a-t-il pas entendu ? Je lance un « Titi » un peu plus fort. Et là, je crois défaillir. Titi me répond, alors qu'il est à trente mètres de distance et séparé de moi par de nombreux rayons ! Je fonce vers lui et le voilà qui parade et se colle à la cage, en vocalisant fortement. Quel amour ! Je suis désespérément amoureuse de ce petit perroquet. Je me dis que je vais peut-être finir par l'adopter celui-là ! Et que je gérerai bien le souci de la cage en le laissant en partie en liberté. Mais il y a Gustave… J'ai du mal à me lancer. Le destin va décider pour moi.

Ce samedi-là, je fais comme à mon habitude, je lance un « Titi » tonitruant en entrant dans l'animalerie. Pas de réponse. Un deuxième. Pas de réponse. Il doit être occupé. Je vais dire bonjour aux poules, aux poissons, aux lapins et me dirige vers la cage de Titi. Elle est vide ! Paniquée, je pars chercher un vendeur. Je finis par mettre la main sur l'un d'entre eux et lui demande, effrayée, où est mon Titi, s'il lui est arrivé quelque chose. La réponse tombe. Il va très bien. Il a été acheté il y a trois jours par une famille passionnée de perruches. Je comprends que je ne le verrai plus. Mes larmes coulent. Trop tard. J'aurais dû l'épouser ! Mais je suis aussi triste qu'heureuse pour lui. Il n'est pas seul. Je me console en me disant qu'il a déjà sûrement une fiancée et que, en bon monogame, l'arrivée de nombreux poussins ne tardera pas[22]. Et même si la transmission d'un état émotionnel d'un individu à un autre, appelée contagion émotionnelle (considérée comme le premier niveau d'empathie), est souvent plus forte entre les personnes de la même famille[23], il n'en demeure pas moins que ce petit cacatoès m'a donné beaucoup de lui et m'a transmis beaucoup d'amour.

Mes rencontres avec Lily la chimpanzé
Le plus beau des bisous !

Nous sommes en été 2009, dans le zoo de La Palmyre. Avec ma doctorante Élodie, nous cherchons à comprendre en quoi l'arboricolie, le fait de se mouvoir dans les arbres, a pu jouer un rôle dans l'évolution des capacités de préhension et de manipulation des primates. Il va nous falloir étudier les mouvements des membres supérieurs des singes plus terrestres et grands singes arboricoles dans le détail. Nous allons utiliser plusieurs caméras et des outils issus de la biomécanique pour comprendre pour la première fois l'effet de ce paramètre écologique sur ces mécanismes complexes de manipulation avec la main. Et pour réaliser ce projet, nous décidons d'aller au zoo de La Palmyre où se trouvent toutes les espèces que nous souhaitons étudier.

En arrivant, nous faisons la rencontre de Ronald, le responsable des grands singes. La confiance et le respect sont aussitôt là. L'amitié ne tardera pas à suivre. Petit à petit, il nous fait passer dans les coulisses pour observer les grands singes de plus près. De jeunes chimpanzés me touchent avec des brindilles, je me méfie… Et nous restons devant le groupe à les observer. Rapidement, une femelle adulte se rapproche de nous. Et pas n'importe laquelle : la matriarche. Elle s'appelle Lily, elle a 22 ans. Impressionnante, elle gère le groupe avec autorité. Je suis admirative. Lily approche donc et se colle à la vitre. Je ne bouge pas. Elle non plus. Elle est en train de m'observer, et je l'observe aussi. L'interaction a commencé. La scène dure près de trente minutes. Je suis sous le charme. Une fois ces présentations faites, nous pouvons commencer à travailler. Avec Élodie, nous regardons comment sont structurés les enclos et où nous allons pouvoir placer la nourriture et les caméras. En fin de la journée, tout est prêt.

De très bonne heure, le lendemain matin, nous installons les caméras devant les vitres et préparons la zone à filmer dans l'enclos en plaçant la nourriture à saisir. Nous sortons et déclenchons les caméras. Les chimpanzés arrivent, vont sur la zone et piétinent les friandises que nous avons placées au lieu de les saisir ! Une seule chose les intéresse : nos caméras derrière leur vitre. Bon… ce sont eux qui décident ! Nous réessaierons le lendemain matin… En attendant, je vois Lily qui se dirige vers moi. De nouveau, elle s'assoit face à moi, légèrement tournée. Nous nous regardons pendant de longues minutes… Et la scène se reproduira chaque matin à mon arrivée. Les premiers jours, je ne parle pas, bien trop bouleversée par cet échange silencieux mais intense qui se crée entre nous. Elle me scrute minutieusement et me laisse la regarder aussi. C'est tellement troublant que parfois, j'en oublie même le thème principal de nos visites… La deuxième semaine, les échanges évoluent : je me mets à lui parler, comme si j'avais envie d'aller plus loin dans cette expérience avec elle. Après deux mois d'études, Élodie et moi devons rentrer à Paris. À travers la vitre, j'explique à Lily que je reviendrai la voir.

Deux mois plus tard, me voilà de retour à La Palmyre, en vacances. Et je pense à Lily. Va-t-elle me reconnaître ? Je suis très impatiente de la retrouver. Mon cœur bat la chamade quand j'arrive devant l'enclos des grands singes. Je la cherche. Elle est là ! Elle me voit, elle aussi. Marchant avec nonchalance sur ses phalanges, elle s'approche de moi, doucement, se colle à la vitre et… me fait un bisou ! Je n'en reviens pas. Elle se souvient de moi et fait évoluer la relation. Ce genre de moment est tout simplement incroyable à vivre. Les années qui suivent, je vais régulièrement voir mon ami Ronald et les grands singes, ne manquant jamais d'aller saluer Lily. Et chaque fois j'ai droit à mon bisou ! Parfois, elle me voit arriver avant que je ne la voie moi-même et m'attend collée à la vitre ! Avec ses bisous, Lily tissait probablement des liens avec moi. Difficile d'en être certaine tant les émotions chez les chimpanzés sont complexes[24]. Des liens forts pour ce qui me concerne en tout cas, croyez-moi ! Ce qui m'intrigue en revanche, c'est que, dans la littérature, il semble que le bisou soit un signe de réconciliation tandis que l'étreinte est davantage du côté de la consolation[25]. Pour ma part, je n'étais pas fâchée avec elle. Mais peut-être avait-elle mal vécu nos expérimentations et son bisou ultérieur signifiait qu'elle ne m'en voulait plus ? Je ne sais pas. Mais c'était bouleversant !

Ces deux dernières années, je ne suis presque pas allée au zoo de La Palmyre. Quand j'y suis de nouveau venue, avec mon fils, nous sommes passés lui dire bonjour. Elle venait d'avoir un nouveau bébé et elle était concentrée sur lui, bien plus que sur notre présence. Lily vieillit, moi aussi, tout comme ce petit Bongo, bébé gorille que j'ai vu naître et jouer avec son papa dans la volière adjacente à celle des chimpanzés, et qui fait maintenant plus de deux cents kilos ! Le temps passe, mais les émotions restent et les moments magiques aussi.

Ma rencontre avec Picsou le babouin : donne-moi ta main et prends la mienne...

Nous sommes le 10 août 2020. Je me rends à la station de primatologie de Rousset-sur-Arc, à deux pas de la montagne Sainte-Victoire, dans le sud de la France. Mon doctorant de l'époque, Grégoire Boulinguez-Ambroise, veut faire le point avec moi sur l'avancement de ses travaux. J'ai hâte ! Sous une chaleur provençale, il me conduit vers ses groupes de babouins dont il est littéralement tombé amoureux. Et je vais vite comprendre pourquoi. Nous nous approchons de leur enclos principal, grillagé. Comme j'ai l'habitude de le faire, je m'accroupis face à eux. Je les regarde. Ils me regardent... Grégoire me les désigne un à un, m'indiquant leurs prénoms et leurs caractéristiques individuelles : coquin, voleur, un peu dominé, chef, etc. Il les connaît par cœur !

Je les découvre à mon tour et j'ai déjà envie de rester là des heures à les observer. Soudain, l'un d'entre eux s'approche un peu plus près de moi que les autres. Il se colle à la grille et... me tend la main ! Sans réfléchir, je lui tends aussitôt la mienne. Il pose sa main sur ma paume, doucement. Je porte des gants pour ne pas lui transmettre de maladies. Mais je sens toute la tendresse de son geste. Grégoire me confirme qu'il s'agit d'un petit amour. Il s'appelle Picsou. Je ferme délicatement la main sur ses doigts pour les caresser. Quelques secondes d'une telle intensité qu'elles m'ont paru une éternité...

Il me semble que Picsou est venu me dire bonjour à sa façon. Il a établi un contact avec moi. Ressentait-il quelque chose ? Difficile à dire, même si la preuve est faite que les babouins ont évidemment des émotions[26]. Contact paisible par la douceur de son geste, prolongé qui plus est. On sait que les babouins possèdent une communication complexe[27]. Ils font davantage que pousser des cris : ils savent prononcer des sons ressemblant à nos cinq voyelles et correspondant à peu près à « a, è, i, o et ou ». Ils peuvent même en prononcer deux de suite et dire « waouh » ! Mais ils utilisent aussi des gestes communicatifs pour se faire comprendre. Par exemple, ils peuvent taper le sol avec la main pour menacer, agiter leur main pour dire au revoir, pointer du doigt pour désigner un élément de l'environnement (vers un chien par exemple) ou encore pour quémander de la nourriture[28]. Picsou ne demandait visiblement rien. De mon côté, je n'avais rien à lui offrir, et il a laissé sa main dans la mienne. Il souhaitait seulement établir un contact tactile, une communication gestuelle douce, à mon plus grand bonheur.

Mes rencontres avec les dauphins : du rire aux larmes !

Avec l'arrivée merveilleuse de mon frère Anthony, onze ans après ma naissance, ce sont les poissons qui ont rapidement débarqué chez nous. Passionné de vie sous-marine, Anthony enchaîne les aquariums, à la fois d'eau douce et d'eau de mer, dans lesquels il observe crevettes et poissons tropicaux en jouant avec la lune et les marées. Complexe ! Un jour, bien décidée à réaliser l'un de ses rêves, je l'emmène en Guadeloupe pour faire de la plongée sous-marine. Boostée par sa présence, je me lance aussi et découvre le monde sous-marin, un monde enchanteur, à part. J'ai la même sensation que lors de mes incursions en forêt tropicale, comme si j'étais sur une autre planète. Magie de la découverte de nouveaux sons, de nouvelles formes et couleurs qui me transportent au pays des merveilles. Les poissons tous plus beaux les uns que les autres évoluent autour de nous sans nous prêter attention. En plongée aux îles des Saintes, mon frère a le bonheur inouï de faire la rencontre d'une tortue marine après que nous avons eu le privilège d'observer, à terre, d'impressionnants iguanes. Ces aventures sous-marines me chavirent. J'en ai la conviction : un jour je reviendrai dans les fonds marins pour observer un animal mythique : le dauphin.

Les dauphins sont très intelligents. Cela, on le sait déjà[29] ! Trois grandes rencontres avec des dauphins vont me bouleverser à jamais et me donner la force de donner le maximum de mes moyens au monde animal. Trois rencontres qui me permettent chacune de comprendre, en une fraction de seconde, à quel point ils sont joueurs[30], puissants et sublimes à la fois. La première rencontre a lieu au printemps 2008. Je suis en vacances sur la Côte d'Azur et je me rends à Antibes, au Marineland, le plus grand zoo marin d'Europe. Je suis comme toujours dans ces moments-là, une enfant incapable de juger si c'est bien ou pas, trop excitée et heureuse à l'idée de voir des dauphins et des orques. Je me présente à l'entrée du parc avant l'heure d'ouverture. Une fois les portes ouvertes, je file directement vers la zone des dauphins avant qu'elle soit submergée par l'affluence du public. À peine suis-je arrivée qu'un dauphin s'approche. Il sort la tête et le buste de l'eau et fait des va-et-vient avant-arrière. Clairement, il entre en interaction avec moi. À ce moment précis, je n'ai qu'une envie : me jeter à l'eau avec lui.

Impossible, malheureusement ! Ce serait même potentiellement dangereux. Je tente donc de poursuivre cet échange et fais le tour du bassin. Il me suit ! Sur mon parcours, je vois un caillou posé sur le rebord. Sur le moment je ne réfléchis pas davantage et je le prends. Une erreur pourtant, car je pourrais lui transmettre une bactérie. Mais la tentation est trop forte : je décide de jeter le caillou dans le bassin. Et l'effet est immédiat, le dauphin plonge et fonce vers lui. Pas plus de cinq secondes après, il me le rapporte et le pose sur le bord de l'aquarium ! Était-ce lui déjà qui l'avait posé là ? Pendant trente minutes, nous poursuivrons ce petit jeu. Chaque fois qu'il me le rapporte, il émet des petits cris de contentement en faisant ses mouvements avant-arrière de la tête. C'est jubilatoire de partager cela avec lui ! Il est fort probable que ce dauphin pose sur les bords tout objet qu'il peut trouver pour inciter les faibles touristes comme moi à jouer avec lui ! On sait aussi que certains dauphins offrent des cadeaux pour obtenir de la nourriture en retour… Peut-être que c'est ce qu'il faisait avec moi, comme ce petit singe capucin, qui, pas plus tard qu'hier, au centre de primatologie de Strasbourg, me lançait délicatement bâton et cailloux. Mais le dauphin, tout comme le capucin d'ailleurs, aurait vite compris que je n'avais rien à lui proposer et le jeu n'aurait pas duré si longtemps. J'aime plutôt penser qu'il voulait jouer au travers de la manipulation d'objets, comme cela a été démontré par ailleurs[31].

Quoi qu'il en soit, ce moment était enchanteur. Si l'on peut légitimement s'interroger sur l'enfermement des animaux, la magie opère, malgré tout… Alors espérons qu'elle ouvre les yeux sur la nécessité de les protéger. J'y crois quand je vois les yeux émerveillés des enfants.

L'an dernier, soit quatorze ans plus tard, je suis de retour à Marineland, cette fois-ci avec mon fils. Il a alors 7 ans. Le parc informe plus largement sur les problématiques de conservation de ces espèces et Alexandre y est très sensible. Nouvelle génération… C'est lui qui me fait la leçon. Néanmoins, je n'oublierai pas ses yeux pleins d'étoiles lorsqu'il a vu les otaries, les dauphins et les orques. De quoi faire naître une nouvelle vocation…

La deuxième rencontre a lieu en 2012, dans le cadre d'un congrès international où j'organise un symposium. Je suis à Cancún, au Mexique, et je décide de prolonger le séjour par quelques jours de vacances pour aller explorer un peu le Yucatán. Je commence par Chichén Itzá et son complexe mondialement connu de ruines mayas. Une splendeur ! Je finis par Tulum, ses cénotes, son site archéologique d'une ancienne cité maya puis la baie d'Akumal sublime, où l'on peut nager… avec des dauphins. Là encore, comment résister ?

Me voilà équipée avec un gilet de sauvetage. Je dois aller dans l'eau, laisser l'un d'entre eux s'approcher de moi, lui saisir son aileron et le laisser m'emmener de l'autre côté de la rive. À ce moment précis, j'hésite, je ne suis plus une enfant, je risque d'être trop lourde pour lui. En pleine empathie pour ce dauphin, gênée pour lui, je me jette tout de même à l'eau. Le gracieux cétacé arrive vers moi, doucement. À peine ai-je le temps de saisir son aileron que me voilà propulsée à toute vitesse vers l'autre rive. Stupéfiant ! Moi qui m'inquiétais pour lui… Cet animal à la silhouette hydrodynamique parfaite peut atteindre la vitesse de 60 km/h. De plus, sa nageoire caudale horizontale est actionnée par des muscles extrêmement puissants provoquant une ondulation qui assure une propulsion très efficace[32]. Elle a d'ailleurs inspiré les monopalmes qui permettent aux nageurs d'effectuer des nages tellement rapides qu'elles ne sont pas réglementaires !

Voilà des rencontres ludiques donc, témoignant de comportements et performances complexes chez ces animaux. Mais la dernière rencontre va aller bien plus loin encore.

2014. Je vais réaliser deux rêves. Le premier ? Aller à l'île Maurice et découvrir ses lagons, ses récifs, ses terres montagneuses, son parc national des gorges de Rivière-Noire et ses forêts tropicales, ses cascades, ses sentiers de randonnée, ses animaux et ses habitants, les Mauriciens, connus pour leur gentillesse et leur accueil. Rien ne me décevra, bien au contraire. Je ne tiens pas en place et ne rêve que d'une chose : explorer et observer ! Nous y sommes. Me voici au milieu des chants du bulbul et du cardinal. Dépaysement assuré dès le début ! Contempler les animaux dans leur milieu naturel est tout simplement le Graal et me submerge d'émotions. Et une excursion, en particulier, va littéralement me transporter.

Cette excursion a lieu en pleine mer. Ma chère amie Muriel et moi partons sur un petit bateau à moteur pour aller découvrir les dauphins. Nous sommes en compagnie d'un adorable guide mauricien et de trois Anglais, un homme et deux femmes, qui ont apporté deux bouteilles de vin rosé ! Il est 10 heures du matin… Ils ouvrent la première bouteille ! Humour anglais oblige, chaque fois que je les comprends en tout cas, l'ambiance est extrêmement drôle. Plus nous allons vers le large, plus la houle est forte et le guide nous explique que nous ne pourrons peut-être pas aller à l'eau. J'aimerais bien voir ça ! Après deux heures de navigation, nous voilà au large. Effectivement, cela bouge énormément. Personne n'est rassuré et, à dire vrai, personne ne veut aller dans l'eau ! De mon côté, impossible de ne pas y aller. J'ai mon gilet de sauvetage et le guide me dit de ne pas m'éloigner à plus de dix mètres du bateau. Les deux Anglaises et Muriel descendent dans l'eau et observent les fonds, accrochées au bateau. L'Anglais se jette à l'eau et va plus loin. Je fais de même !

Nous nous éloignons donc raisonnablement du bateau, suivant les consignes. Cela bouge beaucoup et je comprends que nous ne pourrons pas rester longtemps. Il va falloir faire ce que j'essaie de faire au mieux : pro-fi-ter ! En pleine mer, entièrement immergée, tout devient irréel et vertigineux. Les sons, les couleurs, les perceptions, tout est différent. Le moment en devient mystérieux et encore plus improbable. Depuis déjà dix bonnes minutes, j'explore de tous côtés, dans l'espoir de détecter un dauphin. Un seul dauphin suffirait à me remplir de bonheur pour les vingt prochaines années. Je gigote, je regarde partout autour de moi, ne voulant rien rater, perdant presque le sens de l'orientation. Je me dis que ça va arriver.

Eh oui, il arrive. Enfin, ils arrivent ! D'un seul coup, mon corps se fige et ma respiration s'arrête net. C'est presque irréel. Un banc d'une cinquantaine de dauphins passe à environ vingt mètres de profondeur, juste en dessous de moi. Je peine à y croire et savoure pleinement l'instant. Le banc file à toute vitesse et semble savoir exactement où il va. Je suis tétanisée. Et comme si cela ne suffisait pas, au milieu de ce banc de dauphins filant à une vitesse vertigineuse, je contemple l'un des plus beaux spectacles qu'il m'ait été donné de voir : un bébé dauphin en train de téter sa maman. Le temps est suspendu. Ébahie, je n'arrive même pas à pointer du doigt ces deux magnifiques êtres pour les signaler aux autres. En langage scientifique, on appelle cela la nage en échelon : le delphineau, tout comme le baleineau, se trouve très près du flanc de sa mère, ce qui représente un avantage hydrodynamique pour le bébé mais un coût considérable pour la maman qui doit fournir beaucoup plus d'efforts pour accompagner son petit[33].

Le guide nous interpelle : il faut remonter, cela devient trop dangereux. Je remonte sur le bateau, silencieuse et imprégnée de cette sublime expérience. Quelle fabuleuse image, à jamais gravée dans mon cœur et dans ma tête !

Je pense à cette maman dauphin. Je partage ma vision avec les autres. La relation d'un delphineau avec sa mère est cruciale pour sa survie. Les mamans dauphins présentent d'ailleurs toute une gamme de styles maternels, de styles éducatifs, qui peuvent changer au fur et à mesure que le petit grandit et que le contexte social se modifie[34]. Cette rencontre me touche d'autant plus qu'à cette époque-là je n'arrive pas à tomber enceinte. Une endométriose sévère m'en empêche. Ma prochaine et troisième tentative de fécondation *in vitro* aura lieu à mon retour à Paris. Une Mauricienne à qui je me confie, émue par mes angoisses de ne jamais être maman, me conseille d'aller prier à la source.

Impossible, car nous partons très tôt le lendemain matin. Avec un naturel incroyablement bienveillant, elle m'assure qu'elle ira prier pour moi. J'aime à croire que cette épopée mauricienne et cette vision sous-marine m'ont porté chance.

En rentrant à Paris, la troisième tentative est la dernière. Je suis enceinte d'Alexandre… Il naît huit mois plus tard. Et voilà le deuxième rêve réalisé en cette année 2014, l'année du premier jour de la vie de mon fils, la plus extraordinaire de toutes les années de ma vie… Huit ans et demi après, en juillet 2023, nous partons ensemble pour l'île Maurice. À mon tour de réaliser ses rêves. J'ai bien envoyé mes étudiants en Afrique, au Vietnam, aux États-Unis, en Australie… Pourquoi ne pas partir avec Alexandre, lui qui rêve de voir des poissons de toutes les couleurs, des dauphins et des tortues, dans l'océan Indien ?

Conclusion
Découvrir les émotions de demain

Lors de mes expériences avec les microcèbes, durant ces quinze dernières années, je me suis rendu compte d'une chose : plus ils sont stressés, moins ils réussissent la tâche que je leur propose. Comme moi ! Comme beaucoup d'entre nous ! Il existe un lien complexe entre les émotions et la cognition[35]. Ce point est très gênant car il montre d'une part que certains de nos microcèbes ne sont pas sereins, qu'ils ne sont pas dans un état de bien-être, et d'autre part que l'éthique n'est pas respectée puisque leur stress peut fausser les résultats scientifiques. Ils ne ratent pas la proie par manque de performance mais parce qu'ils sont stressés à cause des conditions de l'expérience. Il faut y remédier. Mais comment savoir si le microcèbe qu'on étudie est stressé ou pas ? Ses émotions ne se voient pas comme leur nez au milieu de la figure ! J'en discute avec mes collègues Fabien et Raphaël et nous trouvons la solution. Nous allons mettre en place un dispositif dans lequel le microcèbe sera soit face à une situation sereine (sauter dans son nid), soit face à une situation stressante (sauter sur le gant d'un soigneur, synonyme de capture). Et, pendant ces actions, nous allons filmer les microcèbes, leurs visages en particulier.

Au début, l'expérience fonctionne très bien et nous récupérons de nombreuses vidéos de visages de microcèbes dans les deux conditions. Reste à les analyser pour voir si on peut détecter des émotions différentes. Problème : à l'œil nu, rien ! Raphaël a alors l'idée d'utiliser l'intelligence artificielle pour voir si un programme mathématique pourrait départager les visages stressés des non-stressés. Eh oui ! cet outil peut mathématiquement trouver des signes permettant de séparer les visages selon leur émotion, ce que nous n'arrivons pas à faire nous-mêmes en les observant. Raphaël fait donc tourner la machine comme on dit, et là, bingo ! l'algorithme sépare deux groupes de visages. Désormais, en filmant nos microcèbes, nous sommes capables de savoir s'ils sont stressés ou pas. L'étape suivante ? Détecter en temps réel si un microcèbe est stressé ou pas pour remédier rapidement à son état et lui procurer du bien-être en permanence. Sans compter que si nous détectons que notre animal est stressé, l'expérience est annulée. Une belle avancée pour le bien-être animal que nous allons tenter de développer chez d'autres primates, avec une nouvelle thèse qui commence, celle d'Eugénie !

Dans ma carrière de chercheuse, j'ai vécu plusieurs expériences qui m'ont permis de constater que certains animaux, tout comme certains humains, expriment leurs curiosités[36], leurs envies d'échanger[37], et même leurs sentiments[38], pour, peut-être, créer du lien… et ce même après une période longue sans voir un individu. Non seulement ils ont de vraies capacités de mémorisation, mais ils ressentent des émotions, des sentiments, et ils trouvent le moyen de les exprimer, voire de les partager. Sans compter tout ce que je n'ai pas réussi à percevoir, du fait que je n'ai pas le même langage qu'eux.

À l'heure où nous utilisons l'intelligence artificielle pour tenter de détecter les émotions de certaines espèces et où nous commençons à décoder leurs si complexes formes de communications, le temps de prouver qu'ils ont des émotions est révolu. Est venu celui de mieux les comprendre, les cerner, les analyser et se servir de ces nouveaux outils pour les protéger et nous améliorer nous-mêmes. Je m'efforce, entourée de collègues bienveillants et d'étudiants passionnés, de tout mettre en œuvre pour comprendre l'étendue et la complexité de ces émotions, pour comprendre aussi comment elles interfèrent dans la compréhension que les animaux ont du monde, dans leurs apprentissages et leur survie. L'étude des émotions en est encore à ses débuts, tant pour les détecter que pour analyser leur fonctionnement. Nous ne savons pas non plus le rôle qu'elles jouent dans l'évolution des espèces. Il est temps d'y remédier.

Personnalité[39], empathie[40], émotion[41], bien-être[42]… Voilà des sujets brûlants, tant ils sont encore malheureusement polémiques même s'ils sont heureusement fascinants. Nous avons beaucoup à apprendre des émotions animales, y compris des si injustement mal aimés[43]. Une vie ne me suffira pas, mais je vous promets de la remplir en observant, en cherchant, pour contribuer à partager avec vous mes réponses, mes questions, et cet émerveillement qui ne me quittera jamais.

CONCLUSION

Quand on a que l'amour

Vivre de sa passion ? Même pas en rêve…

J'ai appris de mes rencontres que le positif succède toujours au négatif et qu'il faut croire en ses rêves, malgré les nombreux obstacles et les malveillances, conscientes ou pas. « Tu n'y arriveras jamais », « C'est impossible », « Tu n'as pas les épaules », « Il n'y a pas de poste », « Tu n'as pas les compétences ». Du collège jusqu'à la thèse de doctorat, j'ai ressenti un si grand nombre de fois une solitude insupportable, un manque d'empathie très rude et un sentiment profond d'injustice, voire du dégoût parfois. Certes, devenir chercheur, pire encore chercheuse, n'est pas un long fleuve tranquille. Avec le recul, il est fascinant d'observer à quel point certains enseignants et chercheurs s'obstinent à vous faire comprendre que si eux y sont arrivés, vous, moins expérimentée, moins brillante, évidemment, vous n'y arriverez pas.

Entre nous, je n'avais pas besoin qu'on me le dise car moi-même je n'y croyais pas. Encore aujourd'hui, je ressens souvent ce syndrome de l'imposteur… Alors imaginez à mes débuts !

Après avoir effectué une thèse miraculeuse, tant pour la bourse de la Vocation, qui m'a permis de la commencer, que par le contexte presque autofinancé pour pouvoir la terminer, j'ai connu le chômage qui m'a ramenée sur les cours de tennis. Puis, après un nouveau parcours du combattant, j'ai été recrutée lors de ma première tentative comme maître de conférences à l'université de Toulon, rattachée à un laboratoire d'analyse du mouvement. Je me rappelle, lors de ce premier jour, avoir téléphoné à ma mère pour lui expliquer que je devais longer la mer et les palmiers pour aller travailler. Quelle sensation de liberté jointe à celle d'avoir enfin réussi !

Le début du rêve ? Pas vraiment. J'ai tout entendu, des phrases qui blessent et qui abaissent, jusqu'aux menaces, en passant par le chantage. Je vais encore devoir batailler ferme pour rejoindre la luxueuse liberté du CNRS grâce aux encouragements de collègues bienveillants que je n'en finirai jamais de remercier tant ils ont pris le dessus sur les oiseaux de mauvais augure. Jamais je n'oublierai l'appel téléphonique de ma directrice de laboratoire, Fabienne Aujard, m'annonçant que j'avais terminé première du concours. Ce moment est venu illuminer ma vie, effaçant les moments les plus difficiles de mon parcours. Un sentiment de justice m'a enfin envahi. Merci, Fabienne, d'avoir cru en moi !

Une fois chercheuse au CNRS, je constate que le mépris et les attitudes de rabaissement existent toujours. Une compétition négative, mêlant ego et jalousie, fait rage dans nos laboratoires et me fait rapidement déchanter quant aux prétendus altruisme scientifique et travail en équipe.

N'en déplaise à certains, je passe mon habilitation à diriger des recherches, puis je réussis le concours de directrice de recherche du premier coup ! Pire encore, je reçois la médaille d'argent du CNRS puis la Légion d'honneur de la part du ministère… Des reconnaissances de mes pairs qui font tellement de bien… Mais pas à tout le monde, puisque certains trouvent toujours le moyen de me faire comprendre que, si je progresse, c'est quand même grâce à un réseau, grâce à du soutien, voire du piston. Bref, grâce à tout sauf à mon travail, mon mérite !

Quelle leçon retenir de tout cela ? Y croire. Toujours y croire. S'accrocher à ce qui nous anime au plus profond. En ce qui me concerne : la science, les animaux, chercher, me questionner, comprendre, partager… avec eux, avec vous ! Et tant qu'il y aura de l'amour, tout ira bien… L'amour, la reconnaissance, je les ai trouvés, dès 2017, auprès du grand public, celui que le Professeur aimait tant. Je publie alors mon premier livre sur l'intelligence animale et j'enchaîne les conférences sur le sujet. Que de rencontres humaines formidables ! Avec elles, j'ai compris instantanément quel était mon rôle. Les gens sont intéressés et émerveillés. Je partage avec eux de superbes moments : on rit, on s'émeut, on pleure parfois… Ils me remercient et me font exister. Grâce à eux, je me sens enfin utile. Je crois que les auditeurs apprécient ma passion, mon dynamisme, mes émotions. Cela m'encourage. En retour, j'apprécie leurs questionnements qui me poussent à revoir mes objectifs et mes projets, qui m'obligent à être au plus près des préoccupations sociétales. Un échange fantastique que je compte bien poursuivre…

Et je ne peux m'empêcher, en concluant ce livre, d'avoir une pensée émue pour Gisèle Sassey, cette dame qui à la fin d'une conférence m'a pris la main pour me dire qu'elle n'avait jamais assisté à une conférence aussi intéressante pour les… non-voyants ! Elle s'est éteinte, à l'âge de 94 ans, le 16 mars dernier. C'était une humaniste, pleine d'espoir et de tolérance. Lorsque j'irai refaire une conférence à Royan, elle me manquera.

Des projets en arborescence

J'ai appris de mes rencontres animales que tout est lié. Tirer une ficelle me conduit vers une autre. Une question en ouvre dix. C'est infini. Cela me fait peur et m'enivre à la fois. Il faut juste apprendre à se reposer. Je vais avoir 50 ans, cela va venir… ou pas ! Les projets s'enchaînent, se recoupent, se distinguent… Je passe mon temps à décortiquer les mécanismes évolutifs de certains comportements, en travaillant sur des animaux tous plus intelligents les uns que les autres[1]. J'échange avec de nombreux collègues de tous horizons, tous plus passionnants les uns que les autres. Sans compter les étudiants qui m'entourent, surprenants, innovants. J'apprends en permanence, en éternelle étudiante que je suis et resterai. Et ce qui est passionnant, c'est cette liberté luxueuse que le CNRS nous offre, pour nous enrichir et enrichir d'autres collègues quand nous tentons de les aider à répondre à leurs propres questions, et inversement. Le champ des possibles est totalement ouvert, assouvissant – un peu – ma curiosité débordante. Ma tête fonctionne en arborescence, elle voudrait tout aborder ! Mon fils me ressemble… Cela promet !

Cette vision tentaculaire des sciences m'amène à travailler sur des sujets aussi divers que passionnants. C'est ainsi que j'ai pu contribuer à des interprétations originales d'outils et de comportements associés à ces outils chez les Indonésiens, il y a plus de dix mille ans[2]. L'opportunité m'a également été offerte de proposer des hypothèses sur la latéralité des utilisateurs d'outils préhistoriques par l'analyse des traces sur ces outils[3]. Concernant la latéralité, j'ai contribué aussi à une étude sur la préférence manuelle dans la communication, la prise alimentaire et la manipulation d'outils chez les Pygmées akas en République démocratique du Congo[4]. J'ai eu enfin la chance de contribuer aux premières identifications de mains non humaines au pochoir à Wadi Sūra II (Égypte). Notre étude morphométrique nous a donné un nouvel aperçu du symbolisme de l'art rupestre, les preuves suggérant que les pochoirs étaient très probablement fabriqués à partir de pieds antérieurs de lézards[5] ! Et non d'enfants humains…

Et les projets actuels que je supervise et coordonne sont également très diversifiés. Grâce à ma rencontre formidable avec Anne Bobin-Bègue, spécialiste en psychologie du développement, je découvre tout un champ de recherche que je ne connaissais pas : l'effet du rythme, du tempo, sur le développement, l'apprentissage, l'attention, les comportements en général. Quelle jolie rencontre que celle-là ! Un bébé bercé est plus attentif, par exemple. Nul doute que nous allons faire des découvertes surprenantes dans le monde animal. Avec notre étudiante, Camille, nous voulons tenter de comprendre comment un rythme produit par un métronome peut influencer les comportements des mandarins et canaris. Car c'est le cas ! Et, grâce à Anne, je vais travailler avec des bébés… J'ai hâte ! Pendant ma thèse, j'ai pu étudier des enfants âgés de 2 à 5 ans et c'était fantastique d'analyser leurs habiletés motrices. Mais que se passe-t-il avant ? Je me demande si le bercement a son rôle à jouer dans le développement du pointage et de la préhension. Projet original et inédit à venir. Merci Anne…

Je me suis également lancée dans l'étude de la personnalité des rats-taupes nus. Ces étonnantes petites bestioles méritent qu'on les étudie pour améliorer leur bien-être et pas seulement pour en extraire des solutions potentielles pour mieux vieillir ou plus longtemps. En ce moment, je me passionne aussi pour les émotions animales. Constatant les liens avérés qui existent entre émotions et cognition chez les humains, je me demande s'ils sont spécifiques aux humains. Les émotions affectent les prises de décision, par exemple, et les apprentissages. Ce lien très fort existant chez les humains entre cognition et émotion chez les hauts potentiels intellectuels se retrouve-t-il chez les autres animaux ? Sans compter que les émotions et leur impact sur l'évolution des comportements ont probablement été sous estimées chez ces derniers. Il faut absolument creuser ce lien !

Avec Eugénie Mortessagne, désormais en doctorat, nous avons commencé à l'étudier chez les microcèbes[6]. Elle va poursuivre avec d'autres espèces de singes et cela va être passionnant de comprendre en quoi les émotions peuvent affecter les performances des individus et leurs comportements ! On sait par exemple que les gorilles actuels, qui souffrent comme beaucoup d'espèces de la réduction de leur territoire, sont plus stressés qu'avant. Or cela affecte leurs comportements et entraîne visiblement davantage de scissions de groupes. Nous nous devons de mieux comprendre les émotions animales pour mieux comprendre leurs comportements et agir également pour leur bien-être.

Les femelles, grandes oubliées de l'évolution[7]

J'ai appris de mes rencontres animales que les mâles sont plus étudiés que les femelles. Constat consternant ! Car, lorsqu'on travaille sur l'évolution, on s'attaque nécessairement aux concepts d'adaptation, de sélections naturelle et sexuelle. Et, de toute évidence, on étudie les animaux et de toute évidence on étudie les jeunes, les adultes, les mâles, les femelles. De toute évidence ? Pas vraiment... Car les femelles sont sous-étudiées. Pourquoi ? Parfois, au moins à une époque, par pure misogynie et/ou désintérêt total, mais aussi parce qu'elles sont sujettes aux variations hormonales, pondérales, comportementales, etc. Résultat ? Les mâles, plus homogènes, sont plus souvent choisis dans les études. Or cela crée un biais considérable dans la compréhension des mécanismes adaptatifs et de l'évolution. Pire encore pour les études médicales...

Autre exemple, au travers de mes très nombreuses observations et expériences sur les capacités de manipulation et d'utilisation d'outils dans le monde animal, je me suis rendu compte qu'il existait un biais de genre. Autrement dit, les femelles et les mâles ne sont pas égaux dans ces comportements. Parfois ce sont uniquement les mâles qui sont impliqués, parfois uniquement les femelles. Et parfois les femelles sont meilleures que les mâles ! Pourquoi ? Cette problématique est fascinante et je cherche, encore, un financement pour la développer... Malgré des travaux émergents, le gouffre séparant les études entre mâles et femelles reste béant. À nous, chercheuses et chercheurs, de le combler, pour faire converger les questions scientifiques et sociétales et ouvrir la voie à de belles découvertes. Il est temps.

Une affaire de contexte

J'ai appris de mes rencontres animales que tout est affaire de contexte. Comprendre l'intelligence, la performance, les personnalités et les émotions nécessite d'étudier les animaux dans le bon contexte. Vous ne pourrez pas déduire qu'un poisson est nul s'il n'arrive pas à grimper dans un arbre ! Ni qu'un médecin est idiot s'il ne parvient pas à trouver son chemin dans le désert.

Ni que la fourmi du Sahara, spécialiste des raccourcis dans le désert, est stupide si elle ne sait pas soigner ma bronchite ! Chacun ses spécialités et on ne peut comparer que ce qui est comparable. Chaque espèce est unique, chaque individu aussi, avec toute la diversité qui existe et toutes les intelligences qui existent en chacun de nous. Ce point est fondamental pour comprendre notre espèce elle-même et les autres.

Personne n'est idiot. Chacun de nous a ses formes d'intelligence. Et chaque enfant aussi ! L'école et l'entourage d'un enfant doivent faire le maximum pour l'aider à découvrir ses formes d'intelligence afin qu'il s'épanouisse. Et pas plus qu'aucun humain n'est idiot, aucun animal ne l'est non plus ! L'enjeu est de trouver le bon angle pour étudier chaque individu, que ce soit en milieu naturel ou en contexte expérimental. Les dispositifs que nous inventons pour étudier leurs intelligence, personnalité, performance, émotion, ou autre, sont décisifs. En tant que scientifiques nous devons être très vigilants et réfléchir, collectivement, pour nous améliorer, toujours et encore. Au passage, certaines espèces comme les chimpanzés sont bien meilleures que nous pour certains tests, ceux de mémoire visuelle, par exemple, et, lorsqu'il y a une faille dans le protocole, bon nombre d'espèces la trouvent ! Pour rappel, Daniela la bonobo qui se fabrique une lance pour récupérer le raisin frais et éviter tous les obstacles, et cette femelle capucin qui fait sauter le labyrinthe pour récupérer les noix, évitant ainsi la contrainte d'utiliser un outil ! Respect et humilité…

La solution la plus intelligente est parfois la plus simple

J'ai appris de mes rencontres animales que la solution la plus intelligente est parfois la plus simple. Inversement, la solution la plus intelligente n'est pas forcément la plus complexe. Je m'explique. Imaginez cette situation réelle où un babouin est poursuivi par une lionne. Pour la semer, le babouin tente une première solution : grimper dans un arbre. Une lionne n'est pas une panthère, elle grimpe un peu mais certainement pas jusqu'en haut ! Cependant, elle reste au pied de l'arbre et attend que le babouin descende… Le babouin tente donc une deuxième solution : il casse des branches et les lance sur la lionne ! Whouaou ! Elle s'en prend plusieurs sur la tête (il vise bien !) mais ne s'en va pas. Pourtant, c'était une solution complexe et intelligente. Mais elle ne fonctionne pas. Il tente donc une troisième solution : il lui fait pipi dessus ! Cette fois, la lionne s'en va…

La réponse intelligente pour survivre dans ce cas était donc d'uriner sur le prédateur, un comportement on ne peut plus simple. Pas besoin d'être un génie ! Certes… encore fallait-il le trouver ! À l'inverse, casser des branches et s'en servir comme arme est une utilisation d'outil que l'on pourrait qualifier de complexe. Mais elle n'a pas fonctionné… La solution la plus simple est donc parfois la plus efficace et la plus intelligente, celle qui peut vous sauver la vie, même si techniquement, cognitivement, elle n'est pas complexe. Il faut arrêter, dans nos têtes d'humains, d'imaginer que la complexité fait l'intelligence. Non, c'est la bonne solution qui fait l'intelligence, même si elle est simple. À nous de tenir compte de ce point très important, que ce soit pour comprendre l'évolution des comportements animaux ou pour valoriser les intelligences différentielles de nos enfants…

On a tout à apprendre et à découvrir

J'ai appris de mes rencontres animales que tout reste à apprendre et à découvrir. Tout ! La vie évolue depuis des milliards d'années et elle continue d'évoluer bien sûr, avec toutes les adaptations qui vont avec, toutes ces solutions liées aux comportements et aux performances. Chaque adaptation constitue une inspiration potentielle pour nous les humains. Et imaginez tout ce qui reste à découvrir quand on sait que, sur les huit à vingt millions d'espèces animales supposées, seulement dix mille sont bien décrites ! Il reste tellement d'espèces à découvrir et à comprendre encore, chez les invertébrés, dans le milieu aquatique, etc. Tous les espoirs sont permis en termes d'émerveillement et d'inspiration. Et n'oublions jamais que les humains sont une espèce très jeune à l'échelle de l'évolution : seulement six millions d'années quand les premières traces de vie sur terre remontent à presque quatre milliards d'années…

Un peu d'humilité serait de mise, car nous ne sommes pas grand-chose dans l'histoire de la vie. Sauf qu'en très peu de temps nous avons réussi à mettre en danger le potentiel évolutif du vivant… Ne serions-nous pas des imbéciles au regard de l'évolution ? Reprenons-nous et allons chercher et protéger l'existant et tout ce qui reste à découvrir.

La nature parle, écoutons-la !

J'ai appris de mes rencontres animales que la nature parle et que nous devons l'écouter. À l'heure où des chiens domestiqués par les humains sont de puissants alliés pour diagnostiquer des cancers ou le Covid et pour extraire des victimes de catastrophes, il est temps de respecter les animaux et de tout mettre en œuvre pour les protéger. Par ailleurs, les intelligences des animaux, leurs performances et leurs émotions telles que l'empathie, sont des sources d'inspiration pour nous les humains. Il est indispensable de préserver la biodiversité et n'oublions jamais que bon nombre d'inventions humaines, de l'avion à certains médicaments en passant par le GPS, sont le fruit d'observations et de compréhension des animaux. Je crois beaucoup en la coopération entre le monde industriel et la science. Il faut instaurer des partenariats gagnant-gagnant. Nous, scientifiques, pouvons aider à offrir des solutions aux industriels qui, en retour, doivent nous aider à protéger la biodiversité. La bio-inspiration n'a de sens que si on protège la nature. Puisqu'il faut montrer l'utilité des animaux pour les préserver, montrons-la. C'est cynique mais l'urgence est là.

Nous avons besoin des animaux, au-delà des merveilles qu'ils représentent. Sans compter les végétaux… La vie est précieuse et nous devons arrêter de mettre en péril le potentiel évolutif du vivant. Je compte sur vous pour vous émerveiller et inciter vos enfants et petits-enfants à s'émerveiller. Je compte sur vous pour vous émerveiller de cette nature qui n'en finira jamais de me surprendre et de m'émouvoir, et pour la protéger.

Mes conseils

J'ai appris de mes rencontres animales que je pouvais sans doute me permettre de donner des conseils aux grands comme aux petits ! Alors voici mes petites instructions de passionnée ! Il faut saisir chaque moment de libre pour s'émerveiller. Et si la savane africaine, la forêt amazonienne ou les eaux mauriciennes sont des lieux d'observation qui font rêver, vous pouvez tout à fait utiliser au moins une partie de vos week-ends, ou de vos vacances, pour observer les animaux, près de chez vous. Bon nombre de mes moments libres se transforment en périodes d'observation ! Durant mes dernières vacances, j'ai encore passé beaucoup de temps à contempler les araignées crabes, les libellules, toujours, les écureuils, encore, les oiseaux… Tout est beau ! Tout est intéressant !

Dans les parcs, il est possible, à certaines heures (tôt le matin, par exemple) et à certaines périodes (pas l'hiver !) d'observer des écureuils. Pas loin de chez moi, entre la Vallée-aux-Loups et le parc de Sceaux, je peux voir à la fois les écureuils roux et de Corée (les rayés). En vous aventurant dans les forêts à proximité de Paris, vous pourriez aussi apercevoir des renards, des chevreuils, écouter le brame du cerf dans la forêt de Chambord à l'automne… Et dans les moindres parcs et jardins privés, admirer les gendarmes, ces petits insectes (pas les fonctionnaires…) très faciles à observer. Mon fils y passe des heures, en les plaçant dans une boîte pourvue d'une loupe, avant de les relâcher, bien sûr…

Pendant vos vacances, observez les libellules, les coccinelles, les lézards, les araignées, les oiseaux… Observez la différence entre ces mésanges, qui se laissent peu approcher, et les rouges-gorges, si courageux, qui osent venir près de vous. Tout prend sens quand on se donne le temps. Prenez-le ! Et puis certains d'entre vous ont sûrement des animaux chez eux : des petits rats, des chats, des chiens. Amusez-vous à leur cacher des jouets, à leur en proposer un nouveau, à rendre difficile d'accès leurs friandises, dans une boîte transparente, hors de portée, etc. Vous serez parfois surpris ! Chaque petite vie animale qui passera dans la vôtre l'enrichira de bonheur, de surprises et de connaissances sur notre propre histoire et celle de notre planète.

Quand on a que l'amour

J'ai appris de mes rencontres animales que, finalement, nous n'avons que l'amour. Vous pouvez vous battre à coups d'arguments pointus, à coups de démonstrations, à coups de publications, à coups de projets, pour obtenir des financements, un poste pour vous ou vos étudiants, pour protéger les animaux… Vous pouvez vous démener, faire tout ce qui est en votre pouvoir, au fond, la seule chose qui compte et qui reste, c'est l'amour ! Comme « chacune de nos lectures laisse une graine qui germe », selon Jules Renard, dans son *Journal 1899-1904*, je me permets d'oser espérer que ce livre laissera une graine d'espoir et d'amour du vivant.

L'amour pour Yves Coppens, pour les gens qui m'écoutent et me lisent, pour les animaux, pour ma famille, me conduit à mener une vie inespérée. La rencontre du Professeur a été extraordinaire. Il a été encore plus grand que dans mes rêves. Plus fort, plus lumineux, plus bienveillant, plus brillant, plus drôle. Il m'a offert tout ce qu'il pouvait puis m'a laissé m'envoler, comme la libellule de mon enfance. Nous avons tous une rencontre décisive dans nos vies. La mienne a été ce grand monsieur, ce puits de science, de savoir et de générosité. Et vous, quelle a été la vôtre ? Celle qui vous permet aujourd'hui de garder une âme d'enfant ? Je n'oublie pas le Professeur, et je n'oublie pas Lucy non plus.

Après toutes mes aventures et mes rencontres animales, je ne suis toujours pas allée voir ma Lucy… Je suis pourtant invitée en Éthiopie ! Mais je la préfère dans mon imaginaire, bien au chaud. Ma Lucy, celle qui m'a fait rêver petite et à laquelle je pense si souvent. Je ne la retrouverai sans doute que lorsque je reverrai mon Professeur. Et je suis sûre qu'elle me confirmera qu'elle a utilisé des outils ! En attendant, je dois bien reconnaître que je me sens extrêmement impuissante, parfois, souvent, face à cette chute dramatique de la biodiversité. De nature optimiste et acharnée, je ne peux pas m'y résoudre et je me bats, avec mes armes. Je suis convaincue qu'en suscitant l'émerveillement on peut éveiller les consciences des plus puissants. J'y crois. Sinon je n'écrirais pas, je ne chercherais pas. Je sais que je ne suis pas seule à le penser et à agir. Chacun agit avec ses moyens. La science, l'éthologie, la bio-inspiration, sont autant d'atouts qui peuvent nous aider à comprendre les animaux, nous en inspirer, pour nous améliorer, mais aussi pour les aider en retour.

Les animaux sont éblouissants, impressionnants, attendrissants. Je suis convaincue que nous les sauverons et nous sauverons nous-mêmes au passage, avec de la tendresse, de la bienveillance et de l'amour. Je suis convaincue que toute cette affection que m'ont transmise Yves Coppens, la petite Lucy et tous ces animaux domestiques et ceux du jardin de ma grand-mère lorsque j'étais enfant ne sera pas vaine. Tout reste à découvrir. Et malgré l'implication si faible des puissants, à nous de les observer, les comprendre, les aimer, les protéger. Comme le dit le poète, rien qu'avec la force d'aimer, nous aurons dans nos mains le monde entier…

Quand on n'a que l'amour
Pour vivre nos promesses
Sans nulle autre richesse
Que d'y croire toujours
Quand on n'a que l'amour
Pour meubler de merveilles
Et couvrir de soleil
La laideur des faubourgs
[...]
Quand on n'a que l'amour
Pour tracer un chemin
Et forcer le destin
À chaque carrefour...
Alors sans avoir rien
Que la force d'aimer
Nous aurons dans nos mains
Amis le monde entier

(Jacques BREL,
« Quand on n'a que l'amour »,
extrait, 1956.)

ANNEXE

Discours d'Emmanuelle Pouydebat

Cérémonie d'Yves Coppens, église de la Madeleine, Paris

Mon Professeur, quand votre épouse Martine m'a sollicitée pour faire un discours, j'ai d'abord été fière et honorée puis effrayée par l'enjeu, tant je sais l'amour et l'admiration que vous suscitez autour de vous.

J'ai 1 an lorsque vous découvrez Lucy et on ne me dit rien ! Je vais attendre 10 ans pour l'apprendre lors d'une émission de télévision : un vrai coup de foudre. « Quand je s'rai grande je serai Yves Coppens. » Mais n'est pas Coppens qui veut... Il faut le miracle de la bourse de la Vocation pour vous rencontrer dans votre bureau du Collège de France. C'est irréel. On ne rencontre jamais son idole. Pourtant, vous devenez mon directeur de thèse et mon chemin ne s'éloignera plus jamais du vôtre. Un chemin parsemé d'australopithèques, de singes et aujourd'hui d'éléphants, que vous avez vous-même étudiés dans votre thèse. Quelle jolie boucle...

Avec vous, chaque discussion est une leçon. Leçon de vie, de générosité, de partage, de bienveillance, de sérénité. « Tranquillisez-vous Emmanuelle, je n'ai pas d'ennemi », me dites-vous un jour où je m'emporte contre quelques détracteurs. Leçon d'optimisme, lorsque mon moral est en berne face au déclin de la biodiversité : « La science, Emmanuelle, la Science. Les solutions viendront de là. » Leçon de dynamisme également. Entre deux rendez-vous, je vous lance un bienveillant : « Professeur, il faut vous reposer un peu » et vous me répondez : « Juste une bise Emmanuelle, je pars en Sibérie... »

Quelle énergie ! Vous êtes comme ça ! Un passionné, toujours en mouvement, en réflexions positives sur le futur. Oui, nous irons sur Mars, Professeur ! Leçon d'humour enfin dès ma désormais lointaine soutenance de thèse où vous m'avez interpellée sur mon accent anglais : « Emmanuelle, arrêtez de parler de John Napier [Napié] ou alors il va vous falloir parler de Charles Darwin [Darouin] » !

Je dis parfois que les humains sont une goutte d'eau dans l'évolution. Mais les humains comme vous sont des océans. Le 22 juin dernier, nous avons perdu une « mémoire de mammouth », un conteur, un visionnaire, un puits de savoir, de poésie, de réflexions positives sur le monde malgré des actualités parfois affligeantes. Le 22 juin, la petite fille en moi est partie avec vous Professeur. Depuis mon enfance, Lucy me suit partout. Elle est vivante. Vous serez comme ma petite Lucy, toujours vivant. *Coppens in the Sky with Diamonds.*

Ma bande dessinée qui vous rend hommage à vous et à Lucy, où vous êtes tous deux en couverture, est une surprise que je devais vous remettre en août, pour vos 88 ans. Je la transmettrai à Quentin, s'il le veut bien. Il y découvrira *Emmanuelle au pays des merveilles* comme vous me décriviez. Yves Coppens, cet éternel étonné comme il se qualifiait (*Le Singe, l'Afrique et l'Homme*) a fait de moi une éternelle émerveillée.

Aujourd'hui, je pense à Martine. Je pense aux collègues chercheurs, étudiants, journalistes, éditrice, attachée de presse, amateurs de sciences, qui vous aiment sincèrement et sont si tristes en ce jour. Je pense à toutes ces vocations nées grâce à vous, à tous ces gens à qui vous avez donné du bonheur au travers de vos collaborations, livres, conférences, émissions et même de vos représentations théâtrales. Vous me manquez affreusement Professeur. Je n'aurai de cesse de transmettre du mieux que je peux ce que vous m'avez appris : l'amour des sciences, du grand public, l'espoir, la détermination. Non ! Aucune page ne se tourne, votre insatiable soif de découverte subsiste en nous, votre amour et votre bienveillance m'accompagnent.

Une conclusion qui vous aurait plu, que m'a soufflée hier soir mon fils de 7 ans, que vous connaissez : « Professeur, vous resterez toujours dans mon cœur, et en plus, ça rime ! » Je conclus moi-même comme dans toutes nos correspondances : « Professeur, je vous aime, je vous embrasse toujours et encore, Votre Emmanuelle. »

Emmanuelle Pouydebat,
le 1er juillet 2022,
église de la Madeleine, Paris

Notes bibliographiques

INTRODUCTION
Tout était prêt !

1. Lamarck J.-B. de, *Système analytique des connaissances positives de l'homme*, 1820.
2. Coppens Y., *Le Singe, l'Afrique et l'Homme*, Fayard, 1983.

CHAPITRE 1
Mes dix rencontres bouleversantes avec le Professeur Yves Coppens

1. *Ibid.*
2. Leakey L. S. B. *et al.*, « A new species of the Genus Homo from Olduvai Gorge », *Nature*, 1964, 202 (4927), p. 7-9.
3. Toth N., Schick K. D., Savage-Rumbaugh E. S., Sevcik R. A., Rumbaugh D. M., « Pan the tool-maker : investigations into the stone tool-making and tool-using capabilities of a Bonobo (*Pan paniscus*) », *Journal of Archaeological Science*, 1993, 20, p. 81-91.
4. Schick K. D., Toth N., Garufi G., « Continuing investigations into the stone tool-making and tool-using capabilities of a Bonobo (*Pan paniscus*) », *Journal of Archaeological Science*, 1999, 26, p. 821-832.

CHAPITRE 2
Mes rencontres avec les manipulateurs d'objets et d'outils !

1. Tomasello M., Call J., *Primate Cognition*, Oxford University Press, 1997.
2. Pruetz J. D. *et al.*, « New evidence on the tool-assisted hunting exhibited by chimpanzees (*Pan troglodytes verus*) in a savannah habitat at Fongoli, Sénégal », *R. Soc. open sci.*, 2015, 2 (4), 2811320.

3. Alp R., « Stepping-sticks" and "seat-sticks" : New types of tools used by wild chimpanzees (*Pan troglodytes*) in Sierra Leone », *Am. J. Primatol.*, 1999, 41, p. 45-52.
4. Whiten A., Goodall J., McGrew W. C., Nishida T., Reynolds V., Sugiyama Y., Tutin C. E. G., Wrangham R. W., Boesch C., « Cultures in chimpanzees », *Nature*, 1999, 399, p. 682-685.
5. Fragaszy D., Visalberghi E., Fedigan L., *The Complete Capuchin*, Cambridge University Press, 2004.
6. Van Schaik C. P., Deaner R. O., Merrill M. Y., « The conditions for tool-use in primates : Implications for the evolution of material culture », *Journal of Human Evolution*, 1999, 36, p. 719-741.
7. Masataka N., Koda H., Urasopon N., Watanabe K., « Free-ranging macaque mothers exaggerate tool-using behavior when observed by offspring », *PLOS One*, 2009, 4 (3), e4768.
8. Lefebvre L., Nicolakakis N., Boire D., « Tools and brains in birds », *Behaviour*, 2002, 139, p. 939-973.
9. Emery N. J. *et al.*, « The mentality of crows : Convergent evolution of intelligence in corvids and apes », *Science*, 2004, 306 (5703) : 1903-1907.
10. Hunt G. R., « Manufacture and use of hook-tools by New Caledonian crows », *Nature*, 1996, 379, p. 249-251.
Hunt G. R., Gray R. D., « Direct observations of pandanus-tool manufacture and use by a New Caledonian crow (*Corvus moneduloides*) », *Animal Cognition,* 2004, 7, p. 114-120.
11. Megan L *et al.*, « A novel form of spontaneous tool use displayed by several captive greater vasa parrots (*Coracopsis vasa*) », *Biol. Lett.*, 2015, 11, 20150861.
12. Beck B. B., *Animal Tool Behavior : The Use and Manufacture of Tools*, Garland Press, 1980.
13. Dinets V., Brueggen J. C., Brueggen J. D., « Crocodilians use tools for hunting », *Ethology, Ecology and Evolution*, 2015, 27 (1), p. 74-78.
14. Finn J. K., Tregenza T., Norman M. D., « Defensive tool use in a coconut-carrying octopus », *Curr. Biol.*, 2009, 19, R1069-R1070.
15. Smolker R. A., Richards A. F., Connor R. C., Mann J., Berggren P., « Sponge carrying by dolphins (Delphinidae, *Tursiops sp.*) : A foraging specialization involving tool use ? », *Ethology*, 2010, 103, p. 454-465.
16. Alem S., Perry C. J., Zhu X., Loukola O. J., Ingraham T. *et al.*, « Correction : Associative mechanisms allow for social learning and cultural transmission of string pulling in an insect », *PLOS Biology*, 2016, 14 (12), e1002589.
17. Heinsohn R., Zdenek C. N., Cunningham R. B., Endler J. A., Langmore N. E., « Tool-assisted rhythmic drumming in palm cockatoos shares key elements of human instrumental music », *Science Advances*, 2017, 3 (6), e1602399.
18. Sustaita D., Pouydebat E., Abdala V., Manzano A., Herrel A., « Getting a grip on tetrapod grasping : Form, function and evolution », *Biological Reviews*, 2013, 88 (2), p. 380-405.

19. Pouydebat E. *et al.*, « Substrate optimization in nut cracking by capuchin monkeys », *Am. J. Primatol.*, 2006, 68 (10), p. 1017-1024.
20. Beck B. B., *Animal Tool Behavior : The Use and Manufacture of Tools By Animals*, *op. cit.*
21. Van Schaik C. P., Deaner R. O., Merrill M. Y., « The conditions for tool-use in primates : Implications for the evolution of material culture », art. cit.
22. Boesch C., Boesch H., « Tool use and tool making in wild chimpanzees », *Folia Primatologica*, 1990, 54, p. 86-99.
23. Pouydebat E. *et al.*, « Use and manufacture of tools to extract food by captive gorilla », *Folia Primatologica*, 2005, 76 (3), p. 180-183.
24. Masi S., Pouydebat E., San-Galli A., Meulman E., Breuer T., Reeves J., Tennie C., « Free hand hitting of stone-like objects in wild gorillas », *Scientific Reports*, 2022, 12, 11981.
25. Breuer T., Ndoundou-Hockemba M., Fishlock V., « First observation of tool use in wild gorillas », *PLOS Biol.*, 2005, 3 (11), e380.
26. Santos L. R., Mahajan N., Barnes J. L., « How prosimian primates represent tools : Experiments with two lemur species (*Eulemur fulvus* and *Lemur catta*) », *Journal of Comparative Psychology*, 2015, 119 (4), p. 394-403.
27. Perrenoud M., Herrel A., Borel A., Pouydebat E., « Strategies of food detection in a captive cathemeral lemur, *Eulemur rubriventer* », *Belgium J. Zool.*, 2015, 145 (1), p. 69-75.
28. Pouydebat E., Gorce P., Bels V., « Biomechanical study of grasping according to the volume of the object : Human versus non-human primates », *Journal of Biomechanics*, 2009, 42 (3-9), p. 266-272.
29. Pouydebat E., Reghem E., Gorce P., Bels V., « Influence of the task on hand preference : Individual differences among gorillas (*Gorilla gorilla gorilla*) », *Folia Primatologica*, 2010, 81, p. 273-281.
30. Pouydebat E., Reghem E., Borel A., Gorce P., « Diversity of grip in adults and young humans and chimpanzees (*Pan troglodytes*) », *Behavioural Brain Research*, 2011, 218 (1-17), p. 21-28.
31. Pouydebat E., Laurin M., Gorce P., Bels. V., « Evolution of grasping among anthropoids », *Journal of Evolutionary Biology*, 2008, 21 (6), p. 1732-1743.
32. Gérard C., Bardo A., Guéry J.-P., Pouydebat E., Simmen B., Narat V. « Manipulative repertoire of bonobos in spontaneous feeding situation », *American Journal of Primatology*, 2022, 84 (7), e23383.
33. Reghem E., Chèze L., Coppens Y., Pouydebat E., « Grasping's kinematic in five primates : *Lemur catta, Sapajus xanthosternos, Gorilla gorilla, Pan troglodytes, Homo sapiens* », *J. Hum. Evol.*, 2013, 65, p. 303-312.
34. Reghem E., Chèze L., Pouydebat E., « Influence of body postures on prehension's kinematics of human and gorilla », *Experimental Brain Research*, 2014, 232 (3), p. 1047-1056.

35. Bardo A., Pouydebat E., Meunier H., « Do bimanual coordination, tool use, and body posture contribute equally to hand preferences in bonobos ? », *J. Hum. Evol.*, 2015, 82, p. 159-169.
36. Bardo A., Borel A., Meunier H., Guéry J.-P., Pouydebat E., « Manual abilities in great apes during a tool use task », *American Journal of Physical Anthropology*, 2016.
37. Bardo A., Cornette R., Borel A., Pouydebat E., « Manual function and performance in humans, gorillas and orangutans during the same tool use task », *American Journal of Physical anthropology*, 2017, 164 (4), p. 821-836.
38. Borel A., Chèze L., Pouydebat E., « Sequence analysis of grip and manipulation during tool using tasks : A new method to analyze hand use strategies and examine human specificities », *Journal of Archaeological Method and Theory*, 2017, 24 (3), p. 751-775.
39. Feix T., Kivell T. L., Pouydebat E., Dollar A. M., « Estimating thumb-index finger precision grip and manipulation potential in extant and fossil primates », *J. R. Soc. Interface*, 2015, 12 (106), 20150176.
40. Vigouroux L., Bardo A., Kivell T. L., Pouydebat E., « Biomechanical analyses of the consequences of different hand proportion on tool grasp abilities using musculo-skeletal simulation : A preliminary study », *J. Hum. Evol.*, 2018, 125, p. 106-121.
41. Brunon A., Bovet D., Bourgeois A., Pouydebat E., « Motivation and manipulation capacities of the blue and yellow macaw and the tufted capuchin : A comparative approach », *Behavioural Processes*, 2014, 107, p. 1-14.
42. Pouydebat E, *L'Intelligence animale. Cervelle d'oiseaux et mémoire d'éléphants*, Odile Jacob, 2017.
43. Emery N. J. *et al.*, « Tool use and physical cognition in birds and mammals », *Current Opinion in Neurobiology*, 2009, 19 (1), p. 27-33.
44. Brunon A., Bovet D., Bourgeois A., Pouydebat E., « Motivation and manipulation capacities of the blue and yellow macaw and the tufted capuchin : A comparative approach », *Behavioural Processes*, 2014, 107, p. 1-14.
45. Toussaint R., Reghem E., Chotard H., Herrel A., Ross C. F., Pouydebat E., « Food acquisition on arboreal substrates by the grey mouse lemur : Implication for primate grasping evolution », *Journal of Zoology*, 2013, 291, p. 35-242.
46. Toussaint S., Herrel A., Ross C. F., Aujard F., Pouydebat E., « The use of substrate diameter and orientation in the context of food type in the mouse lemur, *Microcebus murinus* : Implications for the origins of grasping in primates », *International Journal of Primatology*, 2015, 36 (3), p. 583-604.
47. Tomback D. F., « Foraging strategies of Clark's nutcracker », *Living Bird*, 1978, 16, p. 123-161.
48. Balda R. P., Kamil A. C., « Long-term spatial memory in clark's nutcracker, *Nucifraga columbiana* », *Animal Behaviour*, 1992, 44 (4), p. 761-769.
49. Chase I. D., Weissburg M., Dewitt T. H., « The vacancy chain process : A new mechanism of resource distribution in animals with application to hermit crabs », *Animal Behaviour*, 1988, 36 (5), p. 1265-1274.

50. Elwood, R. W., « Hermit crabs, shells, and sentience », *Animal Cognition*, 2022, 25 (5), p. 1241-1257.
51. Pouydebat E., Fragaszy D., Kivell T., « Grasping in primates : For feeding, moving and human specificities », *Bulletins et mémoires de la Société d'anthropologie de Paris*, 2014, 26, p. 129-133. Pouydebat E., Bardo A., « An interdisciplinary approach of the evolution of grasping and manipulation ? », *Biological Journal of The Linnean Society*, 2019, 127 (3), p. 535-542.
52. Pouydebat E., Boulinguez-Ambroise G., Manzano A., Abdala V., Sustaita D., « Convergence evolution of object/substrate/food grasping in tetrapods », *in* V. L. Bels et A. P. Russell (dir.), *Convergent Evolution*, Springer, 2023.

CHAPITRE 3
Mes rencontres avec des voleurs, des pêcheurs et des chasseurs

1. Liedtke J., Schneider J. M., « Association and reversal learning abilities in a jumping spider », *Behavioural Processes*, 2014, 103, p. 192-198.
2. Costa G., Petralia A., Conti E., Hanel C., « A "mathematical" spider living on gravel plains of Namib Desert », *Journal of Arid Environments*, 1995, 29, p. 485-494.
3. Henschel J. R., « Tool use by spiders : Stone selection and placement by corolla spiders *Ariadna* (*Segestriidae*) of the Namib Desert », *Ethology*, 1995, 101 (3), p. 187-199.
4. Pruetz J. D., Bertolani P., « Savanna chimpanzees, *Pan troglodytes verus*, hunt with tools », *Current Biology*, 2007, 17 (5), p. 412-417.
5. Malaivijitnond S., Lekprayoon C., Tandavanittj N., Panha S., Cheewatham C., Hamada Y., « Stone-tool usage by Thai long-tailed macaques (*Macaca fascicularis*) », *Am. J. Primatol.*, 2007, 69, p. 227-233.
6. Luncz L. V., Tan A., Haslam M., Kulik L., Proffitt T., Malaivijitnond S., Gumert M., « Resource depletion through primate stone technology », *eLife*, 2017, 6, e23647.
7. Pitman R. L., Durban J. W., « Cooperative hunting behavior, prey selectivity and prey handling by pack ice killer whales (*Orcinus orca*), type B, in Antarctic Peninsula waters », *Marine Mammal Science*, 2012, 28, p. 16-36.
8. Klimley A., Le Boeuf B., Cantara K. *et al.*, « The hunting strategy of white sharks (*Carcharodon carcharias*) near a seal colony », *Marine Biology*, 2001, 138, p. 617-636.
9. Ebert D. A., « Observations on the predatory behaviour of the sevengill shark *Notorynchus cepedianus* », *South African Journal of Marine Science*, 1991, 11 (1), p. 455-465.
10. Wiley D., Ware C., Bocconcelli A., « Underwater components of humpback whale bubble-net feeding behavior », *Behaviour*, 2011, 148, p. 575-602.
11. Torres L. G., Read A. J., « Where to catch a fish ? The influence of foraging tactics on the ecology of bottlenose dolphins (*Tursiops truncatus*) in Florida Bay, Florida », *Marine Mammal Science*, 2009, 25, p. 797-815.

12. Pouydebat E., Borel A., Chotard H., Fragaszy D., « Hand preference in fast-moving versus slow-moving actions in capuchin, *Sapajus* spp., and squirrel monkeys, *Saimiri sciureus* », *Animal Behaviour*, 2014, 97, p. 113-123.
13. Lefeuvre M., Gouat P., Mulot B., Cornette R., Pouydebat E., « Analogous laterality in trunk movements in a small captive population of African elephants », *Asymmetries of Brain, Behaviour, and Cognition*, 2022, 27 (1), p. 101-126.
14. Boulinguez-Ambroise G., Aychet J., Pouydebat E., « Limb Preference in animals : New insights into the evolution of manual laterality in hominids », *Symmetry*, 2022, 14 (1), p. 96.
15. Reghem E., Tia B., Bels V., Pouydebat E., « Food prehension and manipulation in *Microcebus murinus* (*Prosimii, cheirogaleidae*) », *Folia Primatologica*, 2011, 82, p. 177-188.
16. Reghem E., Byron C., Bels V., Pouydebat E., « Hand posture in the grey mouse lemur during arboreal locomotion on narrow branches », *Journal of Zoology*, 2012, 288, p. 76-81.
17. Toussaint S., Herrel A., Ross C. F., Aujard F., Pouydebat E., « The use of substrate diameter and orientation in the context of food type in the mouse lemur, *Microcebus murinus* : Implications for the origins of grasping in primates », *International Journal of Primatology*, 2015, 36 (3), p. 583-604.
18. Toussaint R., Reghem E., Chotard H., Herrel A., Ross C. F., Pouydebat E., « Food acquisition on arboreal substrates by the grey mouse lemur: implication for primate grasping evolution », *Journal of Zoology*, 2013, 291, p. 235-242.
19. Boulinguez-Ambroise G., Herrel A., Pouydebat E., « Ontogeny of locomotion in mouse lemurs : Implications for primate evolution », *Journal of Human Evolution*, 2020, 142, 102732.
20. Boulinguez-Ambroise G., Zablocki-Thomas P., Aujard F., Herrel A., Pouydebat E., « Ontogeny of food grasping in mouse lemurs : Behavior, morphology and performance », *Journal of Zoology*, 2019, 308 (1), p. 1-8.
21. Peckre L., Fabre A.-C., Hambuckers J., Wall C., Socias-Martínez L., Pouydebat E., « Food properties influence grasping strategies in strepsirrhines », *Biological Journal of the Linnean Society*, 2019, 127 (3), p. 583-597.
22. Peckre L. R., Lowie A., Brewer D., Ehmke E., Welser K., Pouydebat E., « Food mobility and the evolution of grasping behaviour : A case study in strepsirrhine primates », *Journal of Experimental Biology*, 2019, 222 (20), pp.jeb207688.
23. Fabre A.-C, Peckre L., Pouydebat E., Wall E., « Does the shape of forelimb long bones co-vary with grasping behaviour in strepsirrhine primates ? », *Biological Journal of the Linnean Society,* Linnean Society of London, 2019, 127 (3), p. 649-660.
24. Peckre L. R., Fabre A.-C., Wall C. E., Pouydebat E., Whishaw I. Q., « Two types of hand withdraw movement to place food in the mouth mediated by somatosensation in 22-species of strepsirrhines », 14 mars 2022, bioRxiv, https://doi.org/10.1101/2022.03.13.484147.

25. Herrel A., Perrenoud M., Decamps T., Abdala V., Manzano A., Pouydebat E., « The effect of substrate diameter and incline on locomotion in an arboreal frog », *Journal of Experimental Biology*, 2013, 216, p. 3599-3605.
26. Anzeraey A., Herrel H., Aumont M., Descamp T., Pouydebat E., « Effect of food properties on grasping abilities in *Xenopus laevis* », *Journal of Experimental Biology*, 2017, 220 (23), p. 4486-4491.
27. Pouydebat E., Boulinguez-Ambroise G., Manzano A. Abdala V., Sustaita D., « Convergence evolution of object/substrate/food grasping in tetrapods », art. cit.
28. Boback S. M., McCann K. J., Wood K. A., McNeal P. M., Blankenship E. L., Zwemer C. F., « Snake constriction rapidly induces circulatory arrest in rats », *J. Exp. Biol.*, 2015, 2015, 218 (14), p. 2279-2288.
29. Capano J. G., Boback S. M., Weller H. I., Cieri R. L., Zwemer C. F., Brainerd E. L., « Modular lung ventilation in *Boa constrictor* », *J. Exp. Biol.*, 2022, 225 (6), jeb243119.
30. Lefeuvre M., Gouat P., Mulot B., Cornette R., Pouydebat E., « Behavioural variability among captive African elephants in the use of the trunk while feeding », *Peer J.*, 2020, 8, e9678.
31. Morrill W. L., « Tool using behaviour of *Pogonomyrmex badius* (*Hymenoptera : Formicidae*), *The Florida Entomologist*, 1989, 55, p. 59-60.
32. Pierce J. D. J., « A review of tool use in insects », *The Florida Entomologist*, 1986, 69, p. 95-104.
33. Schuster S., Rossel S., Schmidtmann A., « Archerfish learn to compensate for complex optical distortions to determine the absolute size of their aerial prey », *Curr. Biol.*, 2004, 14, p. 1565-1568.
34. Dinets V., Brueggen J. C., Brueggen J. D., « Crocodilians use tools for hunting », art. cit.
35. Lane F. W., *Kingdom of the Octopus : The Life History of the Cephalopoda*, Jarrold, 1960.

CHAPITRE 4

Mes rencontres avec des performeurs en tous genres

1. Pouydebat E., *Quand les animaux et les végétaux nous inspirent*, Odile Jacob, 2019.
2. Benyus J. M., *Biomimicry : Innovation Inspired By Nature*, William Morrow, 1997.
3. Jodin G., Motta V., Scheller J., Duhayon E., Döll C., Rouchon J. F., Braza M., « Dynamics of a hybrid morphing wing with active open loop vibrating trailing edge by time-resolved PIV and force measures », *Journal of Fluids and Structures*, 2017, 74, p. 263-290.
4. Bhushan B., « Biomimetics : Lessons from nature – An overview », *Philosophical Transactions of the Royal Society A. Mathematical Physical and Engineering Sciences*, 2009, 367 (1893), p. 1445-1486.

5. Hassanalian M., Abdelkefi A, « Classifications, applications, and design challenges of drones : A review », *Progress in Aerospace Sciences*, 2017, 91, p. 99-131.
6. Luc-Bouhali, A., « Progress on the REMANTA project on MAV with flapping wings », *in Proceeding of the 2nd European Micro Air Vehicle Conference, Braunschweig, Germany, 25-26 July 2006.*
7. Baumeister D., *workshop* lors du *Biomimicry Europe Innovation and Finance Summit Workshop*, Zurich, 2012.
8. Berthier S., *Photonique des Morphos*, Springer-Verlag, 2010.
9. Hodgson P. S., Davidson T. M., « Biology and treatment of the mamba snakebite », *Wilderness Environment*, 1996, 7, p. 133-145.
10. Colson P., Ravaux I., Tamalet C., Glazunova O., Baptiste E., Chabrière E., Wiedemann A., Lacabaratz C., Chefrour M., Picard C., Stein A., Levy Y., …, Raoult D., « HIV infection en route to endogenization : Two cases », *Clinical Microbiology and Infectious Diseases*, 2014, 20 (12), p. 1280-1288.
11. Marra N. J. *et al.*, « Comparative transcriptomics of elasmobranchs and teleosts highlight important processes in adaptive immunity and regional endothermy », *BMC Genomics*, 2017, 18, p. 87.
12. Ruby J. G., Smith M., Buffenstein R., « Naked mole-rat mortality rates defy Gompertzian laws by not increasing with age », *Elife*, 2018, 7, e31157.
13. Carla E. C., Pagliara P., Piraino S., Boero F., Dini L., « Morphological and ultrastructural analysis of *Turritopsis nutricula* during life cycle reversal », *Tissue Cell*, 2003, 35 (3), p. 213-222.
14. Kragl M., Tanaka E. M., « Grafting axolotl (*Ambystoma mexicanum*) limb skin and cartilage from GFP+ donors to normal hosts », *Cold Spring Harbor Protocols*, 2009, doi:10.1101/pdb.prot5266.
15. Pouydebat E., *Quand les animaux et les végétaux nous inspirent*, *op. cit.*
16. Hassanalian M., Abdelkefi A., « Classifications, applications, and design challenges of drones : A review », *Progress in Aerospace Sciences*, 2017, 91, p. 99-131.
17. Luc-Bouhali, A., « Progress on the REMANTA project on MAV with flapping wings », art. cit.
18. Thomas P., Pouydebat E., Lebrazidec M., Aujard F., Herrel A., « Determinants of pull strength in captive grey mouse lemurs (*Microcebus murinus*) », *Journal of Zoology*, 2016, 298 (2), p. 77-81.
19. Boulinguez-Ambroise G., Zablocki-Thomas P., Aujard F., Herrel A., Pouydebat E., « Ontogeny of food grasping in mouse lemurs : Behavior, morphology and performance », art. cit.
20. Boulinguez-Ambroise G., Herrel A., Pouydebat E., « Ontogeny of locomotion in mouse lemurs : Implications for primate evolution », art. cit.
21. Boulinguez-Ambroise G., Herrel A., Berillon G., Young J., Cornette R., Meguerditchian A., Cazeau C., Bellaiche L., Pouydebat E., « Increased performance in juvenile baboons is consistent with ontogenetic changes in morphology », *American Journal of Physical Anthropology*, 2021, https://doi.org/10.1002/ajpa.24235.

22. Thomas P., Karanewsky C. J., Pendleton J. L., Aujard F., Pouydebat E., Herrel A., « Drivers of bite force of in vivo performance in wild brown mouse lemurs (*M. rufus*) », *Journal of Zoology*, 2018, 305 (3), p. 180-187.
23. Thomas P., Pouydebat E., Hardy I., Aujard F., Ross C. F., Herrel A., « Sexual dimorphism in bite force in the grey mouse lemur », *Journal of Zoology*, 2015, 296 (2), p. 133-138.
24. Thomas-Zablocki P., Lailvaux S., Aujard F., Pouydebat E., Herrel A., « Maternal and genetic correlations between morphology and physical performance traits in a small captive primate, *Microcebus murinus* », *Biological Journal of the Linnean Society*, 2021, 34 (1), p. 28-39.
25. Thomas P., Herrel A., Hardy I., Rabardel L., Perret M., Aujard F., Pouydebat E., « Personality and performance are affected by age and early life parameters in a small primate », *Ecology and Evolution*, 2018, 8 (9), p. 4598-4605.
26. Le Brazidec M., Herrel A., Thomas P., Boulinguez-Ambroise G., Aujard F., Pouydebat E., « How aging affects grasping behavior and pull strength in captive gray mouse lemurs (*Microcebus murinus*) », *International Journal of Primatology*, 2017, 38 (6), p. 1120-1129.
27. Janmaat K. R. L., Ban S. D., Boesch C., « Chimpanzees use long-term spatial memory to monitor large fruit trees and remember feeding experiences across seasons », *Animal Behaviour*, 2013, 86 (6), p. 1183-1205.
28. Pouydebat E., *L'Intelligence animale*, *op. cit.*
29. Pouydebat E., *Quand les animaux et les végétaux nous inspirent*, *op. cit.*
30. Czaczkes T. J., Grüter C., Ellis L., Wood E., Ratnieks F. L. W., « Ant foraging on complex trails : Route learning and the role of trail pheromones in *Lasius niger* », *Journal of Experimental Biology*, 2013, 216, p. 188-197.
31. Parpinelli R. S., Lopes H. S., Freitas A. A., « Data mining with an ant colony optimization algorithm », *IEEE Transactions on Evolutionary Computation*, 2002, 6 (4), p. 321-332.
32. Cibot M., Philippon J., Laurent R., Pouydebat E., Krief S., « Effets du braconnage et des mutilations sur les budgets d'activités et les rapports sociaux des chimpanzés sauvages de Sebitoli dans le parc national de Kibale (Ouganda) », *Revue de primatologie*, 2013, 5, document 18.
33. Cibot M., Krief S., Philippon J., Couchoud P., Seguya A., Pouydebat E., « Feeding consequences of hand and foot disability in wild adult chimpanzees (*Pan troglodytes schweinfurthii*) », *International Journal Primatology*, 2016, 37, p. 479-494.
34. Cully A., Clune J., Tarapore D., Mouret J.-B., « Robots that can adapt like animals », *Nature*, 2015, 521, p. 503-507.
35. Lacroux C., Pouydebat E., Rossignol M., Ravi H. K., Chemat F., Durand S., Aleeje A., Asalu E., Chandre F., Krief S., « Repellent activity against *Anopheles gambiae* of leaves of nesting trees in the Sebitoli chimpanzee community of Kibale National Park, Uganda », *Malaria Journal*, 2022, 21, 271.

36. Lacroux C., Krief S., Douady S., Cornette R., Durand S., Aleeje A., Asalu E., Pouydebat E., « Chimpanzees select comfortable nesting tree species », *Scientific Report* (en révision).
37. Lacroux C., Bonnet S., Pouydebat E. *et al.* « Survey of ticks and tick-borne pathogens in wild chimpanzee habitat in Western Uganda », *Parasites Vectors*, 2023, 16, 22.
38. Feix T., Kivell T. L., Pouydebat E., Dollar A. M., « Estimating thumb-index finger precision grip and manipulation potential in extant and fossil primates », art. cit.
39. Lefeuvre M., Gouat P., Mulot B., Cornette R., Pouydebat E., « Behavioural variability among captive African elephants in the use of the trunk while feeding », art. cit.
40. Lefeuvre M., Gouat P., Mulot B., Cornette R., Pouydebat E., « Analogous laterality in trunk movements in a small captive population of African elephants », art. cit.
41. Soppelsa J., Pouydebat E., Lefeuvre M., Mulot B., Houssin C., Cornette R., « The relationship between distal trunk morphology and object grasping in the African savannah elephant (*Loxodonta africana*) », *Peer J.*, 2022, 10, e13108.
42. Costes P., Soppelsa J., Boulinguez-Ambroise G., Houssin C., Cornette R., Pouydebat E., « Trunk uses in African elephants from Namibia versus South Africa », en préparation.
43. Bailly F., Pouydebat E., Watier B., Bels V., Soueres P., « Should mobile robots have a head ? A rationale based on behavior, automatic control and signal processing », *International Conference Biomimetic and Biohybrid Systems (Living Machines 2018)*, juillet 2018, Paris, p. 28-39.
44. Financement IBEES (Pouydebat), Initiative Biodiversité, Évolution, Écologie, Société, Muséum national d'histoire naturelle.
45. Cornette R., Delapré A., Houssin C., Mulo B., Plantade A., Pouydebat E., « Measuring the force of the distal part of the elephant's trunk », *MethodsX*, 2022, 9, 101896.
46. Sherman P., Jarvis J., « Extraordinary life spans of naked mole-rats (*Heterocephalus glaber*) », *Journal of Zoology*, 2002, 258 (3), p. 307-311.
47. Skulachev V. P., Holtze S., Vyssokikh M. Y., Bakeeva L. E., Skulachev M. V., Markov A. V., Hildebrandt T. B., Sadovnichii V. A., « Neoteny, prolongation of youth : From naked mole rats to "naked apes" (humans) », *Physiological Reviews*, 2017, 97, p. 699-720.
48. Braude S. *et al.*, « Surprisingly long survival of premature conclusions about naked mole-rat biology », *Biological Review*, 2020, 96 (2), p. 376-393.
49. Pouydebat E., *Quand les animaux et les végétaux nous inspirent, op. cit.*

CHAPITRE 5

Mes rencontres avec des parents protecteurs et des personnalités

1. Gans C., « An overview of parental care among the reptilia », *in* J. S. Rosenblatt, C. T. Snowdon (dir.), *Advances in the Study of Behavior*, vol. 25 : *Parental Care*, Academic Press, 1996, p. 145-157.
2. Schulte L. M., Ringler E., Rojas B., Stynoski J. L., « Developments in amphibian parental care research : History, present advances, and future perspectives », *Herpetological Monographs*, 2020, 34 (1), p. 71-97.
3. Gross M. R., Sargent R. C., « The evolution of male and female parental care in fishes », *American Zoologist*, 1985, 25 (3), p. 807-822.
4. Mock D. W., « Parental care in birds », *Curr. Biol.*, 2022, 32 (20), R1132-R1136.
5. Gilbert J. D. J., Manica A., « The evolution of parental care in insects : A test of current hypotheses », *Evolution*, 2015, 69, p. 1255-1270.
6. Rymer T. L., Pillay N., « An integrated understanding of paternal care in mammals : Lessons from the rodents », *Journal of Zoology*, 2018, 306, p. 69-76.
7. Chabert T., Colin A., Aubin T. *et al.*, « Size does matter : Crocodile mothers react more to the voice of smaller offspring », *Sci. Rep.*, 2015, 5, 15547.
8. Weihs D., « The hydrodynamics of dolphin drafting », *J. Biol.*, 2004, 3, 8.
9. Noren S.R., « Infant carrying behaviour in dolphins : Costly parental care in an aquatic environment », *Functional Ecology*, 2008, 22, p. 284-288.
10. Réale D., Dingemanse N. J., « Animal personality », *eLS* (*Encyclopedia of Life Science*), 16 juillet 2012, https://doi.org/10.1002/9780470015902.a0023570.
11. Richter S. H., Hintze S., « From the individual to the population – and back again ? Emphasising the role of the individual in animal welfare science », *Applied Animal Behaviour Science*, 2019, 212, p. 1-8.
12. Hewson C. J., « What is animal welfare ? Common definitions and their practical consequences », *Can. Vet. J.*, 2003, 44 (6), p. 496-499. Carenzi C., Verga M., « Animal welfare : Review of the scientific concept and definition », *Ital. J. Anim. Sci.*, 2009, 8 (suppl. 1), p. 21-30.
13. Asher L., Collins L. M., Ortiz-Pelaez A., Drewe J. A., Nicol C. J., Pfeiffer D. U., « Recent advances in the analysis of behavioural organization and interpretation as indicators of animal welfare », *J. R. Soc. Interface*, 2009, 6 (41), p. 1103-1119.
14. Peckre L., Fabre A.-C., Wall C.-E., Brewer D., Ehmke E., Haring D., Shaw E., Welser K., Pouydebat E., « Holding on : Co-evolution between infant carrying and grasping behaviour in strepsirrhines », *Scientific Reports*, 2016, 6, 37729.
15. Boulinguez-Ambroise G., Meguerditchian A., Pouydebat E., « Maternal cradling bias drives early handedness in infant monkeys : A longitudinal study of grasping lateralization in baboons », *Developmental Science*, 2021, 25 (1), e13179.

16. Boulinguez-Ambroise G., Pouydebat E., Disarbois E. *et al.*, « Human-like maternal left-cradling bias in monkeys is altered by social pressure », *Scientific Report*, 2020, 10, 11036.
17. Thomas P., Herrel A., Hardy I., Aujard F., Pouydebat E., 2016. Exploration behavior and morphology are correlated in captive grey mouse lemurs (*Microcebus murinus*). *International Journal of Primatology*, 1-11.
18. Zablocki-Thomas P. B., Herrel A., Karanewsky C. J., Aujard, Pouydebat E., « Heritability and genetic correlations of personality, life history and morphology in the grey mouse lemur (*Microcebus murinus*) », *Royal Society Open Science*, 2019, 6 (10), 190632.
19. Thomas P., Herrel A., Hardy I., Rabardel L., Perret M., Aujard F., Pouydebat E., « Personality and performance are affected by age and early life parameters in a small primate », art. cit.
20. Zablocki-Thomas P., Boulinguez-Ambroise G., Pacou C., Mézier J., Herrel A., Aujard F., Pouydebat E., « Behavioral reactions to a mirror in the nocturnal grey mouse lemur (*Microcebus murinus*) : Sex differences in avoidance », *Peer J.*, 2021, 9, e11393.
21. Trumbo S. T., « Parental Care in Invertebrates », *in* J. S. Rosenblatt, C. T. Snowdon (dir.), *Advances in the Study of Behavior*, vol. 25 : *Parental Care*, Academic Press, 1996, p. 3-51.
22. Balshine S., « Patterns of parental care in vertebrates », *in* Royle N. J., Smiseth P. T., Kölliker M. (dir.), *The Evolution of Parental Care*, Oxford University Press, 2012, p. 62-80.
23. Gilbert J. D. J., Manica A., « The evolution of parental care in insects : A test of current hypotheses », art. cit.
24. Mank J. E., Promislow D. E. L., Avise J. C., « Phylogenetic perspectives in the evolution of parental care in ray-finned fishes », *Evolution*, 2005, 59, p. 1570-1578.
25. Smiseth P. T., Dawson C., Varley E., Moore A. J., « How do caring parents respond to mate loss ? Differential response by males and females », *Animal Behaviour*, 2005, 69, p. 551-559. Head M. L., Berry L. K., Royle N. J., Moore A. J., « Paternal care : Direct and indirect genetic effects of fathers on offspring performance », 2012, *Evolution*, 66, p. 3570-3581.
26. Kralj-Fišer S., Schuett W., « Studying personality variation in invertebrates : Why bother ? », *Animal Behaviour*, 2014, 91, p. 41-52.

CHAPITRE 6

Mes rencontres les plus bouleversantes avec des bébés et autres petits curieux

1. Waal F. B. M. de, « What is an animal emotion ? », *Annals of the New York Academy of Sciences*, 2011, 1224, p. 191-206.
2. Burkhardt R. W. « Darwin on animal behavior and evolution », *in* D. Kohn (dir.), *The Darwinian Heritage*, Princeton University Press, 1985, p. 327-365.

3. Darwin C. [1872], *The Expression of the Emotions in Man and Animals*, édité par P. Ekman, Oxford University Press, 1998.
4. Adolphs R., Mlodinow L., Feldman Barret L., « What is an emotion ? », *Curr. Biol.*, 2019, 29 (20), R1060-R1064.
5. Triebenbacher S. L., « Pets as transitional objects : Their role in children's emotional development », *Psychological Reports*, 1998, 82 (1), p. 191-200.
6. Tsai W., Talavera M., Koppel K., « Generating consumer terminology to describe emotions in pet owners and their pets », *J. Sens Stud.*, 2020, 35, e12598.
7. Masson J. M., *The Pig Who Sang to the Moon : The Emotional World of Farm Animals*, Ballantine Books, 2007.
8. Bekoff M., *The Emotional Lives of Animals : A Leading Scientist Explores Animal Joy, Sorrow, and Empathy – and Why They Matter*, New World Library, 2010.
9. Soltis J., *Emotional Communication in African Elephants*, Oxford University Press, 2013.
10. Ben-Ami B., Artal I., Decety J., Mason P., « Empathy and pro-social behavior in rats », *Science*, 2011, 334 (6061), p. 1427-1430.
11. Castillo-Huitrón N. M., Naranjo E. J., Santos-Fita D., Estrada-Lugo E., « The importance of human emotions for wildlife conservation », *Frontiers in Psychology*, 2020, 11, 1277.
12. Kuester J., Paul A., « Female-female competition and male mate choice in Barbary macaques (*Macaca sylvanus*) », *Behaviour*, 1996, 133 (9-10), p. 763-790.
13. Roubová V., Konečná M., Šmilauer P., Wallner B., « Whom to groom and for what ? Patterns of grooming in female Barbary macaques (*Macaca sylvanus*) », *PLOS One*, 2015, 10 (2), e0117298.
14. Fisher D., Goldizen A., « Maternal care and infant behaviour of the bridled nailtail wallaby (*Onychogalea fraenata*) », *Journal of Zoology*, 2001, 255 (3), p. 321-330.
15. Nakamichi M., « Mother-offspring relationship in macaques », *in* Matsuzawa T. (dir.), *Primate Origins of Human Cognition and Behavior*, Springer, 2008, p. 418-440.
16. Ralls K., Kranz K., Lundrigan B., « Mother-young relationships in captive ungulates : Variability and clustering », *Animal Behaviour*, 1986, 34 (part 1), p. 134-145.
17. Gloneková M., Brandlová K., Pluháček J., « Higher maternal care and tolerance in more experienced giraffe mothers », *Acta Ethol.*, 2020, 23, p. 1-7.
18. Carosi M., Visalberghi E., « Analysis of tufted capuchin (*Cebus apella*) courtship and sexual behavior repertoire : Changes throughout the female cycle and female interindividual differences », *Am. J. Primatol.*, 2002, 118, p. 11-24.
19. Zucker E. L., Dennon, M. B., Puleo S. G., Maple T. L., « Play profiles of captive adult orangutans : A developmental perspective », *Dev. Psychobiol.*, 1986, 19, p. 315-326.
20. Hanazuka Y., Shimahara N., Tokuda Y., Midorikawa A., « Orangutans (*Pongo pygmaeus*) remember old acquaintances », *PLOS One*, 2013, 8 (12), e82073.
21. Seki Y., « Cockatiels sing human music in synchrony with a playback of the melody ». *PLOS One*, 2021, 16 (9), e0256613.

22. Spoon T. R., Millam J. R., Owings D. H., « The importance of mate behavioural compatibility in parenting and reproductive success by cockatiels, *Nymphicus hollandicus* », *Animal Behaviour*, 2006, 71 (2), p. 315-326.
23. Liévin-Bazin A., Pineaux M., Clerc O., Gahr M., von Bayern A. M. P., Bovet D., « Emotional responses to conspecific distress calls are modulated by affiliation in cockatiels (*Nymphicus hollandicus*) », *PLOS One*, 2018, 13 (10), e0205314.
24. Ladygina-Kohts N. N., Waal F. B. M. de (dit.), *Infant Chimpanzee and Human Child : A Classic 1935 Comparative Study of Ape Emotions and Intelligence*, Oxford University Press, 2002.
25. Waal F. B. M. de, van Roosmalen A., « Reconciliation and consolation among chimpanzees », *Behav. Ecol. Sociobiol.*, 1979, 5, p. 55-66.
26. Buirski P., Kellerman H., Plutchik R. *et al.*, « A field study of emotions, dominance, and social behavior in a group of baboons (*Papio anubis*) », *Primates*, 1973, 14, p. 67-78. Blanchette I., Marzouki Y., Claidière N., Gullstrand J., Fagot J., « Emotion-cognition interaction in nonhuman primates: Cognitive avoidance of negative stimuli in baboons (*Papio papio*) », *Psychological Science*, 2017, 28 (1), p. 3-11.
27. Boë L.-J., Berthommier F., Legou T., Captier G., Kemp C., Sawallis T. R. *et al.*, « Evidence of a vocalic proto-system in the baboon (*Papio papio*) suggests pre-hominin speech precursors », *PLOS One*, 2017, 12 (1), e0169321.
28. Meguerditchian A., Molesti S., Vauclair J., « Right-handedness predominance in 162 baboons (*Papio anubis*) for gestural communication : Consistency across time and groups », *Behavioral Neuroscience*, 2011, 125 (4), p. 653-660.
29. Pouydebat E., *L'Intelligence animale*, *op. cit.*
30. Janik V. M., « Play in dolphins », *Curr. Biol.*, 2015, 25 (1), R7-R8.
31. DelFour F., « Object manipulation and play behavior in bottlenose dolphins (*Tursiops truncatus*) under human care », *International Journal of Comparative Psychology*, 2017, 30.
32. Fish F. E., « Power output and propulsive efficiency of swimming bottlenose dolphins (*Tursiops truncatus*) », *J. Exp. Biol.*, 1993, 185 (1), p. 179-193.
33. Noren S. R., « Infant carrying behaviour in dolphins : Costly parental care in an aquatic environment », *Functional Ecology*, 2008, 22, p. 284-288.
34. Hill H. M, Greer T., Solangi M., Kuczaj II S., « All mothers are not the same : Maternal styles in bottlenose dolphins (*Tursiops truncatus*) », *International Journal of Comparative Psychology*, 2007, 20 (1).
35. Blanchette I., Marzouki Y., Claidière N., Gullstrand J., Fagot, J., « Emotion-cognition interaction in nonhuman primates : Cognitive avoidance of negative stimuli in baboons (*Papio papio*) », *Psychological Science*, 2017, 28 (1), p. 3-11.
36. Byrne R. W., « Animal curiosity », *Curr. Biol.*, 2013, 23 (11), R470.
37. Kulick D., « Human-animal communication », *Annual Review of Anthropology*, 2017, 46 (1), p. 357-378.
38. Waal F. B. M. de, Andrews K., « The question of animal emotions », *Science*, 2022, 375 (6587), p. 1351-1352.

39. Dingemanse N. J., Réale D., « Natural selection and animal personality », *Behaviour*, 2005, 142 (9-10), p. 1159-1184.
40. Ben-Ami B., Artal I., Decety J., Mason P., « Empathy and pro-social behavior in rats », art. cit.
41. Bekoff M., *The Emotional Lives of Animals : A Leading Scientist Explores Animal Joy, Sorrow, and Empathy – and Why They Matter, op. cit.*
42. Fraser D., « Animal behaviour, animal welfare and the scientific study of affect », *Applied Animal Behaviour Science*, 2009, 118 (3-4), p. 108-117.
43. Meyza K., Knapska E., « What can rodents teach us about empathy ? », *Current Opinion in Psychology*, 2018, 24, p. 15-20.

CONCLUSION
Quand on a que l'amour

1. Pouydebat E., « Les animaux porteurs de savoirs », *in* M. Hossaert-McKey, F. Keck, S. Morand (dir.), *L'Homme et l'Animal. L'invention de nouveaux liens*, Cherche Midi, 2021, p. 122-144.
2. Borel A., Gaillard C., Moncel M. A., Sala R., Pouydebat E., Sémah F., « How to interpret informal flakes assemblages ? Integrating morphological description, usewear and morphometric analysis gave better understanding of the behaviors of anatomically modern human from Song Terus (Indonesia) », *J. Anthropol. Archaeology*, 2013, 32, p. 630-646.
3. Rodriguez A., Pouydebat E., Gema Chacón M., Moncel M.-H., Cornette R., Bardo A., Chèze L., Iovita R., Borel A., « Right or left ? Determining the hand holding the tool from use traces », *Journal of Archaeological Science : Report*, 2020, 31,102316.
4. Robira B., Pouydebat E., San-Galli A., Meulman E., Aubaile F., Breuer T., Masi S., « Handedness in gestural communication, food and tool manipulation in hunter-gatherer Aka pygmies », *American Journal of Physical Anthropology*, 2018, 166 (2), p. 481-491.
5. Honoré E., Rakza T., Deruelle P., Senut B., Pouydebat E., « First identification of non-human hand stencils at Wadi Sura II (Egypt) : A morphometric study for new insights into rock art symbolism », *Journal of Archaeological Science : Report*, 2016, 6, p. 242-247.
6. Mortessagne E., Bovet D., Nozières C., Pouydebat E., Pifferi F., « Learning performance of grey mouse lemurs (*Microcebus murinus*) during a visual discrimination task : Effect of the stimuli's emotional value », (submitted).
7. Pouydebat E., « Carte blanche à Emmanuelle Pouydebat », *Science et vie*, avril 2023, 1267.

Remerciements

Merci maman de m'avoir transmis cet amour des animaux, des sciences et ce perfectionnisme bienveillant. Merci papa pour cette personnalité passionnée à jamais en moi et d'avoir mis tes talents au service de mes si belles rencontres animalières. Merci mon frère pour les nombreuses rencontres animales partagées, tout cet amour et ce courage que tu m'as si souvent donnés.

Je remercie profondément Odile Jacob qui m'a de nouveau fait confiance. Toute mon admiration l'accompagne, elle qui a publié Yves Coppens jusqu'au dernier jour. Ce même Professeur qui m'a permis de pousser un jour les portes de votre grande maison. Chère Odile Jacob, je n'oublierai jamais votre accueil et ferai toujours de mon mieux pour vous honorer.

Merci infiniment à Gaëlle Jullien, directrice littéraire aux éditions Odile Jacob, pour le temps consacré, sa bienveillance, ses idées et sa pertinence. Merci également à Cécile Binjamin pour sa belle implication artistique. Merci à Marie de Oliveira, pour le travail déjà accompli et celui à venir dans son soutien indéfectible face aux médias ! Merci à toute l'équipe, vous êtes formidables !

Enfin, je remercie de tout mon cœur la Fondation Marcel Bleustein-Blanchet d'avoir contribué à réaliser deux rêves absolus : rencontrer le Professeur Yves Coppens et vivre de travailler, si je puis dire, avec et pour les animaux.

Table

DU MÊME AUTEUR
CHEZ ODILE JACOB

Quand les animaux et les végétaux nous inspirent, 2019.

L'Intelligence animale. Cervelle d'oiseaux et mémoire d'éléphants, 2017.

Cet ouvrage a été composé
en Adobe Garamond Pro
par Nord Compo
à Villeneuve-d'Ascq (Nord).

Achevé d'imprimer sur les presses
de Normandie Roto Impression s.a.s. à Lonrai (Orne)
en septembre 2023
N° d'édition : 4150-0690-X – N° d'impression : 2303433
Dépôt légal : octobre 2023

Imprimé en France